Bill Hybels

Mutig führen

Navigationshilfen für Leiter

Bill Hybels

Mutig führen

Navigationshilfen für Leiter

WILLOW CREEK
EDITION
Kirche für Distanzierte

Projektion J

Originaltitel:
Courageous Leadership

3. Auflage 2003

ISBN 3-89490-432-1

Übersetzung: Annette Schalk
Umschlaggestaltung: Hanni Plato
Umschlagfoto: Masterfile
Satz: Die Feder Konzeption vor dem Druck GmbH, Wetzlar
Druck und Verarbeitung: Ebner & Spiegel, Ulm

Für Jon Rasmussen,
Architekt von Bauwerken für Gott,
den besten Ehemann und Vater, den ich kannte,
und den besten Freund, den ich je hatte.

Inhalt

• • • • •

Dank

Natürlich weiß jeder Leiter, dass man ein Team braucht, um die Idee zu einem Buch zur Realität werden zu lassen. Valerie Bell leistete die ganze schwere Vorarbeit im Vorfeld dieser großen Herausforderung. Sie arbeitete sich nicht nur durch Hunderte von Seiten von handschriftlichen Predigtnotizen, sondern hörte auch mit dem Ohr eines Autors bei den neuen Predigten und Vorträgen zum Thema Führung zu, die ich in unterschiedlichem Rahmen hielt. Ihr Verdienst ist es, dem Inhalt dieses Materials Form gegeben zu haben.

Meine Frau Lynne, die beste Lektorin, die ich kenne, erklärte sich bereit, die Schlussredaktion des Manuskripts zu übernehmen – im Austausch gegen einige Dinge, die schon lange in unserem Haushalt hätten erledigt werden sollten. Mir war vorher leider nicht klar, worauf ich mich bei diesem Handel einließ.

Meine Assistentin Jean spielt immer eine wichtige Rolle in allem, was ich tue, und dieses Projekt bildete keine Ausnahme. Jim und Chris Holden stellten uns einen Ort zur Verfügung, an dem ich schreiben konnte, als es so aussah, als ob der Abgabetermin für das Manuskript unsere Familie an die Grenze treiben würde. Jim Mellado erinnerte mich immer wieder daran, dass dieses Buch eine wirklich große Hilfe darstellen würde.

Und was kann ich über die Gemeinde sagen, die es mir möglich machte, mich zu einem gewissen Grad an Reife in meinen Führungsqualitäten durchzuwursteln? Ich schulde der *Willow Creek*-Gemeinde mehr, als ich jemals gutmachen kann. Sie lebt den Traum von Apostelgeschichte 2 besser aus als jede andere Gemeinde, die ich auf der Welt kennen gelernt habe. Seit 27 Jahren ihr Pastor sein zu dürfen war für mich eine Ehre, für die ich Gott an jedem einzelnen Tag gedankt habe.

Einführung

Ich habe 30 Jahre damit gewartet, dieses Buch zu schreiben. In diesen Jahren habe ich viele Bücher verfasst, aber keines lag mir so sehr am Herzen wie dieses. Die Worte und Gedanken, die die Seiten dieses Buches füllen, sind für mich keine abstrakten Theorien; sie spiegeln den Inhalt und die Leidenschaft meines Lebens wider.

Ich habe einen Teil des Materials für dieses Buch auf Konferenzen und in Seminaren vorgestellt. Immer wieder war ich versucht, diese Vorträge zusammenzustellen und in Buchform herauszugeben, aber am Ende kam ich immer wieder zu dem Schluss, dass ich noch nicht so weit war, der Christenheit etwas über die Bedeutung der geistlichen Gabe der Leitung mitzuteilen. Jedes Mal, wenn ich dachte, ich könnte mit dem Schreiben beginnen, stellte sich mir in der *Willow Creek*-Gemeinde eine Herausforderung, die mir klar machte, dass ich doch noch nicht so weit war. Und immer wieder spürte ich, wie der Heilige Geist zu mir sprach: »Warte noch, Bill.«

Der Grund, warum dieses Buch so lange warten musste, ist einfach: Ich musste erst reif genug werden, um es schreiben zu können. In den Anfangsjahren meines Dienstes war ich zwar sehr mutig und entschlossen, aber nicht gerade weise und sensibel. So häufte ich sehr schnell eine Menge an Führungsfehlern an, die einen Eintrag im Guinness-Buch der Rekorde wert wären. Aber durch Gottes Gnade war ich von liebevollen Menschen umgeben, die bereit waren, das Abenteuer mit mir weiter zu bestehen, während ich mich in der Lernphase befand. Gemeinsam sind wir durch einen Prozess reifer geworden, der fast drei Jahrzehnte dauerte.

Vor ein paar Monaten feierte ich meinen 50. Geburtstag. Dieses Ereignis löste bei mir mehr Grübelei aus, als ich erwartet hatte. Mein gründliches Nachdenken über meine Erfahrungen als

Führungskraft in der Vergangenheit und der Gegenwart brachten mich zu dem Schluss, dass mich mein 30 Jahre dauerndes Studium im Fach Führung – mit der anschaulichen Arbeit im »lebensechten Laboratorium« einer Ortsgemeinde – schließlich ausreichend darauf vorbereitet hat, ein Buch über die strategische Bedeutung der geistlichen Gabe der Leitung zu schreiben. Ich möchte damit nicht sagen, dass ich dieses Studium abgeschlossen habe. Ich werde in diesem Bereich immer Lernender sein, werde mich immer um eine persönliche Weiterentwicklung bemühen. Aber ich spüre, wie mir der Heilige Geist sagt, dass es nun an der Zeit sei, das weiterzugeben, was ich zusammen mit vielen anderen gelernt habe. In den folgenden Kapiteln habe ich also mein Bestes getan, um die Aufgaben, die Instinkte und den Kompetenzbereich einer christlichen Führungskraft zu beschreiben. In diesem Buch geht es nicht um Theorien, sondern um erprobte Praxis.

Wenn Führungskräfte aus Wirtschaft, Politik oder Bildung ihre Kompetenz durch die Lektüre dieses Buches verbessern, ist das schön. Aber ich schreibe nicht in erster Linie für diese Zielgruppe. Selbst wenn ihre Arbeit sehr wichtig ist, fehlt der Sache, der sie ihre Fähigkeiten verschrieben haben, doch etwas Entscheidendes: Sie hat nicht die Macht, die Welt zu verändern. Mein Herz schlägt schneller, wenn ich mit Leitern aus Ortsgemeinden zusammenarbeite, weil ich der Überzeugung bin, dass die Ortsgemeinde die Hoffnung der Welt ist.

> Ich glaube mit jeder Faser meines Lebens, dass Leiter von Ortsgemeinden das Potenzial haben, die einflussreichste Macht auf dem Planeten Erde zu sein. Wenn sie das verstehen und daran arbeiten, können Gemeinden zu Zentren werden, in denen Menschen Erlösung finden – so wie Jesus es sich vorgestellt hatte.

Dynamische Predigten, kreative Anbetung, tiefe Gemeinschaft, effektive Evangelisation und bereitwilliger Dienst können gemeinsam dazu beitragen, die Herzen von Christen und Suchenden gleichermaßen zu erreichen, Familien zu stärken, ganze Städte zu verwandeln und die Welt zu verändern.

Das ist also meine Hoffnung, wenn ich dieses Buch schreibe – dass Männer und Frauen mit der geistlichen Gabe der Leitung anfangen, entschieden, voller Freude und effektiv überall auf der Welt in Ortsgemeinden ihre Gabe auszuleben, und dass die Kirche unter dem Segen Gottes und der Führung dieser hingegebenen Christen so wird, wie sie sein soll: zu einer Kraft, die selbst den Pforten der Hölle trotzt!

1

Die Anforderungen geistlicher Führungsverantwortung

Zehn Tage nach dem Anschlag auf das World Trade Center stand ich in den Trümmern von Ground Zero, überwältigt von den Nachwirkungen eines der schrecklichsten Ereignisse der Geschichte.

An diesem Morgen des 11. September 2001, der die Welt verändern sollte, wurde Manhattan zum Kriegsgebiet. Die Terroristen nahmen keine Gefangenen, brachten keine Geiseln in ihre Gewalt. Ihre einzige Option war der Tod, und so mussten an diesem Tag 3.000 unschuldige Menschen ihr Leben lassen, die meisten ohne die Möglichkeit zu einer letzten Umarmung oder einem letzten Abschiedsgruß.

Die Stadtverwaltung von New York, die mich eingeladen hatte, *Ground Zero* zu besuchen, ließ mich an allen Kontrollpunkten vorbei und in »die Grube«, also den Bereich, der sich direkt um die eingestürzten Türme herum befand. Im trostlosen Schatten riesiger Baukräne, die verbogene Metallteile hoben, gruben sich Rettungsarbeiter durch die Trümmer und Eimerbrigaden gaben Eimer voller Schutt von Hand zu Hand. Die Arbeiter bewegten sich schweigend und lauschten, wie ich wusste, nach Geräuschen – nach irgendwelchen Lebenszeichen.

Diese 90 Minuten werden mich für den Rest meines Lebens verfolgen.

Weder mit Worten noch mit Fernsehbildern lässt sich die gewaltige Zerstörung beschreiben, die ich in diesen anderthalb Stunden sah. Ich konnte immer nur stammeln: »Das gibt es nicht!«

In meiner Vorstellung hatte ich mir ausgemalt, wie die zwei schlanken Türme in einen Schuttberg zusammensanken, der leicht in ein großes Sportstadion passte. Mein inneres Bild war schon schlimm genug, aber die Realität war hundertmal tragischer. Zwei Quadratkilometer Trümmer. Zahlreiche Häuserblocks zerstört.

Eines der kleineren Gebäude, das eingestürzt war, war über 40 Stockwerke hoch. Einige größere Gebäude, die noch standen, als ich dort war, waren einsturzgefährdet und mussten abgerissen werden. Noch Straßenzüge weiter hatten die Häuser geborstene Fensterscheiben. Das riesige Ausmaß dessen, was an diesem Tag passiert war, ließ mir den Atem stocken.

Ich sagte wieder: »Das gibt es nicht!«, als ich den Einsatz der Arbeiter sah, die teilweise schon seit 10 Tagen fast pausenlos im Schutt gruben (inzwischen mit blutigen Händen und Füßen), weil ihre Kollegen unter den Bergen von verbogenem Stahl begraben waren. Wie kann ich beschreiben, wie es war, bei ihnen zu sein, ihnen in die Augen zu schauen und ihre absolute Erschöpfung und gleichzeitig ihre ungebrochene Entschlossenheit zu sehen? Es waren viele Hunderte. Ich spürte, wie ich hin und her gerissen war zwischen dem Bedürfnis, sie anzuhalten und zu sagen: »Hören Sie auf. Sie müssen sich ausruhen. Sie machen sich kaputt!«, und dem Wunsch, ihnen auf die Schulter zu klopfen und zu sagen: »Geben Sie nicht auf! Wenn ich unter diesem Schutthaufen liegen würde, würde ich mir wünschen, dass jemand wie Sie nach mir gräbt.«

Ich habe keinen Krieg miterlebt, deshalb habe ich nie Männer und Frauen in dieser Situation gesehen. Ich habe nie Menschen gesehen, die selbst halb tot waren, aber immer wieder zurück ins Herz des Chaos gingen, weil sie nicht anders konnten. Ich werde es nie vergessen. Menschen wie diese adeln die Menschheit. Sie erinnern uns daran, dass in uns immer noch das Zeug zum Helden liegt.

Später an diesem Tag wurde ich von einem Taxi an einen Ort gebracht, der sich ein paar Blocks entfernt von den Rettungsarbeiten befand. Dort hefteten Familienangehörige und Freunde Fotos von ihren vermissten Lieben auf eine schnell zusammengezimmerte Anschlagtafel, die sich Hunderte von Metern entlang des Bürgersteigs erstreckte. Als ich die Fotos der Vermissten anschaute, die dicht an dicht auf dieser Tafel gedrängt waren, sagte ich wieder: »Das gibt es nicht!« Männer, Frauen und Kinder sollten nicht mit dieser Art von Verlust und Trauer leben müssen.

Die Menschen, die zurückgeblieben waren, liefen ständig vor dem Unglücksort hin und her. 24 Stunden lang, Tag für Tag, liefen sie wie Zombies durch die Straßen, hofften gegen alle Vernunft *irgendjemanden* zu finden, der ihnen *irgendetwas* über ihren Vater, ihre Tochter, ihren Freund sagen konnte. Sie konnten einfach nicht mehr ihr Leben weiterleben. Sie konnten weder essen noch schlafen. Sie konnten nicht ohne *irgendeine* Information nach Hause gehen, ohne *irgendeine* Nachricht, ohne wenigstens einen gewissen Schlusspunkt.

Ich konnte ihre Ausdauer verstehen. Was konnten sie sonst tun? Wenn Lynne, Shauna oder Todd oder meine Freunde unter denen gewesen wären, die in diesen Schuttbergen vermisst wurden, hätte ich dasselbe getan. Ich hätte die Anschlagtafel mit ihren Fotos gepflastert; ich hätte jeden am Kragen gepackt, von dem ich annahm, dass er mir auch nur das winzigste Bisschen an Information oder Hoffnung geben könnte.

Als ich ein Taxi für meinen Weg zurück zum Hotel anhielt, hätte ich am liebsten das nächste »Das gibt es nicht!« herausgebrüllt. Es war ein Versuch, die bitterste aller Wahrheiten zu verdrängen, nämlich dass all dieses Leid nicht von einer Naturkatastrophe oder einem verrückten Unfall verursacht war, sondern bewusst von Menschen geplant worden war. Kein Erdbeben, kein Vulkanausbruch war die Ursache für diese Katastrophe. Der Tod und die Zerstörung, die mich umgaben, waren die direkte Folge sorgfältiger Planung von Menschen, die so in radikalen politischen Überzeugungen gefangen und so von Hass erfüllt waren, dass sie begeistert applaudierten, als sie die Fernsehübertragungen von *Ground Zero* sahen.

»Das gibt es nicht!«, schrie es wieder in mir. Es kann nicht sein, dass das Böse zu so etwas in der Lage ist. Aber es war dazu in der Lage. Egal wie unfassbar alles um mich herum war, konnte das ungeheuerliche Ausmaß des Bösen, das dahinter stand, nicht geleugnet werden.

Aber während die Asche noch schwelte und mich die Trauer überwältigte, stieg seltsamerweise auch eine tiefe Hoffnung in meinem Herzen auf. Durch das verzweifelte »Das gibt es nicht!«, das in meinem Kopf hämmerte, bahnten sich die Worte einen Weg, die ich zuvor Zehntausende von Malen wiederholt hatte. Aber nun waren sie aktuell wie nie zuvor. *Die Ortsgemeinde ist die Hoffnung der Welt. Die Ortsgemeinde ist die Hoffnung der Welt.* Ich sah es ganz deutlich vor mir.

Ich möchte das Verdienst der vielen Wohltätigkeitsorganisationen nicht schmälern, die mitten im Elend von *Ground Zero* so viel Gutes, Liebevolles und Barmherziges getan haben. Das Rote Kreuz verteilte Arbeitshandschuhe und Atemschutzmasken, frische Socken und saubere Schuhe. Restaurants stellten Grills auf dem Gehsteig auf und versorgten die Arbeiter mit kostenlosem Essen. Getränkefirmen spendeten alkoholfreie Getränke. Humanitäre Gruppen und Vereine richteten Fonds mit vielen Millionen Dollar für die Familien der Opfer ein. Geld floss in Strömen. Die Amerikaner können stolz darauf sein. Und ich bin es ganz gewiss.

Aber in diesen Tagen wurde im Hintergrund etwas geleistet, was tiefer ging. Viele Pastoren und ehrenamtliche Mitarbeiter aus Gemeinden arbeiteten mit Wohltätigkeitsorganisationen zusammen, um physische und materielle Not zu lindern, aber ihre Arbeit ging weit darüber hinaus. Ganz normale Christen wie Sie und ich saßen in Restaurants, Büros und Notunterkünften und kümmerten sich mutig und einfühlsam um die tiefen Nöte der *Seele*. In persönlichen Gesprächen oder in Kleingruppen weinten sie mit den Menschen. Sie beteten mit ihnen. Sie hörten zu. Sie nahmen sie in den Arm. Sie spendeten Trost.

Das spielte sich 24 Stunden am Tag an einer endlosen Reihe von Tagen ab. Das war die Geschichte, die nie in den Medien auftauchte, die es nie in die Nachrichten schaffte. Während viele Hilfsorganisationen den äußerlichen Nöten der Menschen begegneten, war die Kirche da, um das zu tun, wozu sie ganz besonders befähigt war: Trost und Heilung für tief verletzte Seelen anzubieten.

Diese Erfahrung hatte und hat immer noch starke Wirkung auf mich. Sie unterstrich wieder neu die Überzeugung, die in mir in 30 Jahren gewachsen war: dass die Kirche einen einzigartigen Auftrag in dieser Welt zu erfüllen hat und dass die Zukunft unserer Gesellschaft stark davon abhängig ist, ob und inwieweit Gemeindeleiter diesen Auftrag erkennen und ihre Gemeinden entsprechend mobilisieren können. Hoffentlich wiederholen sich die Ereignisse des 11. September 2001 nie wieder. Aber es wird andere Tragödien, andere Gewalttaten, andere Verluste geben, die uns traurig machen und das Herz Gottes brechen. Wird die Kirche Jesu Christi ein Licht sein, das hell genug strahlt, um diese Dunkelheit zu durchdringen?

Aber halt. Ich greife voraus. Lassen Sie mich den Film zurückspulen und am Beginn meiner Erfahrung mit der Kirche anfangen.

Die Schönheit der Kirche

Anfang der 1970er Jahre machte ich eine so überzeugende Erfahrung, dass ich mein Leben von da an in Vorher und Nachher einteilte. Ich studierte am College und belegte eine Pflichtveranstaltung im Fach »Neues Testament«, um mein Hauptfach abschließen zu können. Dabei war dieses Seminar garantiert sterbenslangweilig. Eine Pflichtveranstaltung im Fach Bibelkunde? Ich war mir sicher, dass die größte Herausforderung darin bestehen würde, wach zu bleiben.

Als ich also meinen üblichen Platz in einer der hinteren Reihen belegte und eine bequeme Haltung einnahm – Beine ausgestreckt, Arme verschränkt –, hatte ich noch keine Ahnung, dass mich ein geistlicher Hinterhalt erwartete. Gegen Ende der Vorlesung, als ich gerade dachte, es sei an der Zeit zusammenzupacken und zu gehen, beschloss der Dozent, Dr. Gilbert Bilezikian, dass er für diesen Tag noch nicht ganz fertig war. Er legte sein Manuskript beiseite und trat hinter dem Pult hervor. Dann legte er seine Seele vor einem Raum voller ahnungsloser Zwanzigjähriger bloß.

»Liebe Studenten«, sagte er, »es gab einmal eine Gemeinschaft von Gläubigen, die so völlig an Gott hingegeben waren, dass ihr gemeinsames Leben von der Kraft des Heiligen Geistes angetrieben wurde. In diesem Zusammenschluss von Nachfolgern Christi liebten die Gläubigen einander mit einer radikalen Liebe. Sie nahmen ihre Masken voreinander ab und teilten ihr Leben miteinander. Sie lachten und weinten und beteten und sangen und dienten miteinander in authentischer christlicher Gemeinschaft. Diejenigen, die mehr hatten, teilten bereitwillig mit denen, die weniger hatten, bis soziale und wirtschaftliche Grenzen aufgehoben waren. Sie gingen miteinander so um, dass Gräben zwischen Geschlechtern und Rassen aufgehoben wurden, und sie freuten sich über ihre kulturellen Unterschiede. In Apostelgeschichte 2 lesen wir, dass diese Gemeinschaft von Gläubigen, diese Kirche, den Nichtgläubigen eine Vision vom Leben anbot, die so wunderschön war, dass ihnen der Atem stockte. Sie war so stark, so kreativ, so dynamisch, dass sie ihr nicht widerstehen konnten. In Vers 47 erfahren wir, dass ›der Herr täglich ihrer Gemeinschaft die hinzu[fügte], die gerettet werden sollten‹.« Dr. Bilezikians von Herzen kommende Worte waren sowohl Klage als auch Traum, eine traurige Sehnsucht nach der

Wiederherstellung der Kirche des ersten Jahrhunderts. Ich hatte mir noch nie eine so mitreißende Vision vorgestellt. An diesem Tag sah ich diese Vision nicht nur; ich wurde von ihr gepackt.

Plötzlich standen Tränen in meinen Augen und meine Seele war berührt.

Wo, fragte ich mich, *ist diese Schönheit geblieben? Warum zeigt sich diese Kraft nicht mehr in der heutigen Kirche? Wird die Christenheit dieses Potenzial jemals wieder zum Leben erweckt sehen?*

Seit diesem Tag war ich gefangen von dem kraftvollen Bild aus Apostelgeschichte 2, das in jenem Seminarraum im College vor meinen Augen entstand. In den Wochen und Monaten nach dieser ersten Vorlesung verfolgten mich eine Reihe von Fragen:

Was wäre, wenn man im 20. Jahrhundert eine echte Gemeinschaft Gottes aufbauen könnte? Was wäre, wenn das, was damals in Jerusalem geschah, heute in Chicago geschehen würde? Eine Bewegung, in der das Wirken Gottes in diesem Maß zu spüren ist, würde diese Welt verändern, da war ich sicher.

Ich war völlig weg, gefangen von einer einzigen Vision von der potenziellen Schönheit der Gemeinde. Im Jahr 1975 brachte diese Vision mich und eine Hand voll von Mitstreitern dazu, die Willow Creek-Gemeinde zu gründen. Heute, fast 30 Jahre später, fesselt diese Vision immer noch meine Aufmerksamkeit, beflügelt meine Leidenschaft und bringt mich dazu, mein Bestes zu geben.

Die Kraft der Kirche

Ein wesentlicher Aspekt der Schönheit der Gemeinde ist die Kraft, das menschliche Herz zu verändern. Ich erinnere mich genau, wo ich war, als mir bewusst wurde, wie sehr die Welt diese verändernde Kraft brauchte. Man könnte sagen, ich wurde zu dieser Erkenntnis gezwungen.

Es war in der Mitte der 1980er Jahre. Ich war einige Wochen lang zu Vorträgen im Ausland unterwegs und kehrte nun über San

Juan und Puerto Rico in die Vereinigten Staaten zurück. Da ich mich die meiste Zeit meiner Reise außerhalb des Sendebereichs von CNN befunden hatte, freute ich mich darauf, endlich wieder in Kontakt zur Welt zu kommen und zu erfahren, was sich in Amerika ereignet hatte, während ich unterwegs war. Also kaufte ich mir eine aktuelle Tageszeitung, deponierte im Warteraum vor dem Flugsteig meinen Styropor-Kaffeebecher unter meinem Sitz, wo ich ihn nicht verschütten konnte, schlug die Zeitung auf und stürzte mich gierig auf die Nachrichten.

Dann begann das Spektakel. Zwei Jungs (vermutlich Brüder) fingen an, miteinander zu streiten. Der ältere war etwa sieben oder acht, der jüngere vielleicht fünf Jahre alt. Ich beobachtete sie einige Sekunden lang über den Rand meiner Zeitung hinweg, leicht verärgert über die Störung. Im Vergleich zu den Informationen von weltweiter Bedeutung, die ich eifrig verschlang, war ein kleines Gerangel zwischen Brüdern kaum der Aufmerksamkeit wert. *Jungs sind einfach so*, dachte ich und nahm meine Lektüre wieder auf.

Dann machte es »Patsch!«. Ich ließ meine Zeitung sinken. Offensichtlich hatte der ältere Junge den jüngeren gerade mitten ins Gesicht geschlagen. Der kleine Junge weinte, auf seiner Wange erschien bereits ein hässlicher Striemen.

Ich musterte nervös die Leute um mich herum und suchte nach einem Erwachsenen, der verantwortlich für diese Kinder war, nach jemandem, der diesem Gewaltausbruch ein Ende bereiten konnte. Dann brachte ein Geräusch, das keiner von uns für lange Zeit vergessen wird, alle Leute am Gate zum Verstummen. Es war das Geräusch einer geballten Faust, die in ein Gesicht schlägt. Während der kleine Junge immer noch wegen des ersten Schlages weinte, ging der große wieder auf ihn los und schlug ihn buchstäblich nieder.

Das war mehr als ich ertragen konnte. »Wo sind die Eltern dieser Jungen?«, brüllte ich in den überfüllten Wartebereich. Keine Reaktion.

Als ich zu den Jungen stürzte, packte der größere Rabauke den kleinen Jungen an den Haaren und fing an, ihn mit dem Gesicht nach unten auf den Fliesenboden zu schlagen. »Bam! Bam! Bam!«

Ich hörte den letzten Aufruf für meinen Flug, aber ich war von dieser offenen Gewaltszene zu erschüttert, um meine Mission jetzt aufzugeben. Ich packte den älteren Jungen am Arm und zog ihn von dem jüngeren weg. Dann hielt ich sie so weit auseinander wie ich konnte. In einem Arm hielt ich ein Kind mit einem blutigen Gesicht, mit dem anderen versuchte ich einen Jungen aufzuhalten, aus dessen Augen Mordlust blitzte, und ich wusste, dass ich eine menschliche Tragödie in meinen Händen hielt.

Genau in diesem Augenblick kam ein Mitarbeiter der Airline auf mich zu und sagte: »Wenn Sie Mr. Hybels sind, dann müssen Sie sofort zum Flugzeug. Es startet gleich.«

Zögernd lockerte ich meinen Griff, packte meine Sachen zusammen und eilte den Gang hinunter. Dabei rief ich dem Mitarbeiter noch eine flehentliche Bitte hinterher: »Halten Sie diese Jungs auseinander! Bitte! Und finden Sie ihre Eltern!«

Ich stolperte ins Flugzeug und schaffte es, meinen Sitzplatz zu finden, aber ich war noch völlig erschüttert von dem, was ich gerade erlebt hatte. Ich konnte den Anblick und die Geräusche der Gewalt, die ich gesehen hatte, nicht loswerden. Ich nahm mir eine Sportzeitung und versuchte, einen Artikel zu lesen, aber ich konnte mich nicht darauf konzentrieren. Ich schaute im Bordprogramm nach, welcher Film gezeigt werden sollte, in der Hoffnung, dass er spannend genug war, um mich abzulenken.

Doch während ich wartete, spürte ich, wie mich der Heilige Geist aufforderte, das Erlebte nicht zu schnell aus dem Gedächtnis zu streichen. *Denke über das nach, was du gesehen hast. Überleg dir die ganze Tragweite. Lass diese Realität an dein Herz heran.*

Als ich bewusst über das Gesehene nachdachte, stürmten Gedanken über das Leben des älteren Jungen auf mich ein. Ich fragte mich, wo seine Eltern waren. Ich fragte mich, welche Erfahrungen er in der Schule machte. Ich fragte mich, ob es in seinem Leben jemanden gab, der ihm Liebe, Richtungsweisung und Hoffnung gab. Ich fragte mich, was die Zukunft für ihn bereithalten mochte. Wenn er im Alter von acht Jahren schon brutale Faustschläge austeilte, zu welchen Mitteln wird er dann mit achtzehn Jahren greifen? Messer? Kugeln? Wo wird er enden? In einem netten Haus mit einer guten Ehefrau und einem befriedigenden Job? Oder in einer Gefängniszelle? In einem frühen Grab?

Dann veranlasste mich der Heilige Geist dazu, darüber nachzudenken, was den Verlauf des Lebens dieses Kindes ändern könnte.

Ich spielte die Möglichkeiten durch. *Vielleicht*, dachte ich, *wenn wir eine wirklich gute Regierung wählen, die neue Gesetze verabschiedet, wird das so einem Kind helfen.*

Aber wird es das wirklich? Verstehen Sie mich nicht falsch. Ich weiß, dass das, was Regierungen leisten, wirklich wichtig ist. Gesetze zum Wohl der Gesellschaft zu verfassen ist eine edle und wertvolle Aufgabe. Der Dienst am Volk ist ein ehrenhafter Beruf. Aber Politiker, egal wie aufrichtig ihre Motive sind, können das nicht leisten, was diesem Kind fehlt.

In den 1990er Jahren fuhr ich einmal im Monat nach Washington, um mich in den Zentren der Macht mit einigen der höchsten Volksvertreter unseres Landes zu treffen. Dort wurde mir nicht deutlich, wie mächtig diese Menschen sind, sondern im Gegenteil – wie beschränkt ihre Macht ist. Sie können lediglich die Feldmarkierungen auf dem Spielfeld des Lebens neu abstecken. Sie können aber kein menschliches Herz verändern. Sie können keine verletzte Seele heilen. Sie können Hass nicht in Liebe verwandeln. Sie können keine Reue, Vergebung, Versöhnung, keinen Frieden herbeiführen. Sie können das Grundproblem des Kindes, das ich im Flughafen sah, und das Millionen weitere Kinder haben, nicht lösen.

Ich ging in Gedanken jede andere Möglichkeit durch. Firmen können dringend benötigte Arbeitsplätze zur Verfügung stellen. Das Bildungssystem kann nützliches Wissen über die Welt vermitteln. Selbsthilfeprogramme können effektive Methoden zur Verhaltensänderung anbieten. Fortschrittliche psychologische Techniken können zur Selbsterkenntnis beitragen. Das alles hat seine Berechtigung. Aber kann irgendetwas davon wirklich das Herz eines Menschen verändern?

Ich bin davon überzeugt, dass dies nur eine einzige Kraft auf diesem armen Planeten schaffen kann: Die Kraft der Liebe von Jesus Christus, jener Liebe, die Sünde besiegt, Schande auslöscht, Wunden heilt, Feinde versöhnt, zerbrochene Träume kittet und schließlich die Welt verändert, ein Leben nach dem anderen. Und das Wissen, dass der Gemeinde diese radikale Botschaft von dieser verändernden Liebe anvertraut ist, packt mein Herz jeden Tag aufs Neue.

Das bedeutet, dass die Zukunft der Welt auf sehr reale Weise in den Händen von Ortsgemeinden wie Ihrer und meiner liegt. Entweder die Kirche schafft es, oder – gute Nacht!
Ohne Gemeinden, die so angefüllt sind von der Kraft Gottes, dass sie Güte, Frieden, Liebe und Freude in der Welt verbreiten, wird das Schlechte gewinnen; das Böse wird die Welt überfluten. Aber es muss nicht so weit kommen. Starke, wachsende Gemeinden, die lebendigen Glauben praktizieren, können den Lauf der Geschichte wenden. Sie können es wirklich!

Machen Sie sich nicht die Mühe, andernorts nach Lösungen zu suchen. Die Kirche ist die Lösung.

Das Potenzial der Kirche

Die grausame Szene in San Juan auf dem Flughafen war eine anschauliche Illustration der Probleme, die unsere Welt bedrängen. Als ich im Flugzeug saß, erinnerte mich der Heilige Geist daran, dass die verändernde Kraft Gottes die Antwort auf diese Probleme ist. Einige Zeit nach dieser Reise hatte ich die Gelegenheit, das unglaubliche Potenzial dieser verändernden Kraft tatsächlich zu erleben.

Ich hatte gerade meine Wochenendpredigt in *Willow Creek* beendet und stand noch herum und redete mit Leuten. Ein junges Ehepaar kam auf mich zu, legte ein in Tücher gewickeltes Bündel in meinen Arm und bat mich, für ihr Baby zu beten. Als ich fragte, wie das Baby hieß, zog die Mutter das Tuch weg, das das Gesicht des Babys bedeckt hatte. Ich spürte, wie mir die Knie weich wurden. Hätte der Vater mich nicht gestützt, wäre ich vermutlich umgekippt. Ich hatte noch nie ein so schrecklich missgebildetes Baby gesehen wie das, das nun in meinen Armen lag. Das ganze Zentrum seines winzigen Gesichts war nach innen gewölbt. Es ist mir ein Rätsel, wie es atmen konnte.

Mir verschlug es die Sprache.

»Sie heißt Emily«, sagte die Mutter. »Man hat uns gesagt, dass sie nur etwa sechs Wochen zu leben hat«, fügte der Vater hinzu.

»Wir wollten Sie bitten, dafür zu beten, dass sie unsere Liebe spüren kann, bevor sie stirbt.«

Kaum in der Lage die Worte zu formen, flüsterte ich: »Lassen Sie uns beten«. Gemeinsam beteten wir intensiv für Emily. Als ich sie wieder ihren Eltern in die Arme gab, fragte ich: »Können wir sonst noch etwas für Sie tun? Kann die Gemeinde Sie in dieser Zeit in irgendeiner Form unterstützen?«

Der Vater gab mir eine Antwort, die mich immer noch in Erstaunen versetzt. Er sagte: »Bill, es geht uns gut. Wirklich. Wir sind seit Jahren in einer liebevollen Kleingruppe. Die anderen in der Gruppe wissen, dass es in dieser Schwangerschaft Komplikationen gab. Sie waren bei uns zu Hause an dem Abend, als wir den Befund bekamen. Sie waren im Krankenhaus, als Emily auf die Welt kam. Sie halfen uns, die ganze Tragweite ihrer Krankheit aufzunehmen. Sie machten sogar unser Haus sauber und versorgten uns mit Mahlzeiten, als wir Emily nach Hause brachten. Sie beten ständig für uns und rufen uns mehrmals am Tag an. Sie helfen uns sogar dabei, Emilys Beerdigung vorzubereiten.«

An dieser Stelle traten drei andere Ehepaare heran und umringten Emily und ihre Eltern. »Wir kommen immer als ganzer Hauskreis zum Gottesdienst«, sagte eines der Gruppenmitglieder.

Dieses Bild gehört zu denen, die ich nie vergessen werde: Eine eng miteinander verbundene Gruppe liebevoller Brüder und Schwestern, die ihr Bestes taten, um einen der grausamsten Schläge zu mildern, die das Leben austeilen kann. Nach einem gemeinsamen Gebet gingen sie zusammen den Gang hinunter in den Vorraum der Gemeinde.

»Wo«, fragte ich mich, als sie gingen, »würde diese Familie ohne die Gemeinde sein, wohin würde sie gehen, wie würde sie mit diesem Schmerz umgehen?«

Es gibt nichts, was mit der Ortsgemeinde zu vergleichen ist, vorausgesetzt, sie funktioniert richtig. Ihre Schönheit ist unbeschreiblich. Ihre Kraft ist atemberaubend. Ihr Potenzial ist unbeschränkt. Sie tröstet die Trauernden und heilt die Zerbrochenen durch die Gemeinschaft. Sie baut Brücken zu Suchenden und bietet denen, die sich nicht mehr auskennen, die Wahrheit an. Sie hilft denen, die in Not sind und breitet ihre Arme für die Vergessenen, die Unterdrückten und Desillusionierten aus. Sie bricht die Ketten der Abhängigkeit, befreit die Gefangenen und gibt denen ein Zugehörigkeitsgefühl, die am Rand dieser Welt stehen. Egal, wie groß die Kapazität für menschliches Leid ist, hat die Kirche doch eine größere Kapazität für Heil und Heilung.

Bis heute übersteigt das Potenzial der Gemeinde fast meinen Verstand. Keine andere Organisation auf der Welt ist mit der Kirche vergleichbar. Nichts kommt ihr auch nur annähernd gleich.

Die Dynamik der Kirche

Es gibt nichts, was mit der Ortsgemeinde zu vergleichen ist, vorausgesetzt, sie funktioniert richtig. Aber das *vorausgesetzt* ist entscheidend. Als ich Mitte der 1980er Jahre mehr zu reisen begann, konnte ich die Kluft zwischen Gemeinden sehen, die ihren Auftrag auslebten und gediehen – Suchende erreichten, Christen stark im Glauben machten, sich um die Armen kümmerten, Zerbrochenen aufhalfen –, und Gemeinden, die den Eindruck machten, dass sie knapp vor dem Scheitern standen und leeren Formen folgten, die niemanden zu bewegen schienen.

Gedeihen oder scheitern? Egal, wo ich hinkam, stellte ich mir immer dieselbe Frage: *Was macht den Unterschied aus? Was ist der Schlüssel für die Dynamik erfolgreicher Gemeinden? Ich weiß, dass die Schönheit und Kraft lebendiger Gemeinden letztlich von Gott selbst kommen und von Gottes Segen abhängig sind. Aber was haben solche Gemeinden gemeinsam, wenn man diese Frage auf einer eher menschlichen Ebene betrachtet?*

Ist es der Ort? Gemeindewachstumsexperten behaupten, dass der Ort einen entscheidenden Faktor ausmacht, und theoretisch stimme ich in diesem Punkt mit ihnen überein. Aber ich habe immer wieder lebendige Gemeinden an den unwahrscheinlichsten Orten entdeckt.

Ich habe lebendige, wachsende Gemeinden in Nordirland besucht, mitten in Orten, die schwer von dem betroffen sind, was die Einheimischen nur lakonisch »die Probleme« nennen. Ich predigte kürzlich in einer sehr lebendigen Gemeinde im Herzen von Soweto, dem verarmten südafrikanischen Township, in dem vor dem Ende der Apartheid die Revolution losbrach. Auf der anderen Seite des Spektrums befinden sich Orte wie Newport Beach in Kalifornien, wo jeder so wohlhabend ist, dass man meinen könnte, niemand würde je einen Mangel oder ein Bedürfnis nach Gott spüren. Aber dort habe ich Gemeinden voller Menschen gesehen, die Christus aus ganzem Herzen nachfolgen.

Wohlstand oder Ghetto, heiter oder vom Krieg gezeichnet, tropisch oder alpin, übervölkert städtisch oder verschlafen ländlich, in Amerika oder anderswo: Der Ort scheint die Dynamik einer Gemeinde weit weniger zu beeinflussen, als man gemeinhin denkt.

Nun, dachte ich weiter, vielleicht ist die Denomination der entscheidende Faktor. Vielleicht finde ich eine bestimmte Denomination, die eine Marktlücke entdeckt hat.

Aber auch diese Vermutung ließ sich auf meinen Reisen nicht erhärten. Ich lernte eine 1.000 Jahre alte anglikanische Gemeinde in England kennen, die jedes Jahr Unmengen von Menschen tauft, eine Episkopalkirche in Kansas City, die kürzlich vier Hektar Grund erworben hat, damit die Räumlichkeiten mit dem Gemeindewachstum Schritt halten können, und eine lutherische Gemeinde in Phoenix, die sich auf bemerkenswert kreative und sehr effektive Weise um arbeitslose und ältere Menschen kümmert. Baptisten, Methodisten, Evangelische Freikirchen, Quäker, Gemeinden, die keiner Denomination angehören oder die denominationsübergreifend arbeiten – es spielt keine Rolle. Ich habe innerhalb jeder Denomination und auch außerhalb lebendige Gemeinden gefunden.

Wenn es nicht am Ort oder an der Denomination liegt, sind vielleicht ideale Räumlichkeiten der Schlüssel zum Erfolg. Aber nein. In den meisten Fällen nicht. In Scheunen und Theatern, Hotels und Containern – an jedem nur vorstellbaren, völlig ungeeigneten Ort habe ich wunderbar dynamische Gemeinden entdeckt.

Vielleicht, dachte ich schließlich, *habe ich einen ganz offensichtlichen Faktor übersehen. Vielleicht ist der Schlüssel für lebendige Gemeinden eine großartige Predigt.* Aber ich musste mich nur in den Vereinigten Staaten umsehen, um diese Theorie schnell wieder fallen zu lassen. Auch wenn viele predigtorientierte Gemeinden große Menschenmassen anziehen, üben diese Gemeinden auf ihr direktes Umfeld oft so gut wie keinen Einfluss aus. Das Gemeindegebäude ist für eine Stunde am Sonntag gerammelt voll, aber unter der Woche leer. »Predigt-Junkies« bleiben auf ihrem Hinterteil sitzen und häufen immer mehr Wissen an, während sie sich immer weniger in ihrem Umfeld engagieren. Bekehrungen sind selten, weil wenig Evangelisation stattfindet. Die Gemeinschaftserfahrung ist oberflächlich, weil es keine Infrastruktur für Kleingruppen gibt. Die Gemeinde wird gemeinsam mit Lehre abgefüttert und zufrieden gestellt, aber das ist auch alles, was in dieser Gemeinde stattfindet.

Ich möchte damit die Bedeutung effektiver Lehre und Predigt nicht schmälern; ohne sie verkümmert die Kirche. Aber gute Lehre und Predigt alleine garantieren keine dynamische Gemeinde.

Vermutlich gibt es weitere vermeintliche Schlüssel für eine lebendige Gemeinde, die ich ebenfalls verwerfen könnte, aber da ich ein ungeduldiger Mensch bin, werde ich gleich zur Pointe kommen. Hier ist sie also:

> Allen blühenden Gemeinden ist gemeinsam, dass sie von Menschen geführt werden, die die geistliche Gabe der Leitung besitzen und einsetzen.

Wann auch immer und wo auch immer ich Gemeinden gefunden habe, die Apostelgeschichte 2 ausleben, ansteckend sind und sich durchsetzen, habe ich auch Brüder und Schwestern gefunden, die voller Demut und im Gebet die Vision, die Strategie und die Inspiration weitergegeben haben, die die ganze Gemeinde dazu in die Lage versetzte, reichlich Frucht zu bringen. Verstehen Sie mich richtig: Ich halte die Gabe der Leitung nicht für wichtiger als andere geistliche Gaben. Aber es ist einfach so, dass Menschen mit der Gabe der Leitung ganz besonders gut darin sind, Strategien und Strukturen zu entwickeln, die andere Menschen dazu befähigen, ihre Gaben so effektiv wie möglich einzusetzen. Leiter sehen das Gesamtbild und wissen, wie sie anderen helfen können, ihren Platz innerhalb dieses Bildes zu finden.

Im Lauf der Jahre bin ich mit den unterschiedlichsten christlichen Leitern und Führungskräften zusammengetroffen. Manche waren schon älter, andere dagegen erstaunlich jung. Manche hatten ein Studium absolviert, während vielen jegliche »offizielle« Ausbildung fehlte. Manche hatten einen theologischen Hintergrund, andere kamen mitten aus dem Beruf. Ich kenne eine lebendige Gemeinde in Tijuana/Mexiko, die von einem Arzt geführt wird. In Rockford/Illinois formierte sich um einen Börsenmakler ein Team, das eine Gemeinde gründete. Ein Zahnarzt machte dasselbe in New Jersey. Was diese Leiter miteinander verbindet, ist die Tatsache, dass sie ihre Leitungsgabe erkannt und ausgebildet, sie in den Dienst Gottes gestellt und so effektiv wie möglich eingesetzt haben. Und das Ergebnis? Gemeinden, die die Pforten der Hölle überwinden.

Leitung und Führung im Spiegel der Geschichte

Es hätte mich nicht überraschen sollen, dass ich hinter jedem erfolgreichen Dienst mutige, dienende Leiter und Führungspersönlichkeiten entdeckte. Immer wenn Gott in der Geschichte der Menschheit etwas Neues beginnen wollte, tippte er einer potenziellen Führungskraft auf die Schulter und gab ihm oder ihr einen Auftrag. Im Alten Testament wählte er Menschen wie Mose, David, Nehemia und Esther. Im Neuen Testament wählte er Menschen wie Petrus und Paulus. Wenn eine vom richtigen Weg abgekommene Gemeinde in jüngerer Zeit wieder zurück zu ihrem wahren Auftrag gerufen werden sollte, berief Gott Menschen wie Martin Luther, John Calvin oder John Wesley. Sie sollten die Initialzündung für Veränderung geben und taten es auch.

Vor zehn Jahren saß ich in einem kleinen Restaurant während meiner Sommerpause und schrieb folgende Worte auf: *Die Ortsgemeinde ist die Hoffnung der Welt, und ihre Zukunft liegt in erster Linie in der Hand der Menschen, die sie führen.*

Zum ersten Mal realisierte ich, dass das Ende des Erlösungsdramas, das sich auf dem Planeten Erde abspielt, aus menschlicher Perspektive davon abhängen wird, wie gut Gemeindeleiter führen.

Viele Gemeinden sind voll mit aufrichtigen, talentierten, gottesfürchtigen Menschen, die ihre geistlichen Gaben gerne dafür einsetzen würden, in der Welt etwas für Christus zu bewegen. Die Frage ist nur: Werden die Männer und Frauen, denen Leitungsgaben anvertraut sind, ihre Gaben ernst nehmen, sie weiterentwickeln und mutig einsetzen, damit die einsatzfreudigen und begabten Christen in ihren Gemeinden effektiv zusammenarbeiten können, um in dieser Welt etwas zu bewirken?

In Römer 12,8 lesen wir, dass diejenigen unter uns, die die Gabe der Leitung haben, diese Gabe voller Sorgfalt einsetzen sollen. Warum? Weil die Kirche, die Braut Christi, von der das ewige Schicksal der Welt abhängt, blühen oder eingehen wird, je nachdem wie wir sie führen. Wenn Sie eine Führungspersönlichkeit sind, dann lesen Sie diesen Satz bitte noch einmal und lassen Sie ihn tief in ihr Bewusstsein einsickern. Ich schreibe über Leitung und Führung auch wirklich nicht einfach nur, um diese bestimmte Gabe hervorzuheben. Mir geht es letztlich nicht um die Führung an sich. Für mich geht es in erster Linie um die Gemeinde aus Apostelgeschichte 2. Aber ich bin absolut davon überzeugt, dass die Kirche nie ihr volles erlösendes Potenzial erreichen wird, wenn Männer und Frauen mit der Gabe der Leitung nicht aufstehen und führen.

Menschen mit übernatürlichen Gaben sollten sich voll und ganz in den Dienst Gottes stellen. Sie sollten starke, biblische und Gott ehrende Visionen vermitteln. Sie sollten effektive, liebevolle, klar zielgerichtete Teams aufbauen. Sie sollten Nachfolger von Jesus dazu bringen, das absolut Beste für Gott zu geben. Und sie sollten mit der Entschlossenheit eines Terriers darauf bestehen, dass

das Evangelium gepredigt wird,
die Verlorenen gefunden werden,
die Gläubigen zugerüstet werden,
den Armen gedient wird,
die Einsamen in die Gemeinschaft aufgenommen werden,
und Gott für dies alles die Ehre bekommt.

In der Bibel steht genau, was geschehen wird, wenn Leiter und Führungspersönlichkeiten das tun, wozu Gott sie berufen und begabt hat. Die Mächte der Finsternis werden zurückgeschlagen. Der Teufel, der seinen Willen in dieser Welt schon viel zu lange hatte, wird gezwungen werden, Boden abzugeben. Und die Kirche wird den Erlösungsauftrag, zu dem Christus sie berufen hat, erfüllen können.

Ich weiß nicht, wie es Ihnen geht, aber wenn ich über die Welt, in der wir leben, nachdenke - eine Welt, in der das Böse sich auf teilweise unvorstellbare Weise manifestiert, in der sich kleine Jungen auf Flughäfen das Gesicht einschlagen und Verrückte mit Terror gegen Unschuldige vorgehen –, kann ich nicht anders, als mich mit noch größerem Eifer der schönen, kraftvollen, dynamischen Gemeinde Gottes zu verschreiben. Wo sonst wollte ich die Leitungsgaben einsetzen, die Gott mir in seiner Gnade gegeben hat? Die Kirche ist die Hoffnung der Welt!

2

Die schlagkräftigste Waffe eines Leiters: Die Kraft der Vision

Man muss kein Zyniker sein, um etwas skeptisch zu reagieren, wenn jemand davon spricht, die Welt verändern zu wollen. Selbst wenn man grundsätzlich der Ansicht ist, dass der Welt eine gründliche Renovierung nicht schaden könnte, würde man die Chancen für so eine Veränderung vermutlich für sehr gering halten. Aber wenn Gott einen Traum entfacht und sich eine Führungspersönlichkeit davon inspirieren lässt – wer weiß, was dann passiert?

Im Jahr 1774 beispielsweise verkündete ein Politiker namens John Adams mutig seine Vision von einer neuen Nation, einer Vereinigung von dreizehn Staaten, die unabhängig vom Parlament und dem König von England sein sollten. Entgegen allen Erwartungen wurden seine Worte Realität. Innerhalb von zwei Jahren nach seiner prophetischen Erklärung wurden die Vereinigten Staaten von Amerika aus der Taufe gehoben.

Im Jahr 1789 stand William Wilberforce vor dem britischen Parlament und gab sehr eloquent seiner Hoffnung Ausdruck, dass eines Tages Männer, Frauen und Kinder nicht mehr wie Tiere gekauft und verkauft werden könnten. In den nächsten 18 Jahren wurde sein Antrag jedes Jahr aufs Neue abgelehnt, aber er setzte seine unermüdliche Kampagne gegen die Sklaverei fort. 1833 schließlich verabschiedete das Parlament vier Tage vor seinem Tod ein Gesetz, das die Sklaverei völlig aufhob.

Ende des 19. Jahrhunderts verkündeten zwei Brüder, Wilbur und Orville Wright, dass das »Zeitalter der Flugmaschinen« angebrochen sei. Es folgten zehn Jahre voller enttäuschender Experimente. Aber am 17. Dezember 1903 schrieben die Wright-Brüder Geschichte, als ihr kleines Doppeldecker-Flugzeug an einem Sandstrand in Kitty Hawk/North Carolina abhob – und flog! Das Zeitalter der Luftfahrt war geboren.

Anfang des 20. Jahrhunderts stand ein dynamischer Industrieller namens Henry Ford vor seinem zusammengewürfelten Haufen von Beschäftigten und versprach, den Besitz eines Automobils für die durchschnittliche Familie erschwinglich zu machen. Die Nation lachte laut. Aber nicht einmal 15 Jahre später waren Millionen von Ford T-Automobilen zu einem Preis von 290 Dollar verkauft worden.

In den 40er Jahren des 20. Jahrhunderts hatte ein junger Evangelist namens Billy Graham einen radikalen Traum. Er und ein paar Freunde vom College füllten vor ihrem inneren Auge ganze Stadien mit Menschen, die von Gott fern waren und dort das Evangelium hören konnten. Bis zu diesem Jahr haben 210 Millionen Menschen Billy Graham persönlich predigen hören, und über eine weitere Milliarde Menschen haben ihn das Evangelium im Radio oder im Fernsehen verkünden hören.

Und wer kann das Jahr 1963 vergessen? Dr. Martin Luther King stand auf den Stufen der Lincoln-Gedächtnisstätte in Washington D.C. und malte das Bild einer Welt ohne Vorurteile, Hass oder Rassismus. »Ich habe einen Traum, dass meine vier Kinder eines Tages in einer Nation leben, in der sie nicht auf Grund ihrer Hautfarbe, sondern auf Grund ihres Charakters beurteilt werden.« Obwohl Dr. King brutal ermordet wurde, lebt sein Traum weiter. Noch 40 Jahre später ist seine Leidenschaft für unsere Nation richtungsweisend, wenn Barrieren zwischen den Rassen fallen (wenn auch nicht so schnell, wie die meisten von uns es gerne hätten).

10 Jahre später und näher bei uns stand Dr. Gilbert Bilezikian vor Studenten am College und träumte davon, eine Kirche zu bauen, die wirklich lebte. 27 Jahre später heulen diejenigen von uns, die die *Willow Creek*-Gemeinde gegründet haben, noch immer wie Babys, wenn wir uns an die Kraft seiner Worte erinnern. Es ist nicht übertrieben zu sagen, dass alles, was wir heute in *Willow Creek* und in Tausenden von Gemeinden innerhalb der *Willow Creek Association* (WCA) auf der ganzen Welt sehen, von seinen leidenschaftlichen Worten inspiriert wurde.

Wenn man eine Liste wie diese durchgeht, muss selbst ein Skeptiker zugeben, dass Leiter voller Inspiration ihre Welt tatsächlich verändern können. Stören Sie sich deshalb nicht an der Frage nach der Möglichkeit, die Welt zu verändern. Stellen Sie stattdessen lieber eine weit relevantere Frage: »Was hatten alle diese Führungspersönlichkeiten gemeinsam?«

Die schlagkräftigste Waffe, um die Welt zu verändern: Vision

All diesen Menschen gemeinsam war eine mitreißende Vision. Vision steht im absoluten Zentrum allen Leitens. Wenn Sie einer Führungspersönlichkeit ihre Vision wegnehmen, ist es, als ob Sie ihr das Herz aus dem Leib schneiden würden. Die Vision treibt eine Führungskraft an. Sie ist die Energie, die sie zum Handeln bringt. Sie entflammt die Begeisterung derer, die ihr folgen. Sie ist die klare Berufung, die Menschen Jahr um Jahr und Jahrzehnt um Jahrzehnt dazu bringt, ihre Bemühungen in ihrem beständigen und opferbereiten Dienst für Gott zu konzentrieren.

In Sprichwörter 29,18 steht zu lesen: »Ohne prophetische Offenbarung [= Vision] verwildert das Volk.« Das Volk kann sich auf nichts konzentrieren, kann sein Ziel nicht erreichen, kann seinem Traum nicht folgen. In einer älteren Übersetzung heißt es: »Ohne prophetische Offenbarung geht ein Volk zugrunde.« Ich habe dies mit eigenen Augen gesehen – ohne Vision verlieren Menschen jegliche Antriebskraft, durch die sie sich lebendig fühlen.

Ich will damit nicht sagen, dass Gemeinden einfach nur ein bisschen visionäre Führung brauchen. Wenn eine Ortsgemeinde entmutigt oder demoralisiert ist, wendet sie sich ihren Hirten, ihren Künstlern und denjenigen innerhalb der Gemeinde zu, die die Gabe der Barmherzigkeit haben. Sie erwartet von ihnen neue Ermutigung. Wenn eine Gemeinde Organisation und Ordnung braucht, wendet sie sich an begabte Organisatoren und sagt: »Tun Sie etwas gegen dieses Chaos.« Wenn Sie ein Wissensdefizit hat, wendet sie sich an Menschen mit der Gabe der Lehre.

Aber wenn eine Gemeinde eine Vision braucht, die Gott Ehre macht, das Reich Gottes voranbringt und das Herz schneller schlagen lässt, dann wendet sie sich an ihre Leiter. Und zwar deshalb, weil Gott in das Arsenal eines Leiters eine starke Offensivwaffe namens Vision gestellt hat. Das Ziel dieses Kapitels ist es, die Komplexität des Begriffes »Vision« aufzuschlüsseln, damit wir als Leiter und Führungskräfte lernen, ihre Stoßkraft in unseren

Gemeinden einzusetzen. An diesem Punkt beginnt die Veränderung der Welt.

Wie man als Leiter eine Vision bekommt

Zunächst möchte ich den Begriff »Vision« definieren. Ich habe Dutzende von Definitionen gehört, und Sie sicher auch. Aber die für mich beste Version lautet: *Eine Vision ist ein Bild von der Zukunft, das Begeisterung auslöst.*

Für Henry Ford war es das Bild einer Zukunft, in der ein Auto in der Auffahrt jedes Metzgers, Bäckers und Kerzenmachers stand. Für Dr. Martin Luther King Jr. war es das Bild einer Zukunft, in der sich zwei Kinder, eines schwarz und eines weiß, auf einer Wippe gegenübersaßen, ohne dabei die Hautfarbe des anderen bewusst wahrzunehmen oder zu bewerten. Dr. Billy Graham sah Tausende von Menschen vor sich, die Gott fern waren und nun nach vorne kamen, um ihr Leben Christus anzuvertrauen, während ein Chor sang: »So wie ich bin«.

Bei jedem dieser Menschen ließ ihr Bild von der Zukunft ihr Herz schneller und den Verstand Purzelbäume schlagen. Welches Bild löst diese Reaktion bei Ihnen aus?

Ist es das Bild hungernder Kinder, die mit Essen versorgt werden und Schutz in einem sicheren Umfeld finden? Ist es das Bild von obdachlosen Menschen, die ein Dach über dem Kopf bekommen, oder das Bild von misshandelten Frauen, die einen sicheren Ort zum Leben finden? Ist es das Bild sterbender Gemeinden, die Erneuerung erleben? Von Menschen, die fern waren von Gott und zum Glauben finden? Von Mitarbeitern, die sich so einbringen können, dass ihr Leben dadurch Sinn und Bereicherung erfährt? Bekommen Sie einen Kloß im Hals bei dem Gedanken an einsame Menschen, die Gemeinschaft in Kleingruppen finden, oder an Künstler, die endlich ihre von Gott gegebenen Gaben im Bereich der Kirche einsetzen können? Ich bin davon überzeugt, dass es so viele Begeisterung auslösende Zukunftsbilder gibt, wie es Leiter gibt.

Dafür bin ich geboren!

Wenn Gott einer Führungspersönlichkeit schließlich Klarheit in Bezug auf ihre Vision schenkt, ändert sich alles. Die Dominosteine fangen an umzufallen. So sieht der typische Verlauf aus:

Zuerst *sieht* ein Leiter die Vision. Er sieht das Leben verändernde Bild einer Zukunft, das seinen Puls beschleunigt. Diese »Sichtung« kann das Ergebnis von Bibellektüre oder die Folge einer begeisternden Geschichte von einer Lebensveränderung sein. Es kann das Ergebnis der direkten Konfrontation mit einer Not sein, die das Herz berührt. Es kann auch als direkte Richtungsweisung von Gott kommen. Wahrscheinlicher aber ist es, dass man die Vision zu sehen beginnt, nachdem man von einem anderen Menschen, der sich bereits für Gott einsetzt, seine Geschichte gehört oder erlebt hat. So einen Dienst zu sehen löst eine innere Reaktion aus, die man einfach nicht ignorieren kann.

Ohne Zögern sagt eine Führungspersönlichkeit dann: »Ich könnte mir vorstellen, dafür mein Leben zu investieren. Vielleicht bin ich genau dafür geboren!« Manchmal kommt eine Vision auch wie eine Erscheinung – ganz plötzlich ist sie da. Manchmal schiebt sie sich über einen langen Zeitraum hinweg Stück für Stück ins Bild, wie ein verwirrendes Puzzle, das irgendwann dann einen Sinn ergibt. Aber irgendwann kommt der Punkt, an dem ein Leiter die Vision ganz klar vor Augen sieht, die Gott ihm zugedacht hat.

Danach stellt sich fast unmittelbar das Gefühl für die Vision ein. Erinnern Sie sich an unsere Arbeitsdefinition:

> Eine Vision ist ein Bild von der Zukunft, das Begeisterung auslöst. Was macht eine Vision so mitreißend? Es ist nicht nur das Bild von der Zukunft. Es sind die Energie und die Leidenschaft, die es tief in unserem Herzen hervorruft. Diese Art von Energie und Leidenschaft muss man erleben, um sie ganz begreifen zu können.

Als Dr. B. vor fast 30 Jahren seine Vision vom Leben in einer nach biblischem Maßstab funktionierenden Gemeinschaft weitergab, erlebte ich Gefühle in einer Intensität wie nie zuvor in meinem Leben. Manchmal fühlte ich mich danach, in Beifallsrufe auszubrechen, und manchmal war mir eher zum Weinen zumute. Ab und zu wäre ich am liebsten vor meinen Mitstudenten aufgestanden und hätte gerufen: »Hey, Leute, das ist es! Seht ihr es nicht? Spürt ihr es nicht? Die Ortsgemeinde ist die Hoffnung der Welt! Sie ist die von Gott eingesetzte Vertretung, von der das Schicksal der ganzen Welt abhängt. Hängt eure Karrierepläne an den Nagel. Fangt etwas Wichtiges mit eurem einzigen Leben an. Stellt es Gott und seiner Kirche zur Verfügung!« Jahrzehnte sind seitdem vergangen, aber die Gefühle hinter diesen Worten sind für mich heute so real wie damals in diesem Seminarraum.

Und wenn Sie heute meine Herztöne messen würden, während jemand von der Schönheit, der Kraft und dem Potenzial der Gemeinde spricht, würde das Gerät piepsen, leuchten, rauchen und warnen: *Gefahr, Gefahr, Gefahr.* Nach all diesen Jahren lässt die Leidenschaft nicht nach. Ganz im Gegenteil: Sie wird sogar intensiver. Ich habe aus erster Hand erlebt, dass eine von Gott gegebene Vision ziemliche Schlagkraft und dauerhaften Einfluss hat.

Lasst mir nur die Ortsgemeinde

Ein Pastor aus Kanada lud mich ein, um beim 10. Geburtstag seiner Gemeinde zu sprechen. Ich fühlte mich geehrt und nahm seine Einladung an. Kurz bevor ich an jenem Abend an der Reihe war, kam eine Frau auf die Bühne, um ihre Geschichte zu erzählen. Sie sagte, dass sie den größten Teil ihres Lebens ohne Gott verbracht hatte. Ihr Dasein war gekennzeichnet von Enttäuschung, Unmoral und Zerbrochenheit. Dann sagte sie: »Aber jemand lud mich in diese Gemeinde ein, und da ich mich hier angenommen fühlte, kam ich immer wieder. Die Gottesdienste waren so kreativ, und die Predigten waren so relevant, dass ich nicht anders konnte als zuzuhören. Dann hörte ich das Evangelium und erfuhr, dass ich trotz meiner Abwege und meiner Sünde geliebt war.« Sie erzählte von ihrer Erlösungserfahrung, von ihrem geistlichen Wachstum, ihrer

Teilnahme an einer Kleingruppe und davon, wie sie ihre geistlichen Gaben entdeckt hatte und einsetzte.

Als sie sich wieder setzte, war ich völlig erledigt. Ihre Erfahrung einer radikalen Lebensänderung spiegelte perfekt das Bild wider, das mein Herz schneller schlagen ließ und das ich schon seit so vielen Jahren in mir trug.

Ich machte sie gleich nach dem Gottesdienst ausfindig und dankte ihr für ihre Worte. Meine Augen waren dabei mehr als feucht. Mein Herz rief laut: *Sie sind die Personifikation dessen, wofür mein Leben steht. Ich würde alles geben, wenn ich dafür nur ab und zu eine Geschichte wie die Ihre hören kann.*

Ein paar Wochen später erhielt ich eine Anfrage von einer Gemeinde, die davon träumte, ein Grundstück zu kaufen. Sie hatten sich bereits ein bestimmtes Grundstück ausgesucht; nun fehlte ihnen nur noch das Geld, um es bezahlen zu können. Von ihrer Vision und ihrer Begeisterung angesteckt willigte ich ein, bei der Veranstaltung zu sprechen, bei der sie Spenden dafür sammeln wollten. Im ersten Teil des Programms nahmen Gemeindemitglieder das Mikrophon und sprachen darüber, was ihnen ihre Gemeinde bedeutete. Später sang und betete die Gemeinde gemeinsam, lobte Gott und bat ihn um seinen Segen und seine Führung bei ihrem Bauprojekt.

Als ich zuhörte, erinnerte ich mich an die frühen Abenteuer der *Willow Creek*-Gemeinde, als wir davon träumten, Land zu kaufen und unser erstes Gemeindehaus zu bauen. Als ich sprechen sollte, spürte ich, wie mich der Heilige Geist dazu aufforderte, mein Skript zu vergessen. Also verwarf ich meine Notizen und verbrachte die nächsten 20 Minuten einfach damit, die Anwesenden herauszufordern. »Geben Sie Ihr Leben dafür«, flehte ich sie an. »Geben Sie so viel Geld wie möglich. Engagieren Sie sich so stark wie möglich. Beten Sie so viel wie möglich. Geben Sie, was Sie geben können, denn Sie werden in alle Ewigkeit zurückschauen und darauf stolz sein können.«

Als ich mein leidenschaftliches Plädoyer beendet hatte und an meinen Platz zurückkehrte, klopfte mir die Frau des Pastors, die neben mir am Tisch saß, auf die Schulter als ob sie sagen wollte: »Alles in Ordnung mit Ihnen? Brauchen Sie etwas? Sollen wir den Notarzt rufen?«

Ich weiß nicht, wie ich erklären kann, warum ich immer noch so starke Empfindungen in Bezug auf das Wunder von Gemeinden spüre, die nach Apostelgeschichte 2 funktionieren. Ich kann die Male nicht zählen, die ich nach einer Veranstaltung in *Willow Creek* oder in einer anderen Gemeinde auf die Knie gefallen bin und zu Gott gesagt habe: »Nichts anderes löst dies bei mir aus. Ich bin eindeutig dafür geboren.«

Sehen Sie, wie Vision und Leidenschaft im Leben eines Leiters untrennbar miteinander verbunden sind? Wenn Gott Ihnen eine Vision gibt, wissen Sie es. Sie sehen es deutlich und spüren es intensiv.

Die Begeisterung einer Führungspersönlichkeit ist ansteckend

Leiter und Führungskräfte sind nicht die Einzigen, die von der Begeisterung über ihre Vision motiviert werden. Auch diejenigen, die von ihnen geführt werden, werden davon angesteckt. Wenn ich einen Leiter eine leidenschaftliche, von Herzen kommende, Gott ehrende Vision weitergeben höre, werde ich davon motiviert, egal ob ich will oder nicht.

Am Ende einer vor kurzem in *Willow Creek* stattfindenden Konferenz für Künstler stellte Nancy Beach, die Leiterin unserer Kreativabteilung, den versammelten Künstlern im Publikum ihre Vision vor. Voller Leidenschaft forderte sie sie dazu auf, ihre Gaben einzusetzen und ihre Fähigkeiten zu schulen, um die Sache Gottes voranzutreiben. »Stellen Sie sich und ihre künstlerischen Begabungen ganz in den Dienst Ihrer Ortsgemeinde«, sagte sie. »Halten Sie nichts zurück.«

Da ich am Seminar selbst nicht teilnehmen konnte, schaute ich mir eine Woche später im Büro eine Videoaufzeichnung davon an. Die Klarheit von Nancys Vision und die Tiefe ihrer Leidenschaft rissen mich mit. Am liebsten wäre ich nach Hause gelaufen und hätte meine Gitarre hervorgeholt. Zum Glück hielt mich mein persönliches Urteilsvermögen davon ab (keine Gemeinde würde von meinem musikalischen Beitrag profitieren). Aber so stark können Vision und Leidenschaft sein.

Leiter sollten sich nie für die starken Gefühle entschuldigen, die mit einer von Gott gegeben Vision einhergehen. Gott schuf sie so, dass sie ihre Sehnsucht, ihren Wunsch und ihre Motivation tief empfinden und sie voll und ganz ausleben. Und wenn sie das tun, stecken sie andere an.

Verantwortung übernehmen

Menschen mit Leitungsgaben sehen eine Vision also zuerst. Dann entwickeln sie so starke Gefühle, dass sie andere dadurch inspirieren. Der nächste Schritt besteht darin, dass sie die Verantwortung für ihre Vision übernehmen. Sie müssen sie sich zu Eigen machen.

In Apostelgeschichte 20,24 sagt der Apostel Paulus: »Aber ich will mit keinem Wort mein Leben wichtig nehmen, wenn ich nur meinen Lauf vollende und den Dienst erfülle, der mir von Jesus, dem Herrn, übertragen wurde: das Evangelium von der Gnade Gottes zu bezeugen.«

Was sagt Paulus da? Meiner Ansicht nach sagt er Folgendes: »In dem Augenblick, in dem ich von Gott meine Vision bekam, wurde die Erfüllung dieser Vision zur absoluten Priorität in meinem Leben. Alles, was ich mir selbst vorgenommen hatte, fiel dem Marschbefehl Gottes zum Opfer.«

Paulus hielt – wie jede Führungspersönlichkeit es kann – bis zu seinem Tod an seiner Vision fest. Wenn Gott einen Leiter bittet, seine eigenen Pläne beiseite zu legen und stattdessen die Vision zu erfüllen, die er ihm gegeben hat, weiß er, dass der Leiter es nie bereuen wird. Viele der begeisterndsten Visionen, die Gott Menschen gegeben hat, verkümmerten, vertrockneten und starben. Warum? Weil irgendwo irgendein Leiter sie sah und spürte, aber nicht den Mut hatte, sich diese Vision zu Eigen zu machen und dementsprechend zu handeln. Er schaffte es nicht, diese Vision zu verfolgen, und so wurde sie nie Wirklichkeit.

Ich kann mir nur ansatzweise vorstellen, was dies im Herzen Gottes auslöst. Visionen sind kostbar. Sie sind heilig und von Gott anvertraut und müssen ernst genommen werden. Eine Vision zu vergeuden ist eine unvorstellbare Sünde.

Stellen Sie sich vor, wie die Welt aussehen würde, hätte Billy Graham gesagt: »Nein danke, Gott. Der Preis für diese Vision scheint mir zu hoch zu sein. Ich hätte lieber etwas Einfacheres.«

Denken Sie daran, welche Lebensveränderungen sich nie vollzogen hätten, wenn Chuck Colson, der Begründer von *Prison Fellowship*, einer Arbeit unter Häftlingen, gesagt hätte: »Warum sollte ich meine Zeit mit einem Haufen von sozialen Krüppeln und gewöhnlichen Kriminellen vergeuden, die mir nichts zu bieten haben? Ich ziehe die Benefits einer privaten Anwaltskanzlei vor.«

Überlegen Sie, was alles nicht geschehen wäre, hätte Bob Pearce, der Gründer von *World Vision*, gesagt: »Lasst die hungernden Kinder doch verhungern. Was kann ein einzelner Mensch schon ausrichten?«

Ich schaudere auch, wenn ich darüber nachdenke, wie mein Leben aussehen würde, wenn Dr. B. seine von Gott gegebene Vision ignoriert und sich nicht bemüht hätte, das Denken und die Herzen seiner Studenten zu entflammen, indem er sie herausforderte, Gemeinden zu gründen.

Gehen Sie bitte nicht einfach über diesen Punkt hinweg. Wenn Gott Ihnen eine Vision gegeben hat, wenn Sie diese Vision klar vor Augen haben und stark empfinden, dann sollten Sie die Verantwortung dafür übernehmen. Sie sollten dieser Vision Ihr Leben verschreiben. Aus diesem Grund hat Gott Sie zu einer Führungspersönlichkeit gemacht. Das ist Ihre einzigartige Berufung. Für unseren Umgang mit dieser Berufung werden Sie und ich eines Tages Rechenschaft abgeben müssen.

Die Aufnahmefähigkeit eines Leiters optimieren

Ich habe oft mit christlichen Leitern gesprochen, die frustriert sind, weil sie keine Klarheit in Bezug auf ihre Vision von Gott gewinnen können. Als ich ihre Geschichten mit denen von Menschen verglichen habe, die klare Vision von Gott bekommen haben, habe ich eine Reihe von Punkten entdeckt, die unsere Fähigkeit, Gott zu hören und von ihm Visionen zu empfangen, zu steigern scheinen. Wenn ich nun mit einem Leiter spreche, der sich nicht im Klaren über seine Vision ist, stelle ich folgende Fragen:

- Haben Sie sich Gott ganz hingegeben?
- Haben Sie Gott gebeten, Ihnen seine Vision für Ihr Leben zu offenbaren, oder haben Sie ihn gebeten, einen Plan zu segnen, den Sie bereits selbst entwickelt haben? Wir müssen mit leeren Händen und einem offenen Herzen zu Gott kommen und fragen: »Wie sieht deine Vision für mein Leben aus?«
- Haben Sie gefastet?
- Haben Sie gebetet?
- Sind Sie in die Stille gegangen und haben Sie in der Einsamkeit auf Gottes Reden gewartet?
- Haben Sie Sünde in Ihrem Leben bereinigt?
- Haben Sie sich von Ablenkungen und Umgebungslärm frei gemacht, der Sie davon abhalten könnte zu hören, was Gott Ihnen sagen möchte?
- Haben Sie viel gelesen? Haben Sie ausreichend viele Reisen unternommen? Haben Sie verschiedenste Dienste auf der ganzen Welt besucht? Haben Sie sich dem Kaleidoskop an Visionen ausgesetzt, die Gott anderen Menschen gegeben hat, um sich von der Vielfalt der Möglichkeiten inspirieren zu lassen? Wenn nicht, dann gehen Sie los! Schauen Sie sich um, was Gott alles tut!

Eine Vision von Gott zu bekommen ist sowohl etwas zutiefst Geistliches als auch etwas zutiefst Praktisches. Dazu gehören gleichermaßen die ruhige innere Vorbereitung Ihres Herzens und tatkräftiges äußerliches Forschen und Experimentieren. Leiter und Führungskräfte müssen sich um beides bemühen und darauf vertrauen, dass ihre geistliche Disziplin und ihre harte Arbeit mit einer Vision belohnt werden, die sie begeistern und andere inspirieren wird.

Eine Vision kommunizieren, indem man sie verkörpert

Nachdem ein Leiter eine Vision bekommen und sich zu Eigen gemacht hat, besteht die nächste Herausforderung darin, sie anderen zu kommunizieren. Was ist eine Vision wert, wenn eine Führungskraft andere nicht dazu bringen kann, auf den Zug aufzuspringen? Aber wie? Wie kann ein Leiter seine Vision am besten an andere weitergeben?

Indem er sie verkörpert. Indem er sie personifiziert. Indem er sie auslebt.

Dem früheren Präsidenten der Vereinigten Staaten Jimmy Carter gelang dies besser als jeder anderen Führungspersönlichkeit, die ich jemals gesehen habe. Nach dem Ablauf seiner Amtszeit bemühte er sich mit allen Kräften darum, den Amerikanern seine Vision zu vermitteln, sozial schwachen Menschen angemessenen Wohnraum zur Verfügung zu stellen. Statt aber große Reden zu schwingen, nahmen er und seine Frau Rosalyn den Hammer in die Hand und fingen an, Nägel für *Habitat for Humanity* einzuschlagen.

Erst nachdem er mehrere Monate lang diese Vision verkörpert hatte und ihn die ganze Nation in den Abendnachrichten den Hammer hatte schwingen sehen, fing er an, über seine Vision zu sprechen. Und die Menschen hörten ihm zu. Wie hätten sie auch einem Mann nicht zuhören können, der davon Schwielen an den Händen hatte, dem Bild Leben zu geben, das Gott ihm in sein Herz malte?

Indem er seine Vision verkörperte, stellte Jimmy Carter auch klar, dass er seine Vision ausleben würde, selbst wenn ihm niemand dabei helfen wollte. Wir können unsere persönliche Vision am besten kommunizieren, wenn wir unseren Freunden, Familienangehörigen und potenziellen weiteren Interessierten fest in die Augen schauen und sagen können: »Ich werde mein Leben dafür einsetzen, diese Vision Wirklichkeit werden zu lassen. Es wäre schön, wenn du mir dabei helfen würdest. Aber wenn nicht, werde ich trotzdem das tun, wozu Gott mich berufen hat. Ich werde diese Vision umsetzen.«

Das ist vermutlich der Grund, warum ich das alte Lied »Ich habe mich entschlossen, Jesus nachzufolgen« so liebe. In der zweiten

Zeile heißt es, »auch wenn niemand mit mir geht, werde ich ihm trotzdem folgen«. Wenn ich diese Worte singe, singe ich sie mit jeder Faser meines Herzens.

In den 27 Jahren, die seit den Anfängen von *Willow Creek* vergangen sind, sind Mitarbeiter, Vorstandsmitglieder, Älteste, wichtige Leiter und Spender gekommen und gegangen. Die meisten verließen uns wegen der traurigen, aber unumgänglichen Wechsel, die von einer mobilen Gesellschaft gefordert werden. Ihr Weggang war für mich schmerzlich und traf mich zutiefst. Manche dieser Abschiede haben zu einsamsten Momenten in meinem Leben geführt. Warum? Weil es immer frustrierend und enttäuschend ist, großartige Menschen zu verlieren, die meine Vision geteilt haben. Manchmal ist es sogar geradezu schrecklich. *Wie kann ich die Vision ohne diesen Menschen weiterleben lassen?*, fragte ich mich dann.

Aber heute stelle ich mir diese Frage nicht mehr. Nach zahlreichen spätabendlichen Mutproben bin ich mir über diesen Punkt völlig im Klaren:

Mit Gottes Gnade will ich mich mit allen Mitteln dafür einsetzen, die Vision umzusetzen, die Gott mir anvertraut hat, komme, was da wolle – und gehe, wer da gehen muss. Ich will nicht zulassen, dass die Meinungen anderer Menschen meine Hingabe an Gottes Berufung für mein Leben beeinträchtigen. Egal, ob Willow Creek alle Rekorde bricht und ich auf begeisterte Unterstützung zählen kann, oder ob die Gemeinde sich so durchwurstelt und ich alleine dastehe, werde ich an meiner Vision festhalten. »Auch wenn niemand mit mir geht, muss ich ihm doch folgen.« Ich bin zu dieser Vision berufen. Ich muss sie verkörpern. Ich muss. Das ist eine Sache zwischen mir und Gott.

Jede Gemeinde, jedes Team, jede Organisation verdient und braucht jemanden, der die Vision verkörpert, jemanden, dessen Werte und dessen Hingabe die Vision leben lassen. Mutter Teresa übernahm diese Rolle für ihren Orden. Sie lebte in den Slums und hielt die Sterbenden bis zu deren Tod in ihren Armen. Wenn Menschen wissen wollten, was ihre Vision ist, mussten sie sie nur einen Tag lang beobachten.

Die Menschen in Ihrem Umfeld brauchen diese Art von Führung von Ihnen. Die Menschen in *Willow Creek* brauchen diese Art der Führung von mir. Sie müssen erleben, wie ich diese Vision verkörpere, sie müssen sehen, wie ich diese Vision Tag für Tag lebe.

Die Vision im persönlichen Gespräch weitergeben

Die zweitwichtigste Möglichkeit, eine Vision zu kommunizieren, besteht darin, sie im persönlichen Gespräch weiterzugeben. Jesus nutzte diesen Weg häufig. Als er seine Jünger aufforderte, sich seine Vision vom Reich Gottes zu Eigen zu machen, sprach er mit jedem einzeln, schaute ihm fest in die Augen und fragte: »Willst du alles zurücklassen und mir nachfolgen?«

Wenn jemand, der eine Vision lebt, auf einem Parkplatz steht, ihnen im Restaurant an einem Tisch gegenübersitzt oder von der Ladeklappe eines Lkw herunterschaut und jemand anderem seine Vision kommuniziert, dann achten Sie darauf. Denn darin steckt große Kraft. Die effektivsten Führungskräfte, denen ich begegnet bin, setzen auf diese Methode. Blättern Sie deren Terminkalender durch, und Sie finden unzählige private Termine, die sich auf Frühstück, Mittagessen, Abendessen und die Abendstunden erstrecken. Bei solchen Treffen erklären erfahrene Führungskräfte voller Sorgfalt, Leidenschaft und ganz persönlich ihre Vision und bitten ihr Gegenüber dann mutig, diese Vision mit ihnen zu teilen.

Und es kostet tatsächlich Mut. Es ist nicht einfach, die, wie ich es nenne, »große Frage« zu stellen. Jede Führungskraft weiß, was es heißt, wenn ein geschätzter Freund oder Kollege den eigenen Traum abtut oder die Berechtigung der Vision in Frage stellt. Das passiert gelegentlich auch den besten Führungskräften, und jedes Mal fühlt es sich wie eine persönliche Zurückweisung an. Aber man muss trotzdem fragen. »Fred, möchtest du uns helfen? Sally, wir könnten deine Erfahrung gebrauchen. Frank, wir brauchen etwas an Material, was du uns zur Verfügung stellen könntest. Dan, wir hätten dich gerne in unserem Team. Mary, ich habe eine Position zu besetzen, die auf dich zugeschnitten wäre.«

Manchmal verlangt unsere »große Frage« von einer Person, eine lukrative Stelle in der Wirtschaft für einen weniger gut bezahlten Dienst aufzugeben oder den Wegzug von einem geliebten Wohnort oder eine Herausforderung, die ihre Gaben in einem Maß fordert, das sie zu überfordern scheint. Leiter müssen dieses Opfer anerkennen. »Ich weiß, dass ich um keine Kleinigkeit bitte. Würden Sie einfach mal darüber beten? Ich werde auch beten.« Von diesem Punkt an liegt die Entscheidung in Gottes Händen. Der Leiter muss nun bereit sein, Gott in Bezug auf das Ergebnis zu vertrauen. Aber wir sollten uns durch die Angst vor Ablehnung durch unser Gegenüber nicht davon abhalten lassen zu fragen.

Die Vision in der Öffentlichkeit kommunizieren

Der letzte Schritt bei der Vermittlung einer Vision besteht darin, sie öffentlich weiterzugeben, darüber vor der ganzen Gemeinde, der ganzen Abteilung oder dem ganzen Team zu sprechen. Dies ist eine Herausforderung, bei der vielen Führungskräften der Mut sinkt, da sie sie dazu zwingt, präzise Worte für ihre Leidenschaft zu finden. Sie kann auch nervenaufreibend sein, weil jeder Leiter weiß, dass seine Worte negativ aufgenommen werden können. Opposition ist auch in persönlichen Gesprächen schwer zu ertragen, aber weit schwieriger in einer Gruppe. Denn hier besteht auch die reale Möglichkeit, die Gruppe zu spalten.

Aus diesem Grund zögern viele Leiter und Führungskräfte und entscheiden sich dagegen, dieses Risiko auf sich zu nehmen. Sie kommunizieren die Vision nicht. Sie malen das Bild nicht, das bei anderen Begeisterung auslösen könnte. Sie gehen der Gefahr bewusst aus dem Weg und geben sich lieber mit dem Status quo zufrieden – nur um möglichen Schmerz zu vermeiden. Wie tragisch (und feige, möchte ich hinzufügen). Jeder kann nur verlieren, wenn die Vision einer Gemeinde unscharf bleibt. Jeder bezahlt, wenn es dem Gemeindeleiter an Mut fehlt.

Was im Hintergrund geschieht, hat entscheidende Bedeutung

Ich möchte Ihnen eine Möglichkeit vorstellen, wie sich ein Leiter Mut machen und auch einen Konsens erreichen kann, bevor er mit seiner Vision an die Öffentlichkeit tritt. Zuerst sollte ein Leiter alle Personen zusammenbringen, die den Führungskern der Gemeinde ausmachen: hauptamtliche und ehrenamtliche Mitarbeiter, Älteste, Diakone und so weiter. Dann sollte er zu dieser Gruppe sagen: »Die Mitglieder unserer Gemeinde verdienen Klarheit in Bezug auf die Vision, die Gott uns gegeben hat. Sie müssen wissen, was wir vorhaben und in welche Richtung wir gehen. Deshalb wäre es sinnvoll, wenn wir uns an den nächsten acht Samstagvormittagen treffen und gemeinsam unter der Führung des Heiligen Geistes überlegen, wohin wir diese Gemeinde nach Gottes Vorstellung lenken sollen.

Wir werden zunächst Apostelgeschichte 2 studieren und Gott bitten, uns Bilder, Ideen und Worte zu geben, die seine Vision für diese Gemeinde beschreiben. Wenn wir die Vision dann in der Gemeinde vorstellen, werden wir uns einig sein und der Rest der Gemeinde wird hoffentlich mit einsteigen. Wenn sich manche Leute mit der Vision nicht anfreunden, können wir ihnen persönliche Gespräche anbieten und ihnen Zeit geben, mögliche Veränderungen zu verarbeiten. Wenn sie danach entscheiden, dass sie die Vision nicht mit uns teilen, werden wir darauf vertrauen, dass es andere Gemeinden gibt, in denen sie sich mehr zu Hause fühlen. Aber wir als Leiter sollten uns einig sein, denn nur dann können wie die Vision so klar und überzeugend wie möglich formulieren.«

Ich habe Hunderte von Gemeinden auf der ganzen Welt gesehen, die sich diesem Prozess unterzogen haben. Auch wenn man viel Zeit und Energie investieren muss, auch wenn unterwegs nicht alles so gut läuft, ist der Gewinn doch immens. Irgendwann kommt der Tag, an dem alle wichtigen Mitarbeiter der Gemeinde sich einig sind und eine klare Vision formulieren können.
An diesem Punkt kann der Leiter der Gemeinde die Vision

leidenschaftlich und überzeugend an die Gesamtgemeinde weitergeben. Und wenn Gott den ganzen Prozess wirklich begleitet hat, wird die Vision die Gemeinde begeistern. Die Leute werden sagen: »Endlich dümpeln wir nicht mehr einfach nur so vor uns hin. Wir haben einen Kurs, wir haben ein Ziel und wir können gemeinsam in eine Zukunft gehen, die Gott Ehre machen soll.«

Das »Wer« und das »Wann« sind entscheidend

Ich möchte Ihnen noch ein paar weitere Tipps geben, wie Sie die Vision in der Öffentlichkeit kommunizieren können. Das »wer« ist entscheidend. Die Auswahl der Person, die über die Vision sprechen soll, ist sehr wichtig. In *Willow Creek* ist es üblich und erwünscht, im Team zu leiten und zu lehren. Aber wenn es darum geht, wer an unserem so genannten Visionsabend vor der Gemeinde stehen und formulieren soll, worum es uns als Gemeinde geht und in welche Richtung wir uns bewegen wollen, dann ziehen wir keine Lose. Wir sind davon überzeugt, dass diese Aufgabe in die Verantwortung dessen fällt, der für das ganze Team, die Gemeinde oder Organisation verantwortlich ist.

In *Willow Creek* bin ich das. Ich habe den Ältesten und dem Gemeindevorstand oft vorgeschlagen, diese Aufgabe an eine andere Person zu delegieren, aber sie ließen mich nicht einmal ausreden. »Das ist dein Job, Bill«, erinnerten sie mich jedes Mal schnell. »Du bist derjenige, der die Vision von Anfang an verkörpert hat. Du bist derjenige, dessen Begeisterung wir immer wieder sehen, hören und erleben müssen. Die Gemeinde muss wissen, dass du immer noch für diesen Traum lebst und immer noch bereit bist, deine Zeit und Energie dafür einzusetzen.« Das »wer« ist also entscheidend. Gemeinden müssen diesen Punkt gut durchdenken und die richtige Wahl treffen.

Auch das »wann« ist wichtig. Meiner Erfahrung nach gibt es im Jahr einer Gemeinde zu Beginn, in der Mitte und am Ende gewisse Punkte, die geradezu danach verlangen, die Vision weiterzutragen. In den Vereinigten Staaten und besonders im Mittleren Westen beginnt das Gemeindejahr im September und geht bis Weihnachten. Dann gibt es eine kurze Weihnachtspause, in der die Leute sich eher auf ihre Familie und die Feiertage konzentrieren. Aber von Januar bis Ende Juni wird das Gemeindeleben wieder sehr rege. Die Monate Juli und August, die Haupturlaubsmonate, zwingen die Gemeinde dann eher zu einer ruhigeren Gangart.

Mit dieser Verlaufskurve im Kopf beginne ich das neue Gemeindejahr damit, Anfang September die Vision zu kommunizieren. Im Januar mache ich dasselbe. Einmal sprach ich im Januar bei dieser Gelegenheit zum Thema »Die Seele von Willow Creek«. Ich predigte darüber bei unseren Wochenendgottesdiensten, weil ich wollte, dass alle, einschließlich der Menschen, die noch auf der Suche waren, wussten, wer wir sind und wohin Gott uns führt. Ich wollte ihnen einen kleinen Einblick in die Seele von *Willow Creek* geben.

Die Leute waren begeistert.

Zwei Wochen später hatten wir bei unseren Gemeindegottesdiensten unter der Woche unseren offiziellen Visionsabend. Dort vermittelte ich unsere Vision etwas detaillierter.

> Wenn ich gefragt werde, wie oft eine Vision in einer Gemeinde oder Organisation öffentlich kommuniziert werden soll, erinnere ich daran, dass eine Vision oft leckt. Die meisten Leiter denken, es reiche aus, ihre Leute einmal randvoll mit Vision zu füllen, dann würden sie für immer voll bleiben. Aber das stimmt nicht. Die tollste Vision leckt, selbst bei den besten Leuten. Die Anforderungen des Alltags lassen ihr Denken unscharf werden, ihre Hingabe schwinden und ihre Herzen kalt werden.

Effektiv arbeitende Leiter überwachen das Leck im Visionstank ständig. Sie stehen bereit, die Vision wann immer nötig zu vermitteln. Ehrlich gesagt kommunizieren die meisten Leiter die Vision nicht in ausreichendem Maß. Sie geben den Gemeindemitgliedern die Schuld für deren nachlassende Hingabe, realisieren dabei aber nicht, dass sie in ihrer Rolle als Visionsvermittler versagt haben.

Die Konzentration auf die Hauptsache

Ein weiterer Rat in Bezug auf die Vermittlung der Vision in der Öffentlichkeit: Halten Sie es einfach. Das mag ein bisschen kontrovers sein, aber ich habe gründlich darüber nachgedacht. Heutzutage wird so viel über die formalen Unterschiede zwischen Vision, Mission und Ziel geschrieben, dass sich manche Leiter dazu getrieben fühlen, für jeden dieser Bereiche eine eigene Formulierung zu finden. Auch wir haben viele Jahre lang versucht, diese Unterscheidung zu treffen. Aber letztlich denke ich, führte dies in unserer Gemeinde zu mehr Verwirrung als Klarheit. Die Leute sagten: »Was ist unsere Vision? Oh, ich dachte, das sei unser Ziel. Nein, das war unsere Mission. Ach, ich gebe es auf!«

Um dieses Durcheinander zu vermeiden, sollten Leiter diese einfache Regel beherzigen. *Wenn ein Leiter in der Öffentlichkeit die Vision vermittelt, sollte sein Hauptziel sein, den Zuhörern dabei zu helfen, die Hauptsache kennen zu lernen, zu verstehen und sich zu merken.*

Nennen Sie es Vision, Ziel, Mission oder wie auch immer. Aber die Leute sollten hinterher in der Lage sein zu sagen: »Ich weiß, worum es geht.« In *Willow Creek* war die Hauptsache immer, »Menschen, die Gott nicht kennen, zu hingegebenen Nachfolgern Jesu Christi zu machen«. Und ich werde nie zulassen, dass sich irgendjemand in *Willow* darüber nicht im Klaren ist.

Peter Drucker sagt, dass die »Hauptsache« auf die Vorderseite eines T-Shirts passen sollte. Das heißt, die Formulierung sollte kurz und bündig sein. Sie sollte leicht wiederzugeben sein. Sie sollte so formuliert sein, dass ein durchschnittlicher Laie sie ohne größere Probleme aufsagen kann. Ein ganzer Absatz ist vermutlich zu lang. Sie sollte knapp und einprägsam sein. Deshalb haben wir uns vor 27 Jahren auf diese wenigen Worte geeinigt: *Menschen, die Gott nicht kennen, zu hingegebenen Nachfolgern Jesu Christi zu machen.*

Eine Vision steigert die Energie und bringt Menschen in Bewegung

Das klingt nach einer Menge Arbeit, oder? Vielleicht lesen Sie diese Seiten und fragen sich, ob sich nach den ganzen Mühen irgendetwas tatsächlich verändern wird. Eine berechtigte Frage. »Was wird sich verbessern, wenn ich Klarheit in Bezug auf meine Vision gewinne und sie so weitergeben kann, dass die Leute begeistert sind?«

Lassen Sie es mich folgendermaßen formulieren.

> Die meisten Gemeinden sind voll mit wunderbaren, herzensguten Menschen (besser als manche von uns Gemeindeleitern). Aber das Leben tendiert dazu, ihnen die Begeisterung zu nehmen. Beruf, Kinder, Verpflichtungen und finanzieller Druck kommen zusammen und überlasten sie körperlich und emotional. Schließlich fühlt sich das Leben für sie wie ein Mühlstein an, der ihnen um den Hals hängt und sie herunterzieht. Das Letzte, wonach sie sich sehnen, ist eine zusätzliche Verpflichtung in ihrer Gemeinde. Aber eine Vision, die sie begeistert und Gott die Ehre gibt, kann das alles grundlegend ändern.

Ich habe dies viele Male in *Willow Creek* erlebt, erst vor kurzem wieder einmal. Ich begegnete einem jungen Mann von Mitte 20, der mir erzählte, wie langweilig sein Leben geworden war. Er kam zwar ab und zu nach *Willow Creek*, war aber nirgendwo integriert. Dann hörte er, wie Sue Miller, die Leiterin unserer Kinderarbeit, ihre Vision für die Kinderarbeit weitergab. Er hörte, wie wichtig es ist, Kindern zu dienen und sie zu lieben, sie zum Glauben an Christus zu führen und ihnen dabei zu helfen, im Glauben zu wachsen. Sie forderte Menschen dazu heraus, ihr Leben dafür einzusetzen, Kinder zu fördern und zu unterstützen. Was sie über den Wert von Kindern sagte, motivierte den jungen Mann zum Handeln. Heute ist er ein hingebungsvoller ehrenamtlicher Mitarbeiter in *Promiseland*, unserer Arbeit mit Kindern.

Ich traf ihn einen Monat nach unserer ersten Begegnung noch einmal und er strahlte wie ein Weihnachtsbaum. Er beschrieb die acht Kinder, die in seiner Kleingruppe in *Promiseland* waren. Er kannte ihre Namen, ihre Familien, ihre Geschichte. Nun ist sein Leben alles andere als langweilig.

Dasselbe erlebte ich, als ich neulich vor meinem Büro auf dem Gang ein Ehepaar traf. Sie sagten. »Wir waren jahrelang in *Willow Creek*, kamen zu den Gottesdiensten, aber das war es auch schon. Dann hörten wir, wie der Leiter der Kleingruppenarbeit eine Vision über den Wert von Gemeinschaft weitergab und darüber, was es bedeutete, sein Leben darin zu investieren, Hirte für eine kleine Gruppe von Menschen zu sein.«

Die beiden waren so von dieser Vision begeistert, dass sie sich sofort zu Kleingruppenleitern fortbilden ließen. Innerlich stark bewegt sagten sie: »Unser Leben dreht sich nun darum, eine Kleingruppe zu führen. Das ist für uns das Wichtigste und Begeisterndste.«

Das ist die Macht einer Vision. Sie setzt Energien frei, die Menschen dazu bringen zu handeln. Sie hält das Streichholz an den Treibstoff, den die meisten Menschen in ihrem Herzen mit sich tragen und entzünden lassen wollen. Aber wir Leiter müssen dieses Streichholz entzünden, indem wir ihnen mitreißende Bilder vom Reich Gottes vor Augen malen. Noch einmal: Die Gabe der Leitung ist die einzige Gabe, die diesen ansteckenden Funken für die Gemeinde besitzt.

Eine Vision trägt dazu bei, sich eine Sache zu Eigen zu machen

Der zweite Vorteil von Visionsvermittlung besteht darin, dass sich die Gemeindeglieder eine Sache stärker zu Eigen machen. Eine meiner Ängste im Zusammenhang mit Vision ist, dass eines Tages unsere wichtigsten Leiter in der Gemeinde – Gemeindevorstand, Älteste und ehrenamtliche Leiter – von einem bevorstehenden Visionsabend hören, gähnen und sagen: »Kenne ich schon, habe ich schon gehört.«

Tatsache ist aber, dass sich nicht nur neue Leute angesprochen fühlen, wenn ich die Vision von *Willow Creek* wieder einmal vermittle, sondern sich auch der treue Kern, der alles schon so lange auf seinen Schultern getragen hat, wieder neu und voller Begeisterung der Vision verschreibt. Die Altgedienten bahnen sich nach den Gottesdiensten oft ihren Weg zu mir nach vorne und sagen: »Sie können mich für ein weiteres Jahr einplanen. Sie können auf mich zählen. Ich bin mehr als je zuvor für das motiviert, was wir hier gemeinsam machen. Ich kann den Gedanken nicht ertragen, irgendetwas davon zu verpassen.« Das klare Bild vor Augen zu sehen bringt sie dazu, sich das Ganze noch mehr zu Eigen zu machen.

Nach einem Visionsabend kam kürzlich einer der Mitbegründer von *Willow Creek* auf mich zu, ein Mann, der alles gehört und gesehen hat. Er bohrte mir den Finger in die Brust und sagte: »Bill, man wird mich hier in einem Sarg raustragen müssen!« Übersetzung: »Ich werde den Rest meines Lebens für die Vision dieser Gemeinde investieren. Ich werde nirgendwo anders hingehen. Ich werde den Mut nicht sinken lassen. Ich werde nicht aufgeben, wenn der Kampf hart werden sollte. Ich werde hier sein bis zum Ende. Du kannst auf mich zählen.« So eine Hingabe ist das Ergebnis effektiver Visionsvermittlung.

Eine Vision bietet ein klares Ziel

Ein dritter Vorteil von Visionsvermittlung besteht darin, dass eine Vision ein klares Ziel vor Augen malt. Eine eindeutige Formulierung, worum es einer bestimmten Gemeinde geht, drückt implizit auch aus, um was es ihr *nicht* geht. In anderen Worten:

> Jede Vision beinhaltet konkrete, für die Gemeinde entscheidende Angebote und Aktivitäten, aber sie schließt auch klar die Dinge aus, die ihre Energie in die falsche Richtung lenken würden. Diese Dinge mögen an und für sich gut sein, aber wenn sie nicht im Einklang mit der Vision der Gemeinde stehen, können sie unter Umständen mehr Schaden anrichten als Gutes bewirken. Nichts macht das Erlösungspotenzial einer Gemeinde schneller zunichte als der Versuch, allen Menschen alles zu sein. Keine Gemeinde kann alle Erwartungen abdecken.

Die Leitung von *Willow Creek* wurde Hunderte von Malen gefragt, warum wir keine christliche Schule einrichten. Unsere Antwort lautete von Anfang an immer gleich: Wir haben nie Gottes Auftrag gespürt, uns in dieser Richtung zu engagieren. Dadurch konnten wir uns stärker auf Evangelisation und Jüngerschaft konzentrieren, bei denen wir sicher waren, dass sie im Zentrum von Gottes Vision für unsere Gemeinde stehen. Sollte Gott einem von uns den klaren Auftrag erteilen, eine Schule aufzubauen, sieht das natürlich anders aus.

Eine klare Vision malt ein begeisterndes Bild der Zukunft und lässt uns sagen: »Wir kennen unsere Berufung. Nichts wird uns auf dem Weg dorthin von unserem Ziel abbringen. Wir werden uns nicht ablenken lassen.«

Leiter, die realisieren, wie wichtig es ist, die Vision für ihre ganze Gemeinde ständig zu aktualisieren, werden unbekümmert »nein« zu konkurrierenden Anliegen sagen. Warum? Auf diese Weise können sie eines Tages die Worte hören: »Du hast dich treu an die Vision gehalten, die ich dir gegeben habe. Du hast dich nicht ablenken lassen. Du hast die einzigartige Berufung umgesetzt, die ich für deine Gemeinde hatte. Gut gemacht! Gut gemacht!«

Eine Vision sorgt für Nachwuchs

Die Vorteile einer klar vermittelten Vision sind also ein Zuwachs an Energie, eine stärkere persönliche Überzeugung und ein klareres Ziel. Ohne morbide wirken zu wollen, möchte ich noch einen letzten Vorteil nennen, den eine klare Vision für eine Gemeinde hat: Sie reduziert das Trauma des Führungswechsels.

Ich werde nicht für immer und ewig der Hauptpastor der *Willow Creek*-Gemeinde sein. Die menschliche Sterberate liegt immer noch bei annähernd 100 Prozent, und ich bezweifle, dass ich in dieser Statistik eine Ausnahme bilden werde. Sie auch nicht. Aus diesem Grund sollten wir uns bewusst machen, dass eines der größten Geschenke, das wir unserer Gemeinde machen können, eine klare Vision ist, die Gott ehrt und uns selbst überdauert. Eines Tages werden sich die Ältesten von *Willow Creek* auf die Suche nach einem neuen leitenden Pastor machen. Ich bin voll und ganz davon überzeugt, dass sie dann an die entsprechenden Kandidaten herantreten und sagen werden: »Wir wollen Ihnen erklären, um was es uns geht. Wir wollen Ihnen das Bild vor Augen malen, das in *Willow Creek* Begeisterung und Leidenschaft auslöst. Wir wollen Ihnen die Berufung zeigen, die Gott uns gegeben hat.

Wir sind eine Gemeinde mit einer brennenden Hingabe an das Ziel, Menschen, die Gott nicht kennen, zu hingegebenen Nachfolgern Jesu Christi zu machen. Diese Vision verbindet uns. Sie gibt uns Energie. Wir haben sie uns ganz und gar zu Eigen gemacht. Und wir haben ein punktgenaues Ziel vor Augen. Wenn unsere Vision und Ihre Vision übereinstimmen und Gott Sie dazu beruft, unser nächster Pastor zu sein, dann müssen Sie nur Ihren Platz einnehmen, den Zündschlüssel umdrehen – und Sie werden Ihre Freude daran haben, mit uns in die Zukunft zu reisen.«

Wäre das nicht ein fantastischer Weg, um das Staffelholz an einen Nachfolger weiterzugeben? Wäre es nicht sehr dienlich für die Gemeinde, wenn sich eine Vision auch über Veränderungen in Führungsämtern hinweg erhalten würde?

Aber was ist in den meisten Gemeinden an der Tagesordnung? Alle vier oder fünf Jahre ändert sich die Vision um 90 Grad, wenn ein neuer Pastor kommt. Langjährige Gemeindeglieder wissen aus leidvoller Erfahrung, dass auch die neue Vision nur vorübergehend sein wird. Kein Wunder, dass sie irgendwann die Hände in den Schoß legen und sagen: »Wir werden uns dieser Vision nicht anschließen. Bevor wir verstanden haben, um was es überhaupt genau geht, ist vermutlich schon die nächste Vision aktuell. Warum sollten wir uns dann bemühen, das alles ernst zu nehmen?« Ich habe ganze Gemeinden erlebt, die sich nicht engagieren, weil sie über ständig wechselnde Pastoren und sich ändernde Visionen völlig frustriert sind. Und ich kann ihnen dafür keinen Vorwurf machen.

Aber so muss es nicht sein. Eine Vision schenkt eben nicht nur einen Zuwachs an Energie, eine stärkere persönliche Überzeugung und ein klareres Ziel, sondern sie kann auch dazu beitragen, dass Gemeinden während der kritischen Übergangszeit von einem Führungsteam zum nächsten ihren Schwung und ihre Effektivität behalten.

Eine Belohnung, die sich im Gesichtsausdruck widerspiegelt

Vor ein paar Jahren bat ich unser Videoteam, den Teil unseres Taufgottesdienstes aufzuzeichnen, in dem die erwachsenen neuen Christen im See auf unserem Gemeindegelände untergetaucht werden. Unterlegt mit einem Lied, das einer unserer Sänger komponiert hat, gestaltete das Videoteam einen drei Minuten dauernden Film, der das bewegendste Fest veränderter Leben darstellt, das ich je gesehen habe.

Ich entschloss mich, diesen Film während der jedes Jahr stattfindenden Weihnachtsfeier für unsere Ältesten und den Gemeindevorstand zu zeigen. Nach einem wunderbaren Abendessen erhob ich mich und sagte: »Ich möchte euch allen danken, dass ihr euch ein weiteres Jahr hier in der Gemeinde engagiert habt. Ich möchte euch sagen, wie sehr ich euch schätze. Ich dachte, das größte Geschenk, das ich euch heute Abend machen kann, ist ein greifbares Bild davon, worum es uns hier geht. Lehnt euch also einfach zurück und genießt, was ihr in den nächsten paar Minuten sehen werdet.«

Da ich das Video während der Entstehungsphase schon ein paar Mal gesehen hatte, nutzte ich die Gelegenheit, die Gesichter unserer wichtigsten Leiter zu studieren, die Gesichter der Männer und Frauen, die mit ungewöhnlicher Treue so viele Jahre lang schwierige Aufgaben getragen hatten. Ich wünschte, Sie hätten das Feuer, die Freude, die Entschlossenheit und das Gefühl der Erfüllung sehen können, die sich auf ihren Gesichtern spiegelten. Ich vermute, in ihren Herzen formierte sich im Stillen ein Chor, der sang: »Ja, genau das ist unsere Berufung. Dafür wollen wir den Rest unseres Lebens einsetzen.«

Als das Video zu Ende war, schauten wir uns mit Tränen in den Augen an, saßen einige Minuten in seligem Schweigen da und ließen uns wieder neu in Gottes Vision für unsere Gemeinde einhüllen. Für solche Momente lebt ein Führungsteam. Nur eine glasklare Vision kann solche Gefühle hervorrufen.

Die Vision. Sie stellt die schlagkräftigste Waffe im Arsenal eines Leiters dar. Die Vision ist das Mittel, das die Kraft der Kirche entfesseln kann.

3

Führung, die etwas bewegt: Die Vision in Aktion umsetzen

Wie wir gerade gelernt haben, ist eine Vision eine heiße Ware. Für eine reife, effektiv arbeitende Führungskraft ist nur eines begeisternder als eine Vision, die Gott ehrt, in klare Worte zu fassen und weiterzugeben: Die Vision umzusetzen. Vergeben Sie mir, dass das so simpel klingt, aber ich begegne immer wieder einer alarmierenden Zahl von Leitern, die lieber eine Vision *vermitteln*, statt die Ärmel hochzukrempeln und mit der Kraft des Heiligen Geistes versuchen, die Vision auch *umzusetzen*! Solche Führungskräfte verlieren irgendwann schließlich ihre Glaubwürdigkeit.

Ich kenne keinen Leiter, der die Vision lebendig und das Team unbegrenzt motiviert halten kann, ohne irgendwann sagen zu können: »Wir machen Fortschritte. Unser Traum, unser Gebet, das Bild von der Zukunft, das uns angefeuert hat – es wird Wirklichkeit. Wir bauen nicht nur Luftschlösser.« Eine Führungskraft, die nicht auf tatsächliche Fortschritte hinweisen kann, wird irgendwann von irgendjemandem aus dem Team die peinliche Frage gestellt bekommen: »O großer Visionär, wann werden wir ein Zeichen dafür bekommen, dass wir unserer Bestimmung näher kommen?«

Diese Frage sollte einem Leiter den Wink geben, dass seine Teamkollegen mit reiner Visionsvermittlung nicht mehr zufrieden sind. Sie wollen Erfolge sehen.

Es braucht mehr als mitreißende Reden

Manche Leiter halten ständige Visionsvermittlung für den Schlüssel zum Erfolg. Sie sind überzeugt, dass sie einfach nur immer wieder über den Traum sprechen und die Leute dazu bringen müssen, ständig daran zu denken, dafür zu beten und sich dafür begeistern zu lassen. Dann würde der Traum schon Wirklichkeit werden. An einem schönen Morgen würden alle aufwachen und die Vision hätte vor ihren Augen Gestalt angenommen. Voilà! Auftrag ausgeführt.

Aber die Umsetzung einer Vision erfordert mehr als nur große Reden, packende Slogans, emotionale Geschichten und herzzerreißende Videoclips. Es hat mich den größten Teil der letzten 27 Jahre gekostet, dies herauszufinden, aber jetzt ist es mir klar. Zwischen visionärer Führung und Führung, die etwas bewegt, besteht ein riesiger Unterschied. Sagte ich riesig? Unvorstellbar riesig!

Ich möchte diesen Unterschied mit der ersten von sehr vielen Geschichten über das Segeln illustrieren. Wenn ich auch meine Lektionen als Leiter überwiegend im kirchlichen Umfeld gelernt habe, wurde ich als Führungskraft auch immer wieder bei meiner Lieblingsfreizeitbeschäftigung, dem Segeln, herausgefordert.

In einem Sommer vor ein paar Jahren bekam ich die Segelgelegenheit meines Lebens. Ein Freund von mir, ein Geschäftsmann, bot mir an, auf seiner eine halbe Million Dollar teuren Yacht an einer Regatta gegen sieben identische Yachten teilzunehmen. Diese Boote waren nicht nur beträchtlich größer – und teurer! – als das Boot, das ich zu jener Zeit besaß, ihre Crews bestanden auch aus einigen der besten Profi-Seglern der Welt. Ich wusste, dass meine normale Crew und deren Leiter (ich!) ihnen meilenweit unterlegen waren. Aber nachdem wir unsere Crew noch um ein paar erfahrenere Segler ergänzt hatten, waren wir überzeugt, es mit den anderen aufnehmen zu können.

Am Tag vor der Regatta fuhren wir hinaus, um zu üben. Ich hielt eine kleine Rede, um die Crew anzufeuern, bei der ich etwa Folgendes sagte: »Die meisten von uns werden vermutlich nie mehr so eine Gelegenheit bekommen, wie wir sie an diesem Wochenende haben. Einige unserer Konkurrenten segeln im *Ameri-*

ca's Cup. Jedes der anderen Boote hat hoch bezahlte Steuermänner und Taktiker an Bord. Wir haben die Gelegenheit zu beweisen, dass wir mit den Besten der Besten mithalten können!«

In diesem Stil redete ich so lange weiter, bis mir die Konkurrenz schließlich selbst Leid zu tun begann.

Mit großen Erwartungen fuhren wir also auf den Michigan-See hinaus, um uns mit dem Boot vertraut zu machen. Keiner von uns hatte bisher ein technisch so anspruchsvolles Boot gesegelt, aber wir schafften es recht bald, gegen den Wind zu segeln. Unser Adrenalinspiegel schnellte in die Höhe und wir hissten den riesigen, farbenprächtigen Spinnaker. Es war ein stürmischer Tag am Michigan-See, und schon bald glitten wir über die Wellenkämme dahin und produzierten weiße Gischtteppiche zu beiden Seiten des Schiffsrumpfes.

Durch die Dynamik des Bootes mitgerissen wurde die Crew übermütig. Wir klopften uns gegenseitig auf die Schulter und redeten davon, wie wir die *America's Cup*-Segler auf die Plätze verweisen würden. Zu diesem Zeitpunkt hatten wir alles andere als ein Problem mit unserem Selbstbewusstsein.

Dann versuchten wir bei einer Windstärke von fast dreißig Knoten, den riesigen Spinnaker von einer Seite des Bootes auf die andere zu schwenken. Das erforderte eine Teamarbeit, wie wir sie noch nie auf unserem viel kleineren Boot benötigt hatten. Es erforderte komplizierte zeitliche Abläufe und perfekte, gut abgestimmte Koordination zwischen allen dreizehn Mitgliedern der Crew. Nur gut, dass wir so aufgedreht waren.

Aber unsere erste Wende klappte nicht gut. Man fühlte sich an den trudelnden Absturz eines Flugzeugs erinnert. Auf halber Strecke ging uns alles daneben. Die zweite Wende klappte auch nicht gut. Auch nicht die dritte, die vierte, die zehnte und die zwanzigste. Als wir unser Training an diesem Tag beendeten, hatten wir keine einzige Wende geschafft, die einer Regatta würdig gewesen wäre. Und die Regatta fand am folgenden Tag statt.

Bevor wir am nächsten Morgen zum Regattakurs hinausfuhren, um noch etwas zu üben, musste ich eine sehr wichtige Führungsentscheidung treffen. Ich hatte die Möglichkeit, noch einmal meine Vision zu vermitteln, die Crew anzufeuern, zu pushen und zu sagen: »Los, jetzt schlagen wir die Leute vom *America's Cup.*«

Ich konnte ihre Begeisterung mit noch mehr emotionalem Brennstoff befeuern und hoffen, es würde funktionieren. Oder aber ich konnte einen völlig anderen Ansatz wählen.

Ich entschied mich für die zweite Alternative. Ich versammelte die Crew um mich und sagte: »Heute Morgen gibt es keine Anfeuerungsrede. Ich denke, es ist uns allen bewusst, dass das die Gelegenheit unseres Lebens ist. Ich bin überzeugt, dass keinem von uns die Bereitschaft zum Einsatz und die Begeisterung für die Regatta fehlen. Wenn wir jetzt noch einmal trainieren, müssen wir in der wenigen uns zur Verfügung stehenden Zeit lernen, wie wir ein paar grundlegende Manöver schaffen. Setzen wir uns also noch einmal zusammen und sprechen alles durch. Bevor wir ablegen, sollten wir darüber sprechen, wer bei den Wenden was macht. Wie können wir besser zusammenarbeiten? Wenn uns das nicht gelingt, können wir uns von dieser Regatta verabschieden oder bis auf die Knochen blamieren, und zumindest ich für meinen Teil habe dazu keine Lust.«

Dann bat ich den besten Segler in unserem Team, einen Mann, der viel besser ist als ich, etwas mit der Crew zu machen, was die meisten von uns nicht mehr erlebt hatten, seit sie begonnen hatten zu segeln. Ich bat ihn, mit uns die Technik einer Wende Schritt für Schritt in der Theorie durchzugehen, noch bevor wir das Segel gesetzt hatten.

Da saßen wir also in einer eine halbe Million Dollar teuren Yacht, lagen immer noch am Pier neben den Profis vom *America's Cup* und hörten uns die Grundlagen des Segelns an. Langsam und bedächtig, als ob er vor absoluten Anfängern säße, erklärte uns der Chef der Crew: »Das ist der Spinnaker-Baum. Das ist die Vorschot. Das ist die Großschot. Das ist die Fall.«

Er setzte seine Lektion fort: »Wenn wir eine Wende von Backbord nach Steuerbord durchführen, gehen wir folgendermaßen vor.« Er erklärte für jede Position Schritt für Schritt den gesamten Ablauf. Dann ließ er uns jeden Schritt üben. Er ließ uns so lange wiederholen, bis wir es im Schlaf konnten.

Als die Regatta näher rückte, legten wir ab und fuhren aus dem Hafen. Nachdem wir die Wellenbrecher hinter uns gelassen hatten, hissten wir den Spinnaker und wagten uns an die erste richtige Wende. Zu unserer großen Erleichterung gelang sie uns perfekt. Die Stimmung hob sich beträchtlich. Dann machten wir eine weitere Wende und noch eine. Langer Rede, kurzer Sinn: Während der ganzen Regatta misslang uns keine einzige Wende.

Das heißt nicht, dass wir besonders gut gegenüber der Konkurrenz abgeschnitten hätten. Was soll ich sagen? Diese Jungs vom *America's Cup* sind wirklich gut. Wir gewannen keinen Blumentopf, aber ich lernte eine wertvolle Lektion, die mir als Führungskraft seither gute Dienste geleistet hat. Nämlich: *An einem bestimmten Punkt brauchen die Leute mehr als eine Vision. Sie brauchen einen Plan, der ihnen Schritt für Schritt erklärt, wie sie von der Vision zur Umsetzung in die Realität gelangen.*

Eine Vision durch einen strategisch angelegten Plan konkretisieren

In *Willow Creek* haben wir eine Menge Energie investiert, um herauszufinden, wie dies in einer Gemeinde geschehen kann, die sich an dem Vorbild von Apostelgeschichte 2 orientiert. In der Mitte der 1990er Jahre entschieden wir uns, einen offiziellen Plan zu entwerfen und umzusetzen.

Dies aber stellte uns vor ein Problem. Ich hatte noch nie einen strategischen Planungsprozess durchlaufen, weder während meiner Tätigkeit in der Wirtschaft, bevor ich Pastor wurde, noch während der Zeit, in der ich mich in der Jugendarbeit engagierte, noch in all den Jahren in *Willow Creek*. Ich spürte, dass es sein musste, aber ich wusste nicht, wie ich es anstellen sollte.

Glücklicherweise konnte ich mich da ganz auf Greg Hawkins stützen, einen der Pastoren unserer Gemeinde, der auf diesem Gebiet beträchtliche Erfahrung hatte. Über einen Zeitraum von 6 Monaten führten er und sein Team uns durch einen Prozess, in dem es unter anderem auch darum ging, unsere Visionsumsetzung zu verbessern.

Wir fingen damit an, das noch einmal gründlich unter die Lupe zu nehmen, was uns am wichtigsten war, unsere »Hauptsache«. Nach mehreren Monaten, in denen wir uns immer wieder mit Mitarbeitern, Gemeindevorstand, Ältesten und den wichtigsten Leitern getroffen hatten, kamen wir zu dem Schluss, dass die Berufung, die Gott uns in den Anfangszeiten von *Willow* gegeben hatte, noch immer galt: Menschen, die Gott nicht kennen, in die hingegebene Nachfolge Jesu Christi zu führen.

Aber wir spürten auch, dass wir unsere Vision noch verbessern mussten, vor allem in Hinblick auf interne Führungsziele. Nach ausgiebigen Diskussionen entschlossen wir uns, drei Bereiche innerhalb unserer übergeordneten Vision besonders zu betonen.

Der erste Schwerpunkt sollte auf Evangelisation liegen. Wir beschlossen, uns im Lauf der nächsten fünf Jahre aktiv darauf zu konzentrieren, einen höheren Prozentsatz von Menschen als bisher im Großraum Chicago mit dem Evangelium zu erreichen.

Unser zweiter Schwerpunkt war die geistliche Reife der Christen in unserer Gemeinde. Wir wollten sie zu voller Hingabe an Jesus Christus durch die Stärkung der Werte Gemeinschaft, geistliches Wachstum und volle Teilnahme am Gemeindeleben ermutigen.

Den dritten Schwerpunkt wollten wir darauf legen, mehr von uns, unserem Wissen und unseren Mitteln außerhalb von *Willow Creek* einzusetzen. Wir konzentrierten uns bei diesem Vorstoß auf die Dienste, die sich für Menschen in Armut einsetzen, sowie auf die *Willow Creek Association,* die Ortsgemeinden auf der ganzen Welt unterstützt.

Als junge Gemeinde ging es uns mit einer breiter angelegten Missionsaussage gut. Aber um eine reifer gewordene Gemeinde zu fördern, mussten wir diese Missionsaussage um konkretere Definitionen und strategisch angelegte Ziele ergänzen.

Über Monate hinweg entwarfen und diskutierten wir potenzielle Missionsaussagen. Schließlich konnten alle Führungsgremien der Gemeinde unseren Fünf-Jahres-Plan unterschreiben. An diesem Punkt dachten wir, wir wären bereit, den Plan allen Mitarbeitern und der Gesamtgemeinde vorzustellen.

Aber irgendetwas sagte uns, dass der Zeitpunkt noch nicht gekommen war. Der Heilige Geist veranlasste uns dazu, konkrete Ziele zu setzen, die im Zusammenhang mit unserer überarbeiteten Vision standen.

Ausgewogene Ziele setzen

Ich muss etwas gestehen: In den ersten 30 Jahren von *Willow Creek* formulierten wir nie so etwas wie konkrete Ziele. Wir hielten an unserer Vision fest und erlebten, wie sich Tausende von Menschenleben veränderten. Warum sich also mit Zielen abmühen? Aber im Gebet spürten wir eine neue Richtung, in die der Heilige Geist uns lenkte. Wir kamen zu dem Schluss, dass wir ohne konkrete Ziele nie zu der Gemeinde werden würden, die wir am Ende dieser fünf Jahre sein wollten.

Ja, wir wollten uns auf Evangelisation konzentrieren. Und wir wollten unseren Gemeindegliedern helfen, im Glauben zu wachsen und reifer zu werden. Und wir wollten mehr von unseren Mitteln außerhalb der Gemeinde investieren. Aber wie sollte das konkret aussehen? Wie viel Energie sollten wir in jeden dieser Bereiche stecken? Welchen Prozentsatz unserer Mittel sollten wir außerhalb von Willow Creek einsetzen? Was würde uns dabei helfen, in den vor uns liegenden Jahren ausgewogen, ganzheitlich und gesund zu bleiben?

Bei meinen Reisen durch die Welt habe ich eine Menge unausgewogener Gemeinden gesehen. Manche Gemeinden evangelisieren sehr effektiv, aber sie vernachlässigen den Bereich Jüngerschaft. Andere Gemeinden sind sehr gut in Predigt und Lehre, ignorieren aber den Wert von Gemeinschaft und haben keine Kleingruppen innerhalb der Gemeinde. Manche Gemeinden konzentrieren sich sowohl auf Evangelisation als auch auf Jüngerschaft, scheren sich aber nicht um die Nöte einer leidenden Welt; sie kümmern sich nicht um die Armen. Wir wollten sicher stellen, dass wir der perfekten Ausgewogenheit der Gemeinde in Apostelgeschichte 2 immer näher kamen.

Sechs große, gefährliche, mutige Ziele im typischen Willow-Stil

Aber wie würden wir merken, dass wir dieser Vision näher kamen, wenn wir uns keine Meilensteine für unterwegs setzten? Wie konnten wir unsere Fortschritte auswerten? Zum ersten Mal seit 20 Jahren dachte, betete und kämpfte sich unser Führungskreis durch den Prozess, an dessen Ende konkrete Ziele stehen sollten. Wir entschieden uns für sechs Ziele, die zu unseren drei strategischen Schwerpunkten passten.

Die Ziele waren groß – erschreckend groß!

In seinem Buch »Built to Last« (»Gebaut für die Ewigkeit«) schreibt Jim Collins über »große, gefährliche, mutige Ziele«. Unsere Ziele sollten groß genug sein, um das übernatürliche Wirken Gottes erforderlich zu machen. Unsere Ziele sollten uns zum Gebet zwingen.

Nach weiteren Treffen und viel Gebet informierten wir die Gemeinde schließlich über unsere Fünf-Jahres-Ziele.

Zur Umsetzung unseres ersten Schwerpunktes, mehr Menschen im Großraum Chicago mit dem Evangelium zu erreichen, formulierten wir folgendes Ziel:

1. Wir wollen die Besucherzahlen unserer vier Wochenendgottesdienste für Menschen auf der Suche nach Gott von 15.000 auf 20.000 steigern. Wir wissen, dass diese Besucherzahl unsere Sitzkapazitäten voll auslasten wird.

Um unseren zweiten Schwerpunkt, das persönliche Wachstum unserer Gemeindeglieder zu fördern, konzentrierten wir uns auf folgende Ziele:

2. Wir wollen 100 Prozent Beteiligung in Kleingruppen haben. Zu diesem Zeitpunkt war etwa die Hälfte der Besucher der Wochenendgottesdienste in Kleingruppen integriert. Damit waren wir nicht zufrieden. Sollten wir mit einer Gemeinde von 20.000 Besuchern gesegnet werden, so hofften wir, dass alle 20.000 enge Gemeinschaft in Kleingruppen erlebten.

3. Wir wollen den Besuch unserer Gottesdienste unter der Woche von 4.000 auf 8.000 steigern. Diese am Mittwoch- und Donnerstagabend stattfindenden Gottesdienste legen den Schwerpunkt auf intensivere Lehre und gemeinsame Anbetung – beides wichtige Elemente für geistliches Wachstum.

4. Wir wollen jeden der 8.000 Besucher der Gottesdienste unter der Woche dazu ermutigen, »ordentliches« Gemeindemitglied zu werden. Das bedeutet, dass sich jeder bewusst für einen persönlichen Wachstumsprozess entscheidet, sich in einem Bereich der

Gemeindearbeit aktiv engagiert und die Arbeit der Gemeinde finanziell unterstützt.

Für den dritten Bereich, den Einsatz unserer Möglichkeiten, unseres Wissens und unserer Mittel außerhalb der Gemeinde, formulierten wir folgende Ziele:

5. Wir erwarten, dass wenigstens 4.000 Personen aus der Gemeinde mindestens einmal im Jahr Menschen dienen, die in Armut leben. Das kann bedeuten, Häuser mit *Habitat for Humanity* zu bauen, mit einem unserer Partner in den sozialen Brennpunkten im Zentrum von Chicago zusammenzuarbeiten oder an einem Kurzeinsatz in Mexiko oder in der Dominikanischen Republik teilzunehmen. Da wir wirklich nicht wissen, was wir in dieser Hinsicht erwarten können, wählten wir diese Zahl eher willkürlich aus.

6. Wir wollen die Zahl der Gemeinden, die national und international von der *Willow Creek Association* unterstützt werden, von 1.400 auf 6.000 steigern.

Verantwortliche für die Ziele finden

Die öffentliche Bekanntgabe dieser Ziele trieb uns mit neuem Eifer ins Gebet. Wir fühlten uns gleichzeitig herausgefordert, ängstlich und begeistert. Wir waren uns deutlich bewusst, wie groß, gefährlich und mutig diese Ziele waren. An diesem Punkt wurde uns klar, dass wir einen weiteren wichtigen Schritt gehen mussten, wenn wir diese Ziele umsetzen wollten.

Ich blickte mich im Kreis unserer Leiter um und fragte: »Wer von euch möchte die Verantwortung für eines dieser Ziele übernehmen? Wer ist bereit, sich die nächsten fünf Jahre seines Lebens verantwortlich für das Erreichen eines dieser Ziele einzusetzen?«

Einer nach dem anderen standen die wichtigsten Leiter der Gemeinde auf.

»Ich habe ein Herz für Evangelisation«, sagte ein Leiter. »Ich wäre bereit, mich so lange für den Bereich Evangelisation einzusetzen, bis wir 20.000 Besucher bei unseren Wochenendgottesdiensten für Suchende haben.«

Ein anderer nahm die Herausforderung für die Kleingruppenziele an. Ein weiterer übernahm Verantwortung für die Ziele, die die Gemeindegottesdienste unter der Woche betrafen. Schon bald hatten wir für jedes der sechs Ziele einen Verantwortlichen.

Die Begeisterung nahm zu. Ich erinnere mich, eines Abends zu einem unserer Leiter gesagt zu haben:

»Kannst du dir vorstellen, wie Willow Creek in fünf Jahren aussehen wird, wenn wir durch Gottes Kraft und unseren Einsatz diese Ziele tatsächlich erreichen? Wir werden eine dynamische, in die Breite und Tiefe wachsende, ausgewogene, nach biblischem Vorbild funktionierende Gemeinschaft des Glaubens sein, wie es keiner von uns je erlebt hat. Wer wollte bei so einem Abenteuer nicht dabei sein?«

Neue Energie, neue Begeisterung: Neustart für Willow Creek

Wir setzten den Strategieplan im Januar 1996 in Kraft. Ich erklärte ihn der Gemeinde und konnte förmlich spüren, wie die Begeisterung wuchs. Wie der Führungskreis sagte auch die Gemeinde: »Lasst uns das Abenteuer angehen. Los geht's. Ihr könnt auf uns zählen. Wir werden unseren Beitrag leisten.« In gewisser Weise war das wie ein Neuanfang für *Willow Creek*. Man konnte eine Art von Begeisterung spüren, wie wir sie in unseren ersten Jahren hatten, als wir uns noch in einem Kino trafen.

Als die Monate ins Land gingen, war ich erfreut zu sehen, welche Wirkung unsere neu formulierte Visionsaussage zu haben schien. Schnell wurde ich zu einem der größten Befürworter von Zielen und messbaren Fortschritten. Wir brachen unsere 5-Jahres-Ziele auf 12-Monats-Ziele herunter und fingen an, unsere Fortschritte zu protokollieren. Nach einem Jahr konnten wir bei manchen Bereichen sagen, dass wir auf dem richtigen Weg und dabei waren, unsere Ziele umzusetzen.

Aber wir konnten auch sehen, dass wir in anderen Bereichen hinter unseren Zielvorgaben zurückblieben. Das führte zu einigen Diskussionen in unserem Führungskreis. Der Verantwortliche für das Ziel sagte dann: »Lasst uns darüber sprechen. Wo liegt das Problem? Haben wir unrealistische Ziele gesetzt? Oder haben wir nicht ernsthaft genug dafür gebetet? Oder haben wir uns nicht gründlich genug Gedanken gemacht? Es geht hier um das Heilspotenzial der Gemeinde. Wir müssen uns also zusammensetzen und überlegen, was zu tun ist.«

Es war schon einige Jahre her, seit diese Energie in den Führungskreisen von *Willow Creek* zu spüren war. Ich liebte diese Atmosphäre. Ich war begeistert von ihr. Das Führungsteam erreichte eine völlig neue Ebene der geistlichen Leitung. Wir nahmen uns bald vor, alles in unserer Macht Stehende zu tun, um alle sechs Ziele zeitgleich zu erreichen. Wir stellten sicher, dass die Verantwortlichen für die Ziele Zugang zu den besten Leuten und den Mitteln der Gemeinde hatten. Die Ältesten fingen an, Input zu geben und unsere Fortschritte zu verfolgen. Der Vorstand diskutierte darüber, wie finanzielle Mittel, Räumlichkeiten und technische Ausrüstung zur Verfügung gestellt werden konnten, um zur Umsetzung der sechs Ziele beizutragen.

Ich merkte, wie wir in der Gemeindeleitung an einem Strang zogen wie selten zuvor. Man konnte die Synergie spüren. Ich dachte: »*Das macht Spaß. Wir haben eine neu formulierte Vision. Wir haben klare Ziele und Verantwortliche für diese Ziele. Die Energie, die Entschlossenheit und der Glaube steigen. Was bleibt uns auf der Führungsebene sonst noch zu tun?*«

Das fehlende Element

Wie sich herausstellen sollte, hatten wir noch eine Menge zu tun.

Nachdem wir etwa 16 Monate mit diesem 5-Jahres-Plan gearbeitet hatten, spürte ich ein Unwohlsein, das sich schlecht in Worte fassen ließ. Als ich versuchte, dieses Gefühl dem Vorstand und den Ältesten zu erklären, konnte ich nur eine unkonkrete Vermutung aussprechen: »Irgendwie scheint es, als ob wir noch nicht alle acht Zylinder gezündet hätten. Vielleicht vier oder fünf, aber nicht alle acht. Wir laufen nicht auf allen Töpfen.«

Und sie fragten nach: »Bill, an wem liegt es? Was zündet nicht richtig?« Woraufhin ich nur entgegnen konnte: »Ich bin mir nicht sicher. Aber ich möchte es herausfinden und brauche dazu eure Hilfe. Lasst uns gemeinsam nach der Ursache suchen.«

Ich muss ehrlich sagen, dass dies eine der anstrengendsten Zeiten für uns alle im Führungskreis von *Willow Creek* war. Ich war wie eine lästige Fliege, schwirrte überall herum und stellte Fragen, während alle anderen die Augen verdrehten und stöhnten: »Er schon wieder!«

Eines Abends, zu Hause in meiner Küche, dämmerte es mir. Meine Tochter Shauna, die damals das College besuchte, war über die Ferien zu Hause und hatte ein paar Freunde zum Abendessen eingeladen. Ich stand in der Küche und unterhielt mich mit ihnen, als eines der Mädchen anfing, mir zu erzählen, wie es durch *Student Impact*, die Schülerarbeit unserer Gemeinde, zum Glauben gefunden hatte.

Ich bin von *Student Impact* sehr beeindruckt – meine eigenen Kinder haben davon sehr profitiert. Deshalb war ich nicht überrascht, welche Wirkung die Arbeit auf diese junge Frau hatte. Sie erzählte mir, dass sie ein College östlich von Chicago besuchte. Als ich sie fragte, in welche Gemeinde sie dort ginge, erwartete ich, dass sie eine Ortsgemeinde nennen würde, vielleicht sogar eine Mitgliedsgemeinde der *Willow Creek Association.* Aber nichts dergleichen. Sie sagte: »Ich gehe dort in keine Gemeinde.«

Ich dachte, sie hätte vielleicht Probleme, sich in einer eher traditionell geprägten Gemeinde zurechtzufinden, nachdem sie in *Willow Creek* zum Glauben gefunden hatte. Also äußerte ich die Vermutung, dass sie sich in einer Umbruchphase befände und es möglicherweise nur eine Frage der Zeit sei, bis sie eine neue Gemeinde finden würde. »Aber es gibt dort in der Gegend eine Menge guter Gemeinden«, sagte ich. »Sicher finden Sie bald etwas.«

Sie entgegnete: »Ich glaube nicht, dass das das Problem ist. Ich war davon abgesehen nie Mitglied von *Willow Creek*. Ich war nur bei *Student Impact.*«

»Wirklich?«, sagte ich. »Welche Gemeinden besuchten Sie dann während der High School-Zeit?«

»Ich war nie in einer Gemeinde«, gestand sie.

»Moment mal«, sagte ich, während ich das Gefühl hatte, in diesem Gespräch sei irgendetwas an mir vorbeigegangen. »Ich dachte, Sie sagten, Sie hätten jahrelang *Student Impact* besucht.«

»Ja, das stimmt auch.« Sie lächelte. »Ich bin dort zum Glauben gekommen. Ich habe wahre Nachfolge gelernt. Ich habe dort mitgearbeitet. Ich habe bloß nie viel über die *Gesamt*gemeinde gehört.«

Mein Puls beschleunigte sich. Ich erinnerte mich an ein ähnliches Gespräch, das ich neulich mit Mitarbeitern in den Fluren von *Willow Creek* geführt hatte. »Na, wie geht es *Willow Creek* mit dem Strategieplan?«, hatten sie gefragt. *Warum fragen Sie mich, wie es Willow Creek geht? Sind Sie nicht Teil von Willow? Warum fragen Sie mich nicht, wie es mit der Umsetzung unserer Ziele funktioniert? Sind Willows Ziele nicht Ihre Ziele?*

Je mehr ich über diese fehlende Verbindung nachdachte, desto klarer wurde es mir. Im Lauf der Jahre hatten sich in der Gemeinde einige Dinge verändert. Ohne dass es mir bewusst geworden wäre, hatte sich Willow von einer fest zusammengewachsenen, nach biblischem Vorbild funktionierenden Gemeinschaft mit einer gemeinsamen Identität zu einem dezentralen, lose verbundenen Zusammenschluss von verschiedenen Dienstbereichen mit vielen Identitäten entwickelt. Viele Leute kannten von Willow Creek nur den jeweiligen Dienstbereich, mit dem sie etwas zu tun hatten. Selbst in Mitarbeiterkreisen identifizierten sich viele stärker mit ihrem Arbeitsbereich als mit der Gesamtgemeinde.

Das war der Grund, warum wir nicht alle an einem Strang zu ziehen schienen. Wir taten es tatsächlich nicht!

Das Problem an der Sache war, dass sich nicht jeder Dienstbereich im notwendigen Maß unseren Zielen für geistliches Wachstum verschrieben hatte, die wir uns als ganze Gemeinde gesetzt hatten.

Also erklärte ich dem Führungsteam: »Wir brauchen mehr als eine neu formulierte Visionsaussage, klare Ziele und Verantwortliche für diese Ziele, um das Erlösungspotenzial dieser Gemeinde voll auszuschöpfen. Wir müssen jeden haupt- und ehrenamtlichen Mitarbeiter direkt in unseren Strategieplan einbinden. Wir müssen alle darin schulen, sich wieder neu für die Zukunft der Gemeinde als Gesamtgebilde verantwortlich zu fühlen – und nicht nur für ihren jeweiligen Arbeitsbereich. Dann gelingt es uns vielleicht, alle acht Zylinder zu zünden.«

Das Führungsteam stimmte mir zu, aber das bedeutete nicht, dass sich das Problem schnell beheben ließ. Mir war klar, dass wir eine Variation dessen vor uns hatten, was mein Segelfreund mit unserer Yachtcrew machte, als uns keine Wende gelingen wollte. Wir mussten zurück zu den Grundlagen.

Grundlagen des Gemeindelebens: Gemeinsame Ausrichtung

Wir mussten den Mitarbeitern sagen: »Das ist eine Gemeinde. Wir sind eine Gesamtheit. Wir sind eine nach biblischem Vorbild funktionierende Gemeinschaft. Wir sind nicht eine Konstellation einzelner Planeten, die sich um einen Fixstern herum drehen.«

In anderen Worten: »Wir müssen verstehen, um was es in Apostelgeschichte 2 geht. Wir müssen verstehen, was es bedeutet, Gemeinde zu sein. Wir müssen verstehen, was es bedeutet, zu einer radikalen, dynamischen Braut Christi zu werden. Wir alle müssen uns der Herausforderung dieser Neuausrichtung stellen. Wie können wir behaupten, Mitglieder einer Gemeinde zu sein, solange wir nicht alle in dieselbe Richtung gehen und dieselben Ziele verfolgen? Wenn wir nicht alle an einem Strang ziehen, wird sich die Gesundheit von *Willow Creek* zunehmend verschlechtern. Es wird uns immer schlechter gehen, und irgendwann werden wir sterben. Wir können das nicht zulassen.«

Ich wünschte sagen zu können, dass die Umorientierung der Mitarbeiter genauso glatt über die Bühne ging wie die Wenden unserer Segelcrew nach unserer Trockenübung, aber so war es leider nicht. Einige Mitarbeiter, die lange Jahre sehr unabhängig arbeiten konnten, waren nicht sehr begeistert davon, die Planungen ihrer Dienstbereiche anzupassen, um mehr Energie in die Herausforderung investieren zu können, die die ganze Gemeinde betraf. Manche hatten das Gefühl, dass wir die Regeln mitten im Spiel änderten, und in gewisser Weise entsprach das auch den Tatsachen.

Viele Jahre lang hatten wir Mitarbeiter angeworben, ihnen ein Budget zur Verfügung gestellt und gesagt: »Baut eine Hauskreisarbeit auf, baut eine Jugendarbeit auf, baut ein Musikteam auf. Viel Spaß dabei.« Und dann waren diese Mitarbeiter voll verantwortlich. Aber viele von ihnen schlugen entschieden andere Richtungen ein als die Gesamtgemeinde. Auch wenn sie alle wertvolle und wichtige Dinge machten, führten sie die Menschen, die mit ihren Dienstbereichen in Berührung kamen, doch nicht alle auf die Ziele hin, auf die wir uns als ganze Gemeinde geeinigt hatten. Manche Dienstbereiche hatten keine konkreten Pläne, wie sie Menschen dabei helfen konnten, im Glauben zu wachsen, sich in Kleingruppen zu integrieren, sich in der Mitarbeit in der Gemeinde oder sozial zu engagieren. Wie konnten wir von der Gesamtgemeinde erwarten, sich in diese Richtung zu bewegen, wenn die Leiter einzelner Dienstbereiche diese Werte nicht vertraten? Aber als wir sagten: »Jetzt ist es an der Zeit darüber zu reden, was es bedeutet, die gesamte Gemeinde aufzubauen«, riefen einige »Foul!«, und es wurde ein wenig hässlich.

Die meisten Mitarbeiter waren einsichtig und kamen an Bord, sobald ihnen die Sachlage klar wurde. Aber für andere war es ein langer und mühsamer Prozess, länger und mühsamer als ich mir vorgestellt hatte. Es kostete viele Monate mit zahlreichen Sitzungen und Diskussionen, bis alle einsahen, dass ein loser Zusammenschluss einzelner Dienstbereiche weder biblisch noch auf Dauer aufrechtzuerhalten war.

Klare Worte

Wenn ich sage, der Weg war lang und mühsam, meine ich es auch. Ich musste einen hohen emotionalen Preis dafür zahlen. Bei einem Treffen mit den Mitarbeitern konnte ich mich nur noch mit einem Zitat von Jack Welch, dem bärbeißigen früheren Chef von *General Electric* retten. Er sagte einmal, dass es Zeiten gibt, »in denen man nicht mehr der besonnene, zurückhaltende Guru sein kann. Sie können nicht immer maßvolle, ausgewogene, überlegte, sorgfältig formulierte Höflichkeiten von sich geben. Sie müssen extrem sein.«*

Dies beschreibt meinen Gemütszustand zu jener Zeit. Ich hatte absolut keine Geduld mehr, um ruhig und rational zu sein. Nach-

* Robert Slater, *Jack Welch and the GE Way,* New York, McGraw-Hill, 1999, S. 42.

dem wir einige Monate lang darüber gesprochen hatten, dass sich auch die Mitarbeiter neu orientieren mussten und wir uns an einem kritischen Punkt befanden, sagte ich schließlich zu den Mitarbeitern: »Ich habe keine Lust mehr, cool, ruhig und gelassen über diesen Prozess zu reden. Die gesamte Zukunft der Gemeinde steht auf dem Spiel. Ich will einfach, dass wir alle uns an dem von Gott vorgesehenen Plan für diese Gemeinde orientieren. Ist das allen klar? Wenn irgendjemand von euch keine Lust dazu hat, sich diesem Plan anzuschließen, dann habt ihr hiermit die Freiheit, euch einer anderen Gemeinde oder Arbeit anzuschließen, die ihr voll und ganz mittragen könnt. Ich bin euch deswegen nicht böse, aber hier hat eine neue Zeit begonnen.«

Mir hat es nie Spaß gemacht, meine Machtposition als Gemeindeleiter auszunutzen. Ich kenne die Warnungen Jesu in Bezug auf Machtausübung durchaus. Ich bin mir der Gefahr bewusst. Aber ich bin auch überzeugt, dass es Zeiten gibt, in denen ein Leiter klare Worte sprechen muss. Es gibt Zeiten, in denen Dinge wieder ins rechte Bewusstsein gerückt werden müssen, und ein Leiter muss dies aktiv angehen.

Also sagte ich zu den Mitarbeitern: »Ich bitte euch nicht um zähneknirschende Beteiligung an dieser Neuausrichtung. Ich bitte um eure hundertprozentige Bereitschaft, für die Umsetzung dieses Plans zu beten, zu arbeiten und euch einzusetzen. Es geht um 100 Prozent. Wenn ihr die nicht geben könnt oder geben wollt, dann ist es für euch an der Zeit zu gehen. Wir brauchen den vollen Einsatz von jedem Einzelnen, um unser volles Potenzial als Gemeinde erreichen zu können.«

Seit diesem Tag tragen eine Reihe von Mitarbeitern kein Foto mehr von mir in ihrer Brieftasche mit sich herum. Aber meinen Mitstreitern aus dem Führungsteam gebührt großer Dank, weil sie alle an einem Strang zogen und jeden einzelnen Mitarbeiter, jede einzelne Position, jeden einzelnen Dienstbereich der Gemeinde dazu gebracht haben umzudenken und sich voll und ganz für die Umsetzung unserer Vision einzusetzen.

Verantwortung für das Ganze

Das war eine der größten Belastungsproben für die Führung von *Willow Creek*. Aber wir hielten mit geradezu rücksichtsloser Entschlossenheit daran fest, und ich bedauere es nicht. Heute hat jeder Mitarbeiter Anteil an den übergeordneten Zielen der Gemeinde. Jeder Mitarbeiter ist mit dafür verantwortlich, dass die Gemeinde ihren Strategieplan umsetzt. Jeder Dienstbereich der Gemeinde setzt sich für Evangelisation ein, damit unsere Wochenendgottesdienste voll mit Menschen auf der Suche nach Gott sind, die zum Glauben finden. Für jeden Dienstbereich der Gemeinde ist Gemeinschaft ein hoher Wert, der sich darin äußert, Menschen in Kleingruppen zu integrieren. Jeder Dienstbereich der Gemeinde fordert alle, die mit ihm in Berührung kommen, dazu auf, die Gottesdienste unter der Woche zu besuchen, aktives Gemeindemitglied zu werden, sich für Menschen in Not zu engagieren und Gemeinden auf der ganzen Welt zu dienen.

Heute stellen Leiter aus jedem Dienstbereich zweimal im Jahr der gesamten Gemeindeleitung und den Ältesten offiziell vor, welche Fortschritte und Höhepunkte sie in ihrem Dienstbereich zu verzeichnen haben und inwiefern der Dienstbereich dazu beitragen konnte, die Ziele der Gesamtgemeinde mitzutragen. Die drei Tage, die dies in Anspruch nimmt, sind sehr intensiv, aber auch sehr aufbauend. Mein Adrenalinspiegel steigt jedes Mal an.

In 1 Korinther 14,40 steht, dass in der Gemeinde alles »in Anstand und Ordnung« geschehen soll. Mittlerweile kann ich diesen Vers lesen, ohne mich schuldig zu fühlen. Ich weiß noch, wie ich nach der ersten Runde, in der sich die einzelnen Dienstbereiche vorgestellt hatten, in meinem Auto saß und dachte: *Endlich bekommt die Gemeinde die Führung, die sie verdient. Und zwar nicht nur Führung, die sich überwiegend in schönen Worten äußert, sondern Führung, die tatsächlich etwas bewegt.*

Eine moderne Tragödie

Ich habe das Privileg, viele Gemeinden besuchen zu dürfen. Dabei habe ich bemerkt, dass viele Leiter begeistert ihre Vision vermitteln. Sie stehen vor ihren Gemeinden und sagen: »Wir werden die Welt erobern!« Wenn ich diese Gemeinden drei Jahre später besuche, stelle ich fest, dass sie nicht mal den nächsten Häuserblock erobert haben. Sie haben nicht einmal eine Straße erobert. Wenn sich überhaupt etwas getan hat, dann haben sie eher an Boden verloren. Das ist eine Tragödie für das Reich Gottes.

Kürzlich war ich bei einer Beerdigung in einer Gemeinde, die ich vor fast 30 Jahren besucht hatte. Als ich in einer der hinteren Reihen saß, dachte ich über die Geschichte der Gemeinde nach. Soweit ich es beurteilen konnte, hatte sich in diesen 30 Jahren wenig verändert. Dem Gemeindeblatt, das ich in der Bank fand, entnahm ich, dass es immer noch einen einzigen Gottesdienst am Sonntagvormittag gab, bei dem etwa 175 Besucher zwei Drittel der zur Verfügung stehenden Sitzplätze dieser Kirche füllten.

Ich kann Ihnen kaum beschreiben, wie sehr mich die Erkenntnis mit Trauer erfüllte, dass es im direkten Einzugsgebiet dieser Gemeinde etwa 10.000 Menschen mehr als vor 30 Jahren gab, aber nicht mehr Menschen zu den Gottesdiensten zu kommen schienen. *Gott,* dachte ich, *wo sind die Menschen, deren Leben sich hätten radikal verändern können, wenn sie jemand in eine Gemeinde eingeladen hätte? Was ist mit ihnen in all diesen Jahren geschehen? Wer verkündet ihnen an diesem Ort die Botschaft der Hoffnung? Wer kümmert sich um Nachbarn, Arbeitskollegen und Freunde, die Gott noch nicht kennen?*

Warum, so fragte ich mich, gaben sich die Leute in dieser Gemeinde damit zufrieden, so wenig Einfluss auf ihr Umfeld zu haben? Warum ließen sie das Potenzial ihrer Gemeinde so verkümmern?

Vermutlich würde es mir in solchen Situationen besser gehen, wenn ich wüsste, dass die Führung dieser Gemeinden konkrete Pläne aufgestellt, alles in ihrer Macht Stehende für die Umsetzung dieser Pläne getan und intensiv um Gottes Segen gebetet hätte, aber es aus irgendeinem Grund nicht geschafft hätte, ihre Ziele zu erreichen. Dann hätte sie wenigstens ehrliche Bemühungen vorzuweisen. Doch das ist nur selten der Fall.

Meist gibt es einen treuen Kern aufrichtiger Christen, die ihrer Gemeinde liebend gern zu mehr Einfluss in ihrem Umfeld verhelfen würden, wenn sie nur wüssten, was sie tun könnten. Aber sie wissen es nicht. Also sitzen sie in ihren bequemen Stühlen, beobachten frustriert die lange Reihe der Pastoren, die sich die Klinke in die Hand geben, jeder hingegeben an Gott und bereit, das Wort Gottes zu studieren und zu predigen, aber offensichtlich keiner, der sich dazu aufgefordert sieht oder darin geschult ist (oder vielleicht auch begabt ist), die Gemeinde tatsächlich zu führen.

Diese lieben Menschen, und weitere Hunderttausende wie in Gemeinden auf der ganzen Welt, haben nie wahre Führung erlebt. Man hat ihnen gepredigt und sie gelehrt. Sie haben Gemeinschaft erlebt und Bibelstudien betrieben. Sie haben Seminare über Gebet und Evangelisation besucht. Aber ohne jemanden, der sie inspiriert, sie in Bewegung setzt und ihre Bemühungen koordiniert, endete ihr Wunsch, einen Unterschied für Gott zu machen, in völliger Frustration.

Ich bin davon überzeugt, dass die große Tragödie der Kirche in unserer Zeit darin besteht, die Bedeutung der geistlichen Gabe der Leitung nicht anzuerkennen. Weltweit scheint nur ein Bruchteil aller Pastoren diese Gabe auszuüben, ihre Gemeinden um diese Gabe herum zu strukturieren und ihre Mitglieder entsprechend einzusetzen. Die Folgen im Hinblick auf Gemeindewachstum und den weltweiten Einfluss des Christentums sind verheerend.

Wir müssen verstehen, was es für das Reich Gottes bedeutet, wenn die Gabe der Leitung nicht ausgeübt wird. In Hebräer 13,17 werden Gemeindeleiter daran erinnert, dass sie eines Tages Rechenschaft darüber ablegen müssen, wie sie ihre Leitungsgabe eingesetzt haben. Ganz offensichtlich hat es negative Konsequenzen, wenn irgendeine geistliche Gabe vernachlässigt wird. Warum werden dann aber diejenigen mit der Gabe der Leitung in diesem Abschnitt besonders herausgehoben? Meiner Ansicht nach deshalb, weil es so weit reichende Folgen hat, wenn die Gabe der Leitung vernachlässigt wird. Wenn jemand mit der Gabe der Leitung diese Gabe nicht effektiv einsetzt, leidet darunter die gesamte Gemeinde, ganz zu schweigen von den kirchenfernen Menschen im Umfeld unserer Gemeinden.

Die Kirche muss endlich begreifen, dass die Gabe der Leitung die katalytische Gabe ist, die alle anderen Gaben freisetzt und lenkt. Menschen mit der geistlichen Gabe der Leitung sind dazu berufen, ein Umfeld zu schaffen, in dem Lehrer lehren, Hirten Hirtendienst versehen und Organisatoren organisieren können. Ohne dieses Umfeld verkümmern die anderen Gaben, die Gemeinde dreht sich nur noch um sich selbst, und Nichtchristen bekommen einen Fahrschein, der sie direkt und ohne Zwischenstopp zum Abgrund führt. Aus diesem Grund unterstreiche ich noch einmal, was Paulus an Leiter richtete: Wenn ihr die Gabe der Leitung habt, dann LEITET!

Voller Eifer führen

Seit Jahren versuche ich, anderen Menschen die Bedeutung der geistlichen Gabe der Leitung nahe zu bringen.

Meine Hoffnung ist, dass sich alle Leiter im Reich Gottes dafür einsetzen, ihr Führungspotenzial voll und ganz auszuschöpfen. Alle Leiter sollten sich ständig darum bemühen, ihre Führungsfähigkeiten zu steigern, egal, wie schwer es sein mag. Wir müssen bereit sein, unsere Wohlfühlbereiche zu verlassen, uns neue Fähigkeiten und Kenntnisse anzueignen, und unter Umständen manche Dinge auch wieder neu zu lernen.

> Ich möchte uns Leiter und Führungskräfte dazu herausfordern, uns um starkes persönliches Wachstum zu bemühen, zu lesen und Dinge zu überdenken, zu reisen und uns weiterzubilden, uns nach Mentoren umzusehen und nach den besten Führungsmodellen zu suchen, die wir finden können. Ich fordere Leiter dazu auf, demütig genug zu sein, um zu lernen. Ich fordere uns Leiter dazu auf, mutig genug zu sein, um die besten Techniken auf angemessene, gesegnete Weise in den Bereichen anzuwenden, in die Gott uns als Leiter gestellt hat.

Ich weiß, dass viele Menschen an diesem Punkt zögern. Und ich denke, es ist eine berechtigte Frage, ob es das war, was der Heilige Geist an Pfingsten bezwecken wollte, als er der Gemeinde Leben und Kraft einhauchte und sie beauftragte, die Welt zu verändern. Sollten nach Gottes Vorstellung konkrete Ziele und strategische Pläne als hilfreiche Mittel zur Umsetzung des Auftrags der Christen dienen? Oder stülpen wir der geistlichen Welt einfach weltliche Praktiken über, die dort überhaupt nicht hingehören? Riskieren wir mit unserer Betonung der Leitungsgabe, die übernatürliche Kraft des Heiligen Geistes strategisch aus der Gemeinde herauszuplanen?

Diese Fragen sind nicht unwesentlich. Leiter müssen sich entscheiden, wie sie zu diesen Fragen stehen. Wie ernst sollten wir Führung und Management nehmen? Wie stark sollten wir versuchen, eine Vision in der Kirche Realität werden zu lassen? Sollten wir einfach nur träumen und mitreißend predigen, den Rest aber Gott überlassen? Oder sollten wir uns aktiv um Ergebnisse bemühen?

Harte Fragen in der Harvard Business School

Ich musste mich diesen Fragen vor einigen Jahren an einem besonderen Ort stellen. Ich war in der *Harvard Business School*, um die Fallstudie über *Willow Creek* zu verteidigen, die Jim Mellado verfasst hatte. Er ist heute Präsident der *Willow Creek Association*, damals studierte er in Harvard Wirtschaftswissenschaften. Nachdem ein Student festgestellt hatte, wie viel Wert wir in *Willow Creek* auf Führung und Management legten, stellte er mich auf die Probe.

»Ich bin der Ansicht, dass man Managementpraktiken nicht mit geistlichen Dingen mischen sollte«, sagte er. »Ich fühle mich wirklich nicht wohl mit dieser ganzen Ausbildung von Führungsnachwuchs, dem Aufbau von Führungsstrukturen und der Ergebnisorientiertheit, wie ich es in *Willow* sehe. Ich glaube, wenn es um Gott, die geistliche Welt und die Kirche geht, sollte man den Dingen einfach ihren Lauf lassen. Einfach loslassen und Gott machen lassen. Das ist meine Meinung.«

Ich blickte in die gespannten Gesichter in diesem Hörsaal und sprach ein schnelles Gebet: »*Gott, bitte hilf mir dabei, das gut zu erklären.*« Dann wandte ich meine Aufmerksamkeit wieder dem

Fragesteller zu. »Wissen Sie, ich finde es interessant, dass Sie hier in einer der besten Ausbildungsstätten der Welt sind, die modernsten und besten Führungs- und Managementtechniken lernen, damit Sie, wenn Sie Ihren Abschluss in der Tasche haben, in eine säkulare Firma einsteigen und ihr helfen können, in der Produktion oder im Verkauf von irgendwelchen Dingen, Seife oder Software, Rekorde aufzustellen. Daran ist nichts verkehrt. Menschen können von diesen ganzen Dingen profitieren, deshalb können Sie auch Ihr Bestes geben, um diese Dinge unters Volk zu bringen. Aber dennoch sind es nur Dinge. Sie werden nicht dazu beitragen, das Leben eines Menschen auf besonders tief gehende Weise zu verändern. Sie werden weder die Welt verändern noch bestimmen, wie ein Mensch die Ewigkeit verbringen wird.

Sie müssen verstehen, dass manche von uns Gemeindeleitern zutiefst davon überzeugt sind, dass die Gemeinde vor Ort die Hoffnung der Welt ist. Wir glauben das wirklich. Wir glauben, dass die Kirche die einzige von Gott autorisierte Anlaufstelle in der Gesellschaft ist, die die verändernde Botschaft von der Liebe Christi verwaltet. Wir glauben, dass die Kirche die tiefsten Bedürfnisse jedes Menschen erfüllen kann. Wir glauben, dass die Gemeinde Menschen beibringen kann, auf völlig neue Weise zu leben, zu lieben und anderen zu dienen, und dass so eine Veränderung der Gesellschaft möglich wird.

Sie müssen sich außerdem klar machen, dass manche von uns Gemeindeleitern Tag für Tag mit der Erkenntnis leben, dass die Ewigkeit von den Menschen in unseren Städten auf dem Spiel steht. Aus diesem Grund sind wir so bemüht, unsere Vision zu formulieren, unsere Werte zu leben und effektive Strategien zu finden. Wir sind wirklich davon überzeugt, dass es entscheidend ist, dass wir unsere Ziele erreichen. Es ist entscheidend, dass wir unsere Mitarbeiter auf einen gemeinsamen Kurs bringen und unsere Mittel sinnvoll einsetzen. Wir glauben, dass der Erfolg oder das Scheitern unserer Gemeinden das Leben der Menschen um uns herum direkt beeinflusst, sowohl was die Gegenwart als auch was die Ewigkeit betrifft. Wir glauben das zutiefst. Wir würden uns dafür von Kugeln zersieben lassen.«

Ich fuhr fort: »Aus diesem Grund lassen wir keine Entschuldigung gelten, wenn es darum geht, die besten Techniken und Prinzipien zu lernen und anzuwenden. Wie könnten wir anders handeln? Die Kirche ist die Hoffnung der Welt.«

Es wurde sehr still im Raum.

Später dachte ich über diesen Augenblick nach. Wenn ich wirklich davon überzeugt bin, dass die Kirche die Hoffnung der Welt ist, dann hat das gewaltige Folgen für meine eigene Gabe der Leitung. Aus welchem Grund auch immer gab Gott mir diese Gabe. Ich habe ihn nie darum gebeten. Ich verdiene sie nicht. Ich genieße es sehr, diese Gabe zu haben, aber ich bekam sie mit einer ganzen Reihe von Anordnungen. Gott sagt zu jedem Leiter, was er zu mir sagt: »Führe so eifrig und gewissenhaft, wie du kannst. Optimiere jedes Gramm an Führungspotenzial, das ich dir gegeben habe. Lese. Bilde dich fort. Finde einen Mentor. Um der Kirche und der Welt willen solltest du diese Gabe in deinem Leben bis zu ihrem vollen Potenzial ausbauen.«

War Jesus lax?

Klingt das in Ihren Ohren etwas stark formuliert? Wenn ja, dann lassen Sie uns gemeinsam einen Blick darauf werfen, wie Jesus, der Leiter schlechthin, seine Führungsrolle wahrnahm. Als er erst zwölf Jahre alt war, erklärte er seinen Eltern: »Ich muss das tun, was mein Vater tut.« In anderen Worten: »Lasst die anderen Kinder Abzählspiele machen und Comichefte lesen. Ich muss eine Welt verändern. Und das ist ein hartes Geschäft.«

Als Jesus Jahre später offiziell seinen Dienst begann, hatte er eine klare Vision. Er hatte einen auf drei Jahre angelegten Strategieplan, zu dem die Auswahl und Ausbildung von zwölf Jüngern gehörte. Er hatte eine gut geplante evangelistische Strategie, die sich in konzentrischen Kreisen nach außen bewegte: zuerst Jerusalem, dann Judäa, dann Samaria, dann der Rest der Welt. Jesus gab seinen Nachfolgern konkrete Aufträge, Aufgabenbeschreibungen könnte man sagen. Wenn seine Jünger diese Aufträge gut ausführten, lobte und belohnte er sie. Wenn sie es nicht taten, sprach er sie darauf an und zeigte ihnen, wie sie es richtig machen konnten. Dann sandte er sie aus, um es noch einmal zu machen, aber dieses Mal besser.

Jesus war kein bisschen lax beim Bau des Reiches Gottes. Seine Leidenschaft für die Verlorenen und seine Liebe für die Kirche waren so stark, dass er seinen Weg bis zum Kreuz ging. Und ich glaube nicht, dass Jesus heute laxer wäre als zu der Zeit, als er als Mensch auf der Erde lebte. Ich denke, er erwartet von den Gemeindeleitern heute ganzen Einsatz für den Aufbau von Gemeinden, die sich durchsetzen. Natürlich sagte er uns zu, dass wir dies nicht alleine tun müssen. Er versprach, uns die nötigen Gaben zu geben, uns Kraft und Vollmacht zu verleihen und mit uns zu gehen. Aber wie Jesus, der größte geistliche Leiter, der je gelebt hat, müssen auch wir die ganze Sache ernst nehmen. Wir müssen uns immer wieder bewusst machen, dass dazu Gebet, geistliche Übungen, Abhängigkeit vom Heiligen Geist sowie die besten Führungstechniken gehören. Wir brauchen alles. Wir müssen außerdem akzeptieren, dass wir vermutlich einen Preis dafür bezahlen müssen, wenn wir unser Leben dem Bau des Reiches Gottes verschreiben. Jesus tat es.

Kann ich ganz offen sein? Es ist an der Zeit, dass Gemeindeleiter *wirklich führen*. Es ist an der Zeit, dass wir uns voller Eifer und in Abhängigkeit von Gott daran machen, das Reich Gottes wirklich voranzubringen.

4

Ein Dreamteam für das Reich Gottes: Menschen, die einem Leiter nahe stehen

Es war einer dieser Telefonanrufe, die man nie vergisst. »Er ist gestorben«, flüsterte eine Stimme am anderen Ende der Leitung. »Wir wissen, wie Ihr Terminkalender aussieht und dass die Entfernung zu groß ist. Keiner erwartet also, dass Sie zur Beerdigung kommen, aber wir dachten, Sie sollten es wissen.«

Ich wählte sofort die Telefonnummer meiner Assistentin Jean, die magische Dinge mit meinem Terminkalender anstellte, und zwei Tage später stand ich mit meiner Frau Lynne vor der jungen Witwe eines der ersten Mitarbeiter von *Willow Creek*.

Tom war erst in den 40ern, aber Leukämie hatte seinen Körper zerstört und sein Leben gefordert. Nun suchte ich nach Worten, mit denen ich seine trauernde Familie trösten konnte. Bevor ich aber etwas sagen konnte, nahm mich seine Frau in den Arm und sagte leise: »Bill, Tom war nie lebendiger als zu der Zeit, als er im Mitarbeiterteam von *Willow Creek* war. Das waren die besten Jahre seines Lebens.«

Nach der Beerdigung nahm mich Toms Bruder beiseite und sprach ähnliche Gedanken aus: »Ich habe Sie nie vorher kennen gelernt, aber ich möchte Ihnen einfach sagen, dass aus der Sicht meines Bruders seine Jahre als Mitarbeiter in Ihrer Gemeinde die beste Zeit seines Lebens war. Ich habe ihn zu keiner anderen Zeit glücklicher erlebt. Er war nie begeisterter oder erfüllter als zu der Zeit, als er zum Team von *Willow* gehörte.«

Dann packte er meinen Arm und sagte mit erstickter Stimme: »Tom war mein einziger Bruder. Danke, dass Sie ihn in Ihre Gemeinschaft aufgenommen haben. Danke, dass Sie ihn geliebt und herausgefordert haben. Danke, dass Sie ihm einen Ort gegeben haben, an dem er sich zugehörig fühlen konnte.«

Auf dem Weg nach Hause starrte ich aus dem Fenster des Flugzeugs und erkannte aufs Neue, welches Vorrecht es ist, Teil eines liebevollen, geeinten, energiegeladenen Teams zu sein. Ich war so froh, dass Tom das erleben durfte. Ich erinnerte mich an die Jahre, in denen er in *Willow* mit uns am Tisch saß, seine Ideen einbrachte, uns dabei half, Pläne zu entwickeln, und in einem starken, dynamischen und gesunden Team Energie einspeiste und herauszog. Ich fragte mich, wie viele Menschen starben, ohne jemals so etwas erlebt zu haben. Wie viele Gemeindeleiter, Pastoren und hingebungsvolle ehrenamtliche Mitarbeiter engagieren sich jahrelang, ohne jemals so eine Erfahrung zu machen?

Den größten Teil seines Lebens hat mein 23-jähriger Sohn Todd mich über Gemeinschaft predigen und reden hören. Und er hat mich in vielen Teams in der Gemeinde mitarbeiten gesehen. Aber er musste diese Erfahrung selbst machen, um zu verstehen, warum mir dieses Thema so wichtig ist. Nachdem er zum Studium an eine Universität in Südkalifornien ging, besuchte er dort eine Gemeinde der *Willow Creek Association*. Nach ein paar Monaten arbeitete er im Leitungsteam für die Jugendarbeit mit.

Als er in den Ferien zu Hause war, kam er einmal spätabends in mein Arbeitszimmer und sagte: »Ich weiß jetzt, was Gemeinschaft im Mitarbeiterteam bedeutet. Ich weiß jetzt, dass es mehr ist, als nur mit anderen Leuten zusammenzuarbeiten. Es geht vielmehr darum, sein Leben auf einer tiefen Ebene mit anderen zu teilen, wenn man sich gemeinsam für eine Sache einsetzt. Und das ist ein riesiger Unterschied.«

Mein Herz hüpfte vor Freude, als ich diese Worte von meinem Sohn hörte. Wenn nur mehr Leiter den Unterschied zwischen »nur mit anderen Leuten zusammenarbeiten« und »sein Leben auf einer tiefen Ebene mit anderen teilen, wenn man sich gemeinsam für eine Sache einsetzt« verstehen würden. Letzteres zu praktizieren, könnte die Qualität der Beziehungen im Führungsteam jeder Gemeinde auf der ganzen Welt deutlich verbessern.

Drei Beispiele für Teamgemeinschaften

Vor einigen Jahren lud mich der damalige Vizepräsident der Vereinigten Staaten, Al Gore, nach Washington ein, um an der Feierstunde teilzunehmen, bei der Dr. Billy Graham die Goldene Verdienstmedaille des Kongresses erhalten sollte. Das Capitol war voll mit Regierungsvertretern und vielen Staatsmännern aus aller Welt. Die Feierstunde war patriotisch, würdig und sehr ehrenvoll. Als Dr. Graham seine Medaille in Empfang nahm, schaute er sie an und sagte dann leise: »Diese Medaille ist eigentlich nicht für mich. Diese Medaille ist für unser Team. Wir arbeiten seit 45 Jahren zusammen. Ohne jedes einzelne Teammitglied wäre mein Leben nicht so, wie es jetzt ist. Ich schulde ihnen so viel.« Dann nannte er alle, die seine evangelistische Arbeit mitgeprägt und mitgetragen hatten. Als er ihre Namen aussprach, war seine innere Bewegung deutlich zu spüren.

An diesem Punkt war mir aber noch nicht klar, wie wichtig Dr. Graham und seinen Mitarbeitern der Teamgedanke wirklich war, bis ich ihn später einmal bei sich zu Hause in Montreat in North Carolina besuchen durfte. Er führte mich den Hügel hinab, auf dem sein Haus stand, und zeigte mir die Häuser einiger seiner Teammitglieder. Offensichtlich waren 45 Jahre gemeinsamer Arbeit nicht genug für dieses eng miteinander verbundene Team. Selbst ihren Lebensabend wollten sie miteinander verbringen, zusammen sein, sich umeinander kümmern und einander unterstützen, ganz wie sie es aus den Jahren ihrer gemeinsamen Arbeit gewohnt waren. Ich war tief bewegt von ihrer Entschlossenheit, den ganzen Weg bis zum Ende ihres Lebens gemeinsam zu gehen.

Auch Jesus baute als Leiter ein geschlossenes, liebevolles Team auf. Eine Begebenheit, die sich gegen Ende seines Lebens ereignete, ist besonders berührend. Am Abend, an dem er verraten werden sollte, versammelte er sein Team in einem Festsaal um sich und band sie an sich mit den Worten: »Ich möchte dieses Mahl gemeinsam mit euch feiern.« Dann brach er das Brot und reichte ihnen den Wein. Er gab ihnen konkrete Anweisungen für die Zukunft. Sie sollten diese Praxis fortführen, um sich an ihn zu erinnern, und zwar in Gemeinschaft. Denken Sie darüber nach. Die erste Abendmahlsfeier war eine Teamerfahrung. Und es sollte eine Teamerfahrung bleiben.

Ich schätze mich sehr glücklich, zu verschiedenen Teams in der *Willow Creek*-Gemeinde zu gehören, die sich durch ein großes Zusammengehörigkeitsgefühl auszeichnen. Viele von uns sind ununterbrochen seit fast 30 Jahren zusammen (wenn man die Jugendarbeit mitzählt, die *Willow* vorausgegangen war). Wir haben gemeinsam all die Höhen und Tiefen erlebt, die Menschen zusammenschweißen.

Nach der Feier anlässlich des 20. Geburtstags von *Willow Creek* fand ich eine Möglichkeit, diesen Menschen zu zeigen, wie sehr ich sie schätze. Durch die Großzügigkeit eines Freundes war es mir möglich, vier der Ehepaare, die an der Gemeindegründung beteiligt waren, für eine Woche auf eine Insel in der Karibik einzuladen. Wir verbrachten jeden Tag mit Schwimmen, Segeln und Strandspaziergängen, und an den Abenden versammelten wir uns zum gemeinsamen Essen und erinnerten uns dabei an die gemeinsam verbrachte Zeit.

Niemand von uns wird diese Abende vergessen. Wir lachten gemeinsam. Wir weinten. Jedes Abendessen zog sich bis weit in die Nacht hin, während wir Geschichten erzählten und Erinnerungen austauschten. Am letzten Abend sagte jemand: »Ich wollte euch nur sagen, dass ich mit euch gerne alt werden möchte! Dass mir also bloß keiner von euch umkippt oder weggeht. Ich will, dass wir eines Tages alle auf einer Veranda sitzen, auf unseren Schaukelstühlen schaukeln, was Nettes trinken und stundenlang reden, bis Gott uns nach Hause ruft. Ich möchte mit diesem Team sterben.«

Als ich an diesem Abend schließlich einschlief, dachte ich noch: »Es kann nichts Schöneres geben!«

Anlässlich meines 50. Geburtstags verbrachte ich viel Zeit damit, mir zu überlegen, was mir im Leben wirklich wichtig ist. Abgesehen von meiner Familie sind das eigentlich nur zwei Dinge. Zum einen möchte ich für den Rest meines Lebens das tun, was Gott mir sagt. Das ist das Erste und Wichtigste. Aber außerdem möchte ich das im Rahmen einer authentischen Gemeinschaft mit Menschen tun, die ich liebe und die mich lieben.

Wenn diese beiden Punkte Realität werden, dann habe ich »Leben in seiner ganzen Fülle«. Menschen in meinem Herzen zu tragen, während ich mit ihnen zusammenarbeite, und auch von diesem Menschen im Herzen getragen zu werden, das bedeutet es, zu einem »Dreamteam« zu gehören. Das ist schon fast ein Stück Himmel auf Erden.

Keinem Leiter sollte dies entgehen

Aber während ich diese Worte niederschreibe, befällt mich eine gewisse Traurigkeit. Warum? Weil ich mir schmerzlich bewusst bin, dass viele Leiter diesen Reichtum nie erlebt haben, weder als ehrenamtliche Mitarbeiter noch als Hauptamtliche noch als Gemeindeleiter.

Was für ein Verlust, nie das Geheimnis einer von Gott eingegebenen Lösung zu erkennen, die ein Team findet, das vor einem scheinbar unüberwindlichen Hindernis steht, sich festgefahren hat, völlig durcheinander und entmutigt ist. Was für ein Verlust, nie ein schüchternes Teammitglied mit dem Mut des Heiligen Geistes sagen zu hören: »Ich weiß, dass das etwas verrückt klingt, aber was wäre, wenn wir . . .« Was für ein Verlust, nie in die Runde zu sehen, wenn Augen aufleuchten, Oberkörper sich vorwärts lehnen und jemand aus dem Team sagt: »Das ist eine fantastische Idee!«

Und was für ein schrecklicher Verlust nicht mitzuerleben, wenn die Saat einer Idee, die vom Input der anderen Teammitglieder gewässert wurde, schließlich in einem perfekten Plan aufblüht. Wie traurig, den Augenblick in der Zukunft zu verpassen, wenn Teammitglieder erstaunt zurückblicken und jemand sagt: »Wisst ihr noch, wie es war, als Gott den Durchbruch schaffte? Erinnert ihr noch, wie diese Idee geboren wurde? Könnt ihr glauben, dass all das seitdem geschehen ist? Könnt ihr glauben, dass wir das gemeinsam geschafft haben?«

Solche Augenblicke sind heilig. Solche Augenblicke bringen Sie auf die Knie und lassen Sie Gott danken für das, was er durch dieses zusammengewürfelte Team getan hat, zu dem Sie gehören. Keinem Leiter sollten solche Augenblicke entgehen.

Vor ein paar Jahren reiste eines unserer Teams der *Willow Creek Association* nach Deutschland, um Pastoren zu dienen und sie zu schulen. Monate bevor wir dort ankamen, machte unser deutsches Team Werbung für die Konferenz. Die Reaktion war so überwältigend, dass wir am Ende zwei Konferenzen direkt hintereinander abhielten.

Eine dreitägige Konferenz in einem anderen Land zu veranstalten, in dem jedes Wort übersetzt werden muss und unser Team fast bis zur Besinnungslosigkeit unter Jetlag leidet, ist an sich schon eine riesige Herausforderung. Aber in diesem Jahr mussten wir sofort nach dem Ende der ersten Konferenz die komplette Bühnentechnik abbauen und an einem anderen Veranstaltungsort wieder aufbauen, um drei Stunden später die zweite Konferenz starten zu können. Zu sagen, dass es äußerst stressig war, ist noch stark untertrieben.

Gegen Ende der zweiten Konferenz waren wir völlig erschöpft. Jedes Referat wurde zu einer größeren Herausforderung, und jedes Lied war schwieriger zu singen. Wenn wir uns als Team vor und nach den Einheiten trafen, taten wir also unser Bestes, um uns gegenseitig anzufeuern und zu motivieren. Während einer der letzten Einheiten sang unser Chor einen alten Choral:

Die Liebe Gottes ist größer
als man mit Worten beschreiben kann.
Sie reicht höher als zum höchsten Stern
und bis in die tiefste Hölle.
Den Schuldigen, tief gebeugt,
gab er seinen Sohn zum Sieg:
Sein abtrünniges Kind versöhnte er
und befreite es von Sünde.

Könnten wir den Ozean mit Tinte füllen
und wären die Himmel aus Pergament,
wäre jeder Zweig auf Erden eine Feder
und jeder Mensch Dichter von Beruf:
Um die Liebe Gottes auf den Himmel zu schreiben,
würden wir die Ozeane austrocknen,
und die Schriftrolle könnte das alles nicht fassen,
selbst wenn sie über den ganzen Himmel reichte.

Oh, Liebe Gottes, wie reich und rein!
Wie unermesslich und stark!
Sie soll für immer Bestand haben
*im Lied der Heiligen und der Engel.**

Beim letzten Lied mobilisierten alle Sänger noch einmal ihre letzen Reserven. Als sie geendet hatten, war das Publikum wie paralysiert. Niemand klatschte Beifall. Niemand bewegte sich. 350 Menschen saßen in gebanntem Schweigen da, von der Ehrfurcht vor der Liebe Gottes ergriffen.

Schließlich ging ich aufs Podium und entließ die Menge. Als die Leute schließlich still den Saal verließen, suchte ich mir einen Ort, an dem ich alleine mit Gott sein konnte. Ich stand mit gesenktem Haupt in der Ecke eines leeren Raumes hinter der Bühne und spürte, wie mein Herz von der Macht und Größe Gottes schier überwältigt wurde. Ein paar Minuten vergingen so, bis ich schließlich merkte, dass ich nicht allein war. Das ganze Team stand mit gesenktem Kopf um mich herum. Als wir die Köpfe schließlich hoben und uns in die Augen schauten, war klar, dass wir alle dasselbe dachten: »Es kann nichts Schöneres geben, als von Gott so stark gebraucht zu werden – und zwar gemeinsam!«

Viele in diesem Kreis arbeiteten seit 20 Jahren zusammen. Wir wussten, dass keiner von uns diesen Augenblick allein für sich hätte erleben können. Nur gemeinsam, als Team durch die Inspiration und Macht Gottes konnten wir diese bemerkenswerte Erfahrung machen.

---

* F. M. Lehman, Copyright 1917, wieder aufgelegt 1945, Nazarene Publishing House.

Das ist eine der Erfahrungen, die mein Leben am reichsten machen, und ich kann auf unzählige solcher Erlebnisse zurückblicken.

Ich wünsche mir sehr, dass jeder Gemeindeleiter solche heiligen Augenblicke erleben kann. Solche Erfahrungen machen Gemeindearbeit selbst in sehr anstrengenden Zeiten angenehm. Das bedeutet es, den Traum Jesu zu leben, der in seinem hohepriesterlichen Gebet betete: »Oh, Gott, mögen meine Nachfolger eins werden.«

Definieren Sie das Ziel des Teams

Es wäre grausam, diese Art von Einheit im Dienst demonstrativ vor anderen Leitern zu zeigen, wenn ich nicht der festen Überzeugung wäre, dass jeder Leiter in der Lage ist, sein eigenes Dreamteam für das Reich Gottes aufzubauen. Wirklich! Durch die Kraft des Heiligen Geistes ist die Fähigkeit, ein solches Team aufzubauen, sozusagen ein »Standardzubehörteil« im Gabenpaket jedes Leiters.

Der erste Schritt beim Aufbau eines Teams besteht darin, das Ziel des Teams zu definieren, und zwar schonungslos konkret. Verzeihen Sie mir, wenn ich etwas so Selbstverständliches betone, aber manchmal vergessen wir gerade die selbstverständlichsten Dinge.

Als ich mich entschloss, eine Crew für Segelregatten zusammenzustellen, stellte mir jemand, der mir dabei half, eine sehr wichtige Frage. »Wollen Sie zur Entspannung Regatten segeln oder im Rahmen von Wettkämpfen? Wollen Sie nur auf regionaler Ebene segeln oder wollen Sie sich an die Spitze vorarbeiten und nationale Wettkämpfe bestreiten? Ich frage Sie dies, weil Sie, wenn Sie nur zur Entspannung segeln wollen, ein Team aus Tante Edeltraut, Cousin Eddie und ihrem Barkeeper zusammenstellen können. Aber wenn Sie Regatten auf hohem Niveau segeln wollen, brauchen Sie für Ihre Crew ein paar ernsthafte Segler.«

Er zwang mich, das Ziel meines Teams konkreter zu formulieren, damit ich wusste, nach welcher Art von Leuten ich Ausschau halten musste.

Wenn mir Pastoren sagen, dass sie ein Führungsteam aufbauen wollen, stelle ich schon reflexmäßig folgende Fragen: »Welche Art von Führungsteam? Was soll das Ziel dieses Teams sein? Soll es Ihnen bei den Predigten helfen? Soll es Gemeindepolitik betreiben? Soll es sich um Gemeindezucht kümmern? Soll es Grundstücke erwerben und Gemeindehäuser bauen?«

Ich stelle diese Fragen, weil ich weiß, dass diese sehr unterschiedlichen Aufgaben Menschen mit ganz unterschiedlichen Gaben, Fähigkeiten und Erfahrungen erfordern. Leiter und Führungskräfte müssen sich sehr konkret über das Wesen und Ziel eines Teams im Klaren sein. Was soll dieses konkrete Team genau erreichen?

Drei Kriterien bei der Teamauswahl

Der nächste Schritt beim Aufbau eines Dreamteams besteht darin, klare Kriterien für die Auswahl der Teammitglieder aufzustellen. Welche Art von Mensch ist nötig, um jede einzelne Position innerhalb des Teams auszufüllen? Dabei geht es darum, nach bestimmten Charaktereigenschaften und Qualitäten in der Reihenfolge ihrer Wichtigkeit Ausschau zu halten.

Als John Wooden, der legendäre UCLA-Basketballtrainer, gefragt wurde, nach welchen Vorzügen er bei potenziellen Teamzugängen Ausschau hielt, antwortete er einfach: »Talent. Talent. Talent.« (Und zwar in dieser Reihenfolge.) Woodens Kriterium mag für eine Basketballmannschaft geeignet sein, aber ich glaube, dass man weit mehr berücksichtigen muss, wenn man ein Dreamteam für das Reich Gottes aufstellen will.

Wenn ich Teammitglieder für die Willow Creek-Gemeinde oder die Willow Creek Association aussuche, orientiere ich mich an drei Kriterien: Zuerst Charakter, dann Kompetenz, und schließlich die Chemie mit mir und dem Rest des Teams. Charakter, Kompetenz, Chemie. Nach einigen Experimenten mit verschiedenen Kriterien sind wir im Lauf der Jahre bei diesen dreien gelandet, und zwar genau in der Reihenfolge, in der ich sie hier genannt habe.

Wenn ich nach jemandem für eine ehren- oder hauptamtliche Aufgabe suche, erinnere ich mich daran: Charakter ist das Wichtigste. Damit meine ich, dass ich überzeugt sein muss vom persönlichen Glauben des Bewerbers. Ich muss wissen, dass er geistliche Übungen praktiziert und für sein geistliches Wachstum sorgt. Ich muss Beweise für seine Aufrichtigkeit, seine Lernbereitschaft, seine Demut, seine Verlässlichkeit, eine gesunde Arbeitsethik und die Bereitschaft zur Veränderung an ihm sehen.

Ich habe Charakter nicht immer über Kompetenz gestellt, aber ich tue es jetzt. Ich habe gelernt, dass in einer Gemeinde ein gelegentlicher Mangel an Kompetenz zu akzeptieren ist. Aber ein Mangel an Charakter schafft Probleme mit weit reichenden Folgen. Ein charakterlicher Fehler verursacht tendenziell Misstrauen und entfremdet Teammitglieder voneinander. Es demotiviert den Leiter, wenn er Zeit und emotionale Energie in dieses Teammitglied investieren muss. Und wenn der Leiter natürlich mit dem betroffenen Teammitglied nicht weise umgeht, kann er den Respekt der anderen Teammitglieder verlieren.

Ein anderer Leiter mag die Kriterien für die Auswahl von Teammitgliedern in anderer Reihenfolge auflisten, aber für mich steht Charakter an erster Stelle. Eine weitere Segelgeschichte soll meine Gründe dafür illustrieren.

In einer Saison war unsere Crew recht klein, deshalb luden wir einen neuen Segler in unser Team ein. Seine Kompetenz stand außer Frage, aber im Lauf der Zeit wurde sein Charakter zu einem Problem. Zuerst fiel seine Arroganz ins Auge. Wenn er jemanden kennen lernte, lautete seine Standardvorstellung: »Ich heiße Gerry. Die Frauen nennen mich den ›Gefährlichen Gerry‹.« Ich dachte, unsere regulären Crewmitglieder würden sich über die Reling hängen und sich übergeben.

Mit der Zeit merkten wir, dass Gerry es mit der Wahrheit nicht immer so genau nahm. Außerdem kam er regelmäßig zu spät zum Training, wobei er sich nie entschuldigte oder zugab, dass er den anderen Unannehmlichkeiten verursachte. Als kleinere Dinge vom Boot zu verschwinden begannen, wusste ich, dass sich ernsthafte Probleme zusammenbrauten. Die anderen Crewmitglieder fingen an, ihre Brieftaschen in ihren Autos zu lassen, statt sie in die oberste Schublade in der Kombüse zu legen, wie wir es immer getan hatten. Schließlich musste ich die Bremse ziehen. Der

›Gefährliche Gerry‹ war zwar ein hervorragender Segler, aber sein Charakter brachte es nicht.

Für mich unterscheidet sich Gemeindearbeit nicht vom Segeln, wenn es um Charakter geht. Früher dachte ich bei einem potenziellen Teammitglied, das äußerst kompetent, aber ein bisschen fragwürdig im Hinblick auf seinen Charakter war, dass ich ja mit der Kompetenz anfangen und die Charakterfehler im Lauf der Zeit angehen könnte. Als eingefleischter Optimist ging ich davon aus, dass das schließlich funktionieren würde, da die Person sich ja in einer gesunden Gemeindeumgebung befand und von gottesfürchtigen Menschen umgeben war, die sie zur Rechenschaft ziehen würden.

Aber nach 30 Jahren Optimismus muss ich meine Niederlage eingestehen. Blicken Sie den Tatsachen ins Auge. Jeder Erwachsene, der sich um eine wichtige Position bewirbt, hat bereits 25, 30 oder 35 Jahre im Prozess der Charakterbildung hinter sich. Danach wird sich vermutlich nicht mehr viel ändern. Deshalb halte ich nach einem Charakter Ausschau, der bereits positiv ausgebildet ist. (Wenn es darum geht, junge Christen zu Nachfolgern Jesu zu machen, gehen wir natürlich davon aus, dass es einige Zeit dauert, bis ihr Charakter dem Bild Christi ähnlich wird. Aber das ist ein völlig anderes Thema; wenn es darum geht, ein Führungs-Dreamteam aufzubauen, reden wir in den meisten Fällen nicht von frisch bekehrten Christen.)

Während des Auswahlprozesses bemühe ich mich also sehr intensiv darum, den Charakter eines Kandidaten kennen zu lernen. Ich überprüfe seine Referenzen. Ich spreche ausführlich mit Menschen, die diese Person gut kennen. Ich halte die Augen nach Warnzeichen offen, die irgendwelche Charakterschwächen anzeigen. Es ist besser, wenn ich zu diesem Zeitpunkt auf Ungereimtheiten aufmerksam werde, als wenn sich das ganze Team später damit auseinander setzen muss.

Was mache ich aber, wenn jemand, der bereits zum Team gehört, auf einmal Charakterschwächen zeigt? Ich handle sofort, wenn mir das Problem bewusst wird. Ich spreche umgehend mit der betroffenen Person und hoffe, dass wir gemeinsam über die eigentlichen Ursachen dafür sprechen können. Dann bitte ich ihn oder sie, sich der Sache zu stellen, sie zu bekennen und sie mit Gottes Hilfe zu verändern. Oft schlage ich auch christliche Beratung oder Seelsorge vor.

Aber wenn die charakterliche Unbeständigkeit anhält, bitte ich die Person in der Regel, das Team zu verlassen. Ich weiß, dass das extrem klingen mag, aber ich habe die Erfahrung gemacht, dass es für ein Team fast unmöglich ist, sein Ziel zu verfolgen, wenn eines der Mitglieder damit beschäftigt ist, grundlegend an seinem Charakter zu arbeiten.

Wenn jemand gebeten wird, ein Team zu verlassen, stellen die Ältesten gemeinsam einen Plan zur geistlichen Wiederherstellung auf, bieten finanzielle Hilfe an und empfehlen die Inanspruchnahme christlicher Beratung. Wir wünschen uns wirklich, den Charakter dieser Person durch Gottes Wirken verändert zu sehen, aber unserer Erfahrung nach vollzieht sich einschneidender Charakterwandel selten, wenn jemand gleichzeitig eine haupt- oder ehrenamtliche Position bekleidet. In meiner Anfangszeit als Leiter war ich äußerst geduldig mit Charakterschwächen und hoffte gegen alle Hoffnung, dass es schon besser werden würde. Heute weiß ich, dass das in der Regel nicht passiert. Der Leiter muss handeln – je früher, desto besser.

Nach dem Charakter kommt die Kompetenz

Mein zweites Auswahlkriterium ist Kompetenz. Und ich entschuldige mich nicht dafür, dass ich höchste Anforderungen stelle. Ich suche nach der kompetentesten Person, die ich finden kann. Ich bitte Gott, mir jemanden zu zeigen, dessen geistliche Gaben über viele Jahre hinweg ausgebildet und kultiviert wurden. Wenn wir jemanden zur Ergänzung unseres Predigtteams suchen, bitte ich Gott um eine Person mit extrem starker Lehrbegabung, um jemanden, der als Prediger und Lehrer begabter ist als ich.

Als wir vor einigen Jahren einen Prediger für unsere Gemeindegottesdienste unter der Woche suchten, war ich begeistert, als ich feststellte, dass der »Auserwählte« schließlich noch viel phänomenaler war, als ich erwartet hatte. Ich danke Gott immer noch dafür, dass er John Ortberg zu uns geschickt hat.

Wenn ich einen Verwaltungsleiter suche, suche ich jemanden mit einer ungeheuren organisatorischen Begabung und mit einem gigantischen Leistungsvermögen. Vor Jahren schon wurde mir klar, dass mich die Herausforderungen, die die Führung von *Willow Creek* an mich stellt, überwältigen würden, wenn ich mich nicht mit Menschen umgebe, die in ihrem Bereich wirklich überdurchschnittlich gut sind. Wenn ich heute bei den Sitzungen unseres Managementteams in die Runde blicke, sehe ich einen Harvard-Absolventen, einen Stanford-Absolventen, einen Arzt mit Doktortitel, zwei Juristen, und einige Leute mit Magisterabschluss. Ich bin tatsächlich der Einzige, dem entsprechende Referenzen fehlen.

Peter Drucker, der Bestsellerautor, sagte mir einmal, dass die Teammitglieder, nach denen ich suchte, vermutlich weder unglücklich noch arbeitslos wären.

»Wenn Sie jemanden finden, der qualifiziert zu sein scheint, aber unglücklich oder ohne Arbeit ist, dann seien Sie vorsichtig. Die Leute, nach denen Sie suchen, leisten wahrscheinlich irgendwo einen unschätzbaren Dienst und setzen in ihrem Bereich Maßstäbe. Sie sind vermutlich überaus glücklich und werden von den Leuten heiß geliebt, mit denen sie zusammenarbeiten. Halten Sie nach solchen Leuten Ausschau. Halten Sie nach erwiesener Kompetenz Ausschau.«

Diesem wertvollen Rat folge ich bis heute. In ihm klingen die Worte des Apostels Paulus an, der in 1 Timotheus 3,10 darauf besteht, dass jeder neue Diakon zuerst »geprüft« werden soll.

Achten Sie also in erster Linie auf einen ausgezeichneten Charakter, und dann greifen Sie nach den Sternen, wenn es um Kompetenz geht.

An dritter Stelle steht die Chemie

Das dritte Kriterium ist die Chemie. Ich frage danach, ob ein Kandidat auf der Beziehungsebene zu mir und zu den anderen Mitgliedern des Teams passt. Ken Blanchard, ein weltbekannter Manager und Autor, riet mir, nie jemanden in mein Team aufzunehmen, der nicht in dem Augenblick, in dem er mein Büro betritt, eine positive emotionale Wirkung auf mich hat.

Anfänglich hielt ich diesen Rat für etwas extrem. »Komm schon, Ken«, lockte ich ihn ein bisschen aus der Reserve. »Ich suche nicht nach einem Ehepartner. Ich suche nur jemanden, der treu in unserer Gemeinde mitarbeitet.«

Das war vor vielen Jahren. Heute bekenne ich mich voll und ganz zur »Lehre von der Chemie«. Warum? Weil ich einen Großteil meiner Zeit (abgesehen von der Predigtvorbereitung) in Teams verbringe. Fast jeden Augenblick meines Arbeitstages sitze ich an einem Tisch mit den Ältesten, dem Gemeindevorstand, der Gemeindeleitung, dem Predigtteam, dem Programmteam, dem Team der *Willow Creek Association* oder dem Team für die internationalen Konferenzen.

Hunderte von Stunden im Jahr sitze ich mit ein paar Menschen im kleinen Kreis zusammen und arbeite mit ihnen an den Herausforderungen, vor die uns die Arbeit im Reich Gottes stellt. Ich weiß nicht, wie ich das diplomatisch ausdrücken soll, aber es ist dabei wirklich hilfreich für mich, wenn ich diese Leute auch mag! Habe ich also zwei Kandidaten, die in Bezug auf Charakter und Kompetenz gleich geeignet sind, gebe ich demjenigen den Zuschlag, dessen Persönlichkeit und Temperament besser zu mir und den anderen Teammitgliedern passt.

Ich gebe dies unumwunden zu. Einer der Gründe, warum mir meine Arbeit heute so viel Spaß macht, ist die Tatsache, dass nach fast drei Jahrzehnten Teamaufbau endlich alle unsere wichtigen Führungsteams nach diesen drei Kriterien zustande gekommen sind. In allen unseren Teams sitzen Leute mit absolut untadeligem Charakter, überdurchschnittlicher Kompetenz und harmonierender Chemie. Was ist daran auszusetzen? Wenn ich zur Arbeit gehe, fühle ich mich wie ein Schuljunge, der in die große Pause geht.

Aber ich möchte Sie noch einmal daran erinnern, dass ich fast 30 Jahre gebraucht habe, um an diesen Punkt zu gelangen. Wenn Sie also eine Gemeinde führen, die 4 Jahre alt ist und noch kein Dreamteam hat, dann verzweifeln Sie nicht. »Bleiben Sie auf Kurs«, wäre mein Rat für Sie. »Aber setzen Sie die Auswahlkriterien hoch an.«

Übersehen Sie die Leute aus den eigenen Reihen nicht

Ich werde immer wieder gefragt, wo ich solche tollen Leute finde. Meine Antwort mag Sie überraschen. Fast 75 Prozent unserer Leiter kommen direkt aus unserer Gemeinde. Es handelt sich hier um Menschen, die ihren Charakter, ihre Kompetenz und ihre Chemie in ehrenamtlichen Aufgaben bei uns unter Beweis gestellt haben.

Wenn es sich auch als die beste Möglichkeit für den Aufbau von Dreamteams erwiesen hat, auf Leiter aus der eigenen Gemeinde zurückzugreifen, gibt es auch Zeiten, in denen wir wie die meisten Gemeinden außerhalb unserer Reihen nach Mitarbeitern suchen müssen. Wir haben festgestellt, dass einer der Vorteile der Mitgliedschaft in der *Willow Creek Association* die Möglichkeit zur Vernetzung ist. Wenn Gemeindeleiter auf Konferenzen zusammenkommen, begegnen sie ständig potenziellen Mitarbeitern, oder hören von Leuten, die ihre Vision und ihre Werte teilen.

Selbst wenn wir sehr sorgfältig auswählen, wenn wir Leute von außen einstellen, schaffen wir es nur in etwa 50 Prozent der Fälle, eine ideale und dauerhafte Arbeitsbeziehung zu erreichen. Aber wenn wir Leute von *Willow Creek* oder der *Willow Creek Association* einstellen, steigt dieser Prozentsatz dramatisch an. Die Lektion ist eindeutig: Stellen Sie Leute aus Ihren eigenen Reihen ein.

Beginnen Sie mit dem Leiter

Wenn ein Leiter erst einmal das Ziel eines Teams definiert und Teammitglieder auswählt, muss er sich wirklich wichtige Fragen stellen: *Was braucht das Team, damit es sein volles Potenzial erreichen kann? Was für einen Leiter brauche ich dafür?*

Mich hat der Rat nie überzeugt, dass sich Teams ja selbst führen oder im Wechsel von den Teammitgliedern geführt werden können. Ich halte es mit denen, die die Ansicht vertreten, dass der entscheidendste Faktor für die Leistung eines Teams die Effektivität seines klar definierten Leiters ist.

Jedes Team braucht einen Spitzenleiter, der folgende Aufgaben erfüllt:

- Das Team dazu anhalten, sich auf seinen Auftrag zu konzentrieren.
- Sicherstellen, dass die richtigen Leute mit den richtigen Gaben und Begabungen die richtigen Positionen einnehmen.
- Den Beitrag jedes Teammitglieds optimieren.
- Die Lasten gleichmäßig verteilen, damit die Moral oben und das Burnout-Risiko niedrig bleibt.
- So kommunizieren, dass alle Teammitglieder immer auf dem aktuellen Informationsstand sind.
- Die Gemeinschaft innerhalb des Teams sondieren und fördern.

Diese Herausforderungen sind gewaltig. Ich halte es für extrem naiv zu denken, dass Teams ohne einen zielstrebigen Leiter, der Zeit und Energie in die Umsetzung dieser Ziele steckt, erfolgreich arbeiten können.

Setzen Sie Übungen zum Aufbau von Gemeinschaft ein

Apropos naiv: Zu Beginn meiner Arbeit in der Gemeinde dachte ich, dass Gemeinschaft einfach so »passiert«. Wenn Teammitglieder nur genug Zeit damit verbringen würden, miteinander zu arbeiten, würden sich tief gehende und tragende Beziehungen entwickeln. Schon vor Jahren aber musste ich die Entdeckung machen, dass ein tiefes Empfinden von Kameradschaft und Einheit selten spontan entstehen. Eine der wichtigsten Rollen eines Teamleiters besteht deshalb darin, das Team in eine tiefere Erfahrung von Gemeinschaft zu führen.

Sehr effektiv sind hierzu gemeinschaftsfördernde Übungen. Ich möchte Ihnen ein paar konkrete Übungen vorstellen, die ich und andere verwendet haben, um in den Teams von *Willow Creek* tiefer gehende Beziehungen zu fördern.

Der heiße Stuhl

Vor einigen Jahren fuhr ich mit einem aus 15 Personen bestehenden Mitarbeiterteam auf unser Gemeindefreizeitgelände in der *Upper Peninsula* von Michigan. Jeden Nachmittag saßen wir im Kreis zusammen auf einem Sonnendeck und blickten über einen wunderschönen Fluss. In die Mitte unseres Kreises stellten wir einen Stuhl, den wir den »heißen Stuhl« nannten. Einer nach dem anderen nahm auf dem heißen Stuhl Platz und musste eine Reihe von Fragen beantworten, die ihm von den anderen Teammitgliedern gestellt wurden:

- Was war deine größte Enttäuschung im ersten Drittel deines Lebens? Im zweiten Drittel? In letzter Zeit?
- Welche Person in deinem Leben war außergewöhnlich liebevoll?
- Was war deine größte Leistung vor der zehnten Klasse?

Wir streuten bewusst auch einige Fragen ein, die aus reiner Neugier gestellt wurden:

- Was würdest du mit einem Lottogewinn anfangen?
- Wo würdest du drei Wochen Urlaub verbringen, wenn Geld keine Rolle spielte?
- Mit welcher heute lebenden Person würdest du am liebsten mal Essen gehen und warum?

Einige unserer Treffen rund um den heißen Stuhl dauerten drei oder vier Stunden. An manche der Antworten erinnerten wir uns noch nach Jahren. Jemand sagte einmal: »Etwas über einen Menschen zu wissen bahnt den Weg dazu, ihn zu lieben.« Wer auch immer das sagte – ich bin seiner Meinung. Es ist unmöglich, einem Teammitglied zuzuhören, das ihm auf dem Herzen liegende Gedanken weitergibt, ohne mit dieser Person eine Beziehung auf einer tieferen Ebene zu bekommen.

Die Grabinschrift

Vor nicht allzu langer Zeit gab ich auf einer Freizeit des Gemeindevorstandes jedem Teammitglied ein Blatt Zeichenpapier, auf das das Bild eines Grabsteins kopiert war. Dann bat ich ein Mitglied nach dem anderen, den Raum zu verlassen, während wir anderen zusammenarbeiteten, um eine Grabinschrift für die Person zu entwerfen, die draußen wartete.

Das klingt etwas makaber, ich weiß. Unser Ziel war es, das Wesen des Teammitgliedes möglichst gut zu erfassen. Wenn wir uns einig waren, schrieben wir die Worte fein säuberlich auf den Grabstein der betreffenden Person. Dann riefen wir sie zurück in den Raum und sagten: »Wir hoffen, du stirbst nicht so bald, aber wenn doch, dann würden wir uns an Folgendes von dir erinnern.« Wir lasen den Text auf dem Grabstein laut vor, und Teammitglieder konnten persönliche Kommentare ergänzen. Die Liebe und die Emotionen im Raum waren mit Händen zu greifen.

Am Ende der Freizeit sammelte ich die »Grabsteine« ein und ging damit Richtung Mülleimer. Das Team war schockiert. Einer schlug vor, wir könnten die Blätter rahmen lassen und in unsere jeweiligen Büros hängen. Ich dachte, er machte einen Witz, aber am Ende machten wir genau das. Besuchen Sie uns in *Willow Creek* und Sie werden sehen, dass alle stolz ausgestellt sind. Immer wenn wir in unsere Büros kommen und die Grabsteine sehen, werden wir nun an diesen außergewöhnlichen Nachmittag erinnert.

Chagall lässt grüßen

Auf einer anderen Freizeit ließ Greg Hawkins, einer unserer Pastoren, uns eine Übung machen, die besonders diejenigen aus dem Gemeindevorstand herausforderte, die künstlerisch nicht sonderlich begabt sind. Er bat uns, ein Bild zu malen, das den Zustand unserer Seele beschrieb. Können Sie sich jemanden wie mich dabei vorstellen, wie er mit einem Pinsel den Zustand seiner Seele beschreibt?

Aber wir alle machten diese Übung. Danach saßen wir um ein knisterndes Feuer herum und erklärten uns gegenseitig die Bedeutung unserer Bilder. Manche waren lebendig und farbenfroh, andere eher etwas düster. Einer aus der Runde sagte: »Wie ihr an meinem Bild seht, geht es mir im Moment nicht sonderlich gut. Ich mache zur Zeit eine schwierige Phase durch.« Das Bild öffnete für uns eine Tür, die uns bereit machte zu hören, was dieses Teammitglied beschäftigte. Und genau dazu sind alle diese Übungen gedacht: Türen zu öffnen, um einander besser kennen zu lernen und anderen Einblick in das eigenen Leben zu geben.

Nehmen Sie Waschschüssel und Handtuch

Vor einigen Jahren führte Nancy Beach, unsere Programmdirektorin, eine besonders bewegende Übung mit ihrem aus Künstlern bestehenden Team durch. Nachdem sie Johannes 13 gelesen hatten, den Text, in dem Jesus seinen Jüngern die Füße wäscht, nahmen Nancy und ihr Team tatsächlich Schüsseln mit Wasser und Handtücher und wuschen einander die Füße. Ich hörte anschließend von einer ganzen Reihe von Mitgliedern aus diesem Team, dass es für sie eine der intensivsten Teamerfahrungen war, die sie je hatten.

Für mich war es nie sehr leicht, gemeinschaftsfördernde Übungen wie diese zu planen oder an ihnen teilzunehmen. Ich muss immer gegen die Versuchung ankämpfen, »gleich zur Sache kommen« zu wollen, aber ich mache diese Übungen trotzdem, weil ich gemerkt habe, welche Vorteile es hat, in echter Gemeinschaft zusammenzuarbeiten. Es reicht für Leiter nicht aus, nur daran zu arbeiten, die Leistung des Teams zu verbessern. Wir haben die gleichermaßen wichtige Verpflichtung, regelmäßig an der Gemeinschaft innerhalb des Teams zu arbeiten. Ich hoffe, dass jeder Leiter, der diese Worte liest, diese Verantwortung ernst nimmt.

Setzen Sie klare Ziele

Ich habe bereits erwähnt, dass ich ein überzeugter Vertreter von großen, haarigen und tollkühnen Zielen bin. Aber Ziele müssen mehr als nur groß sein. Sie müssen auch klar sein. Sie müssen messbar sein. Ohne klare Ziele dümpeln die meisten Teams nur so vor sich hin. Sie verschwenden Zeit, vergeuden Energie, lassen sich ablenken und sind am Ende demotiviert.

Jesus sagte kurz vor seiner Himmelfahrt (Matthäus 28,19–20; nach meiner persönlichen Übersetzung): »Okay, Team, hier ist euer Ziel: Geht in alle Welt und predigt das Evangelium. Führt alle Männer, Frauen und Kinder zum Glauben. Dann helft ihnen, im Glauben zu wachsen, indem ihr sie lehrt, das zu befolgen, was ich euch aufgetragen habe. Auf die Plätze. Fertig. Los.« Und daran hielten sie sich.

> Mit ein Grund, warum die Jünger Jesu die Welt auf den Kopf stellten, war, dass sie vom absolut weltbesten Leiter das klarste und begeisterndste Ziel aller Zeiten gesteckt bekommen hatten: Die Erlösung der Welt durch den Dienst der Gemeinde Jesu.

Gemeindeleiter müssen es machen wie Jesus. Wir müssen uns mit Teams quer durch die Gemeinde zusammensetzen und klare, herausfordernde Ziele stecken, die Gott die Ehre geben. Dann müssen wir Teammitglieder so inspirieren, dass sie die Ärmel hochkrempeln und kreativ werden. Wir müssen sie auffordern zu fasten, zu beten, an einem Strang zu ziehen und ihr Bestes zu geben, um die Ziele zur Ehre dessen zu erreichen, dessen Namen wir tragen.

Nachdem wir in *Willow Creek* gelernt haben, so zu arbeiten, wurden ungeahnte Kräfte freigesetzt. Vor kurzem konfrontierte Nancy Beach ihre Programmabteilung mit diesem Ziel: *Gestaltet eine bewegende, farbenfrohe, ausdrucksstarke evangelistische Veranstaltung, eine künstlerisch hochwertige Präsentation des Evangeliums, durch die eine große Zahl außen stehender Menschen in unserer Stadt erreicht werden kann.*

Unter ihrer Führung und herausgefordert durch dieses klare Ziel schuf ihr Team eine der innovativsten evangelistischen Veranstaltungen, die unsere Gemeinde jemals in unserer Stadt durchgeführt hatte. Wir füllten unseren Gemeindesaal zehn Mal mit Tausenden von Menschen, die das Evangelium von Jesus Christus hörten. Aber alles fing mit einem klaren Ziel an.

Ich werde nicht müde, Teams dabei zu beobachten, wie sie die Herausforderung annehmen, ein Ziel umzusetzen, das Gott die Ehre gibt. Ja, es kostet einen Leiter außergewöhnlich viel Energie, klare Ziele zu stecken, Menschen darauf einzuschwören und ein Team dazu zu bringen, sie umzusetzen. Aber denken Sie daran: Der Lohn ist gewaltig. Und hat Ewigkeitswert.

Belohnen Sie Leistung

Und schließlich muss ein Leiter sein Team auch für gut geleistete Arbeit belohnen. Manche Gemeindeleiter finden es etwas heikel, diejenigen zu belohnen, die effektiv gearbeitet haben. Aber Jesus sprach klare Worte in Bezug auf Belohnung. Er verhieß hingegebenen Nachfolgern großen Lohn »in diesem Leben und im nächsten«.

Der Apostel Paulus überhäufte diejenigen geradezu mit Lob und Anerkennung, die sich eifrig in der Gemeinde einsetzten. Manchmal beschloss er seine Briefe mit den Namen der Personen, denen er Anerkennung zollen wollte. Augenscheinlich hielt er es für wichtig, die Leistungen der Personen öffentlich anzuerkennen, die hart für die Sache Jesu gearbeitet hatten. Er stellte fest, dass manche Menschen wegen ihres treuen Einsatzes sogar doppelt belohnt werden sollten.

In *Willow Creek* erkennen wir besondere Leistungen von Mitarbeitern oft an, indem wir die Worte des Apostels Paulus aus Philipper 2,29 für uns neu übersetzen. In diesem Text ermahnt Paulus die Gemeindeleiter in Philippi, bestimmte Mitglieder in »hohem

Ansehen« zu halten. Wenn wir also einem Mitarbeiter oder einem Team für außergewöhnliche Leistungen danken wollen, stellen sich alle Mitarbeiter der Gemeinde vor ihm auf und rufen unisono: »WIR HALTEN DICH/EUCH IN HOHEM ANSEHEN! WEITER SO!« Dann brechen wir in wilde Anfeuerungs- und Jubelrufe aus.

Wenn Sie die Effektivität dieses Ansatzes bezweifeln, probieren Sie es bei Gelegenheit einfach einmal selbst aus.

Wir glauben auch, dass es wichtig ist, den Einsatz der Tausenden von ehrenamtlichen Mitarbeitern in *Willow Creek* zu belohnen. Sie bilden das Rückgrat unserer Arbeit. Sie sind die unsichtbaren Helden, die so eifrig arbeiten, um unseren Dienst aufrechtzuerhalten und zu unterstützen. Unsere hauptamtlichen Mitarbeiter wissen, dass wir ohne sie ernsthafte Probleme hätten. Deshalb haben wir uns schon vor vielen Jahren dafür entschieden, ihnen einmal im Jahr bei einem der Gemeindegottesdienste unter der Woche mit einem besonderen Abend für ihren Beitrag zu danken.

Sie müssen es sehen, um es zu glauben. Jedes Jahr rollen wir buchstäblich den roten Teppich an allen großen Eingängen zu unserem Gemeindehaus aus. Luftballons schmücken den Teppich zu beiden Seiten und an allen Türen stehen hauptamtliche Mitarbeiter.

Wenn die ehrenamtlichen Mitarbeiter dann aus ihren Autos steigen und den roten Teppich entlanggehen, werden sie von den hauptamtlichen Mitarbeitern von *Willow Creek* angefeuert: »Yeah! Wir sind so stolz, dass wir euch im Team haben! Weiter so!«

Und das passiert schon, noch bevor sie das Gemeindehaus überhaupt betreten. Innen sehen sie dann die Luftballons und die Dekoration, die die hauptamtlichen Mitarbeiter zu ihren Ehren angebracht haben. Der ganze Gottesdienst feiert das Ehrenamt in unserer Gemeinde. Ich tue mein Bestes, um eine Predigt zu halten, die jeden ehrenamtlichen Mitarbeiter mit Dank und Anerkennung überschüttet.

Nach dem Gottesdienst laden wir alle zu einem Empfang ein, zu dem tolles Essen, schöne Musik und andere festliche Elemente gehören. Wenn Sie nun denken, dass das nach einer Menge Zeit und Geld klingt, dann haben Sie Recht. Aber auch hier gilt wieder: Der Lohn ist gewaltig. Fragen Sie einen beliebigen ehrenamtlichen Mitarbeiter von *Willow Creek.*

Wie ich zu Beginn dieses Kapitels sagte, möchte ich zu diesem Zeitpunkt meines Lebens nur zwei Dinge verwirklichen: Das tun, was Gott von mir erwartet, und zwar gemeinsam mit Menschen, die ich liebe.

Vor ein paar Monaten arrangierten ein paar von meinen Teamkollegen eine Party anlässlich meines 50. Geburtstages. Natürlich musste ich die typischen, gutmütigen Scherze einstecken, die sich auf mein hohes Alter bezogen. Aber es gab an diesem Abend auch einige heilige Augenblicke, in denen wir Erinnerungen von fast 30 gemeinsam verbrachten Jahren austauschten. Kurz bevor ich an diesem Abend einschlief, dachte ich noch: *Ich bin der reichste Mann der Welt. Ich habe etwas, wovon viele andere Leiter nur träumen können: Eine klare Berufung von Gott, die mein Herz immer noch jeden Tag schneller schlagen lässt, und ein Team, das aus den bemerkenswertesten Menschen besteht, die ich je kennen gelernt habe, und das mit mir dieses Abenteuer teilt.*

Gibt es etwas Besseres?

5

Finanzielle Herausforderungen: Der Härtetest für das Stehvermögen

Von allen Herausforderungen, mit denen Leiter und Führungskräfte konfrontiert werden, war ich auf diejenige am wenigsten vorbereitet, die ich »die Herausforderung der Ressourcen« nenne. Ich musste auf die harte Tour lernen, dass die Lebensdauer unserer Gemeinde von meiner Bereitschaft abhing, mich hauptverantwortlich darum zu kümmern, dass Spenden in die Gemeinde flossen. Die Gemeinde würde sonst an Geldmangel zu Grunde gehen.

Während meiner drei Jahre in der Jugendarbeit lernte ich viele der klassischen Funktionen einer Führungskraft kennen – Visionsvermittlung, Teamaufbau, Problemlösung und Zielsetzung –, aber da wir ein Dienstbereich innerhalb einer wohlhabenden Gemeinde waren, musste ich mir nie um Geld Gedanken machen. Die Gemeinde deckte unsere Ausgaben. Sie stellte uns kostenlos Räume und Material zur Verfügung, richtete ein großzügiges Budget ein, mit dem wir unsere Aktivitäten finanzieren konnten, und zahlte mir ein Gehalt, mit dem ich meine persönlichen Bedürfnisse decken konnte.

Aber als wir diese Gemeinde verließen, um *Willow Creek* zu gründen, veränderte sich das alles drastisch. Buchstäblich über Nacht war ich gezwungen, einer harten Wirklichkeit ins Auge zu schauen:

Wir hatten keine Räume, keine Ausstattung, kein Budget und keine Gehälter. Und was noch schlimmer war: Wir konnten uns bei niemandem darüber beschweren. Wir hatten keine Leute! Meine romantische Vorstellung von der Gründung einer Gemeinde nach dem Vorbild von Apostelgeschichte 2 hatte mich blind gemacht für die harte Realität, dass so eine Gemeinde auch finanziert werden wollte.

Kompliziert wurde die Sache zusätzlich dadurch, dass wir bereits das Datum für die Gründung unserer neuen Gemeinde festgesetzt und bekannt gegeben hatten. Wir hatten unsere Einladungen und Handzettel weitergegeben, die als Ort das *Willow Creek*-Kino in Palatine angaben. Wir hatten Musik- und verschiedene Dienstteams gebildet. Wir hatten Büroräume angemietet.

Ich brauchte etwa fünf Minuten, um mir klar zu machen, dass wir eine massive Finanzspritze brauchten, und zwar sehr schnell. Nachdem ich eine altmodische Panikattacke niedergekämpft hatte, nahm ein Plan Gestalt an. Damals war mir nur eine sichere Möglichkeit bekannt, Geld zu verdienen. Ich erinnerte mich an meine Zeit in unserem Familienunternehmen und bestellte 1.200 Kisten Tomaten. An einem Sonntag im August 1975 forderte ich dann die Gruppe von Schülern, die den Kern unseres Gründungsteams bildeten, dazu auf, von Tür zu Tür zu gehen und Tomaten zu verkaufen. Leider war mir dabei entgangen, dass genau in dieser Wohngegend zu dieser Zeit die Gärten voller Tomaten standen. Am Ende des Tages verkauften wir einen Korb Tomaten für 25 Cent. Doch trotzdem bekamen wir ein paar Tausend Dollar zusammen und lösten auf diese Weise unser Finanzproblem.

Für etwa eine Woche.

Ich weiß noch, wie ich damals zu Bett ging und dachte: *Wir können nicht jeden Samstag damit verbringen, Tomaten zu verkaufen. Und ich glaube auch nicht, dass sich dieses Finanzproblem in Wohlgefallen auflösen wird. Ich sollte mir wohl eine bessere Möglichkeit überlegen, Geld aufzutreiben.*

Erinnerungen rund ums Geld

Die meisten Erinnerungen, die ich an das Ende der 1970er Jahre habe, hängen mit dem permanenten Geldmangel von *Willow* zusammen. Einer meiner frühesten Weggefährten war ein Musiker namens Dave Holombo. Dave war nicht nur sehr kreativ, sondern hatte auch eine starke Arbeitsmoral. Er arbeitete oft 80 Stunden pro Woche und transkribierte sorgfältig Partituren, indem er per Hand Vokal- und Orchesterparts kopierte. Ohne es mir zu sagen, hatte er eines Tages spezielle Bleistifte bestellt, die Musiker zu diesem Zweck verwenden. Als die unerwartete Rechnung von

19 Dollar für diese Bleistifte auf meinem Schreibtisch landete, ging ich in Daves Büro und sagte: »Dave, du ruinierst uns. Wir können uns solche Bleistifte nicht leisten. Du musst eine andere Möglichkeit finden, deine Noten zu schreiben.«

Heute haben unsere Musiker in *Willow* die modernsten Computer für ihre Arbeit, aber damals war das Geld so knapp, dass eine Ausgabe von 19 Dollar uns an den Rand des Ruins brachte.

Eine ähnliche Auseinandersetzung hatte ich mit unseren ehrenamtlichen Mitarbeitern des Produktionsteams. Da wir keine eigenen Räumlichkeiten hatten und keine Räume fanden, die wir für alle unsere Veranstaltungen mieten konnten, mussten wir ständig von einem Ort zum nächsten umziehen. Jedes Mal – vom *Willow Creek*-Kino über verschiedene Schulen und Caféterias, schließlich auch den örtlichen Kneipen – mussten wir die Licht- und Tontechnik auf- und wieder abbauen. Nachdem alles an seinem Platz war, mussten die Mitarbeiter alle Kabel mit Klebeband fixieren, damit niemand darüber stolperte. Da wir so oft ab- und aufbauten, bestellte das Produktionsteam das Klebeband schließlich in der Großpackung – ohne es mir zu sagen.

Als wir an einem Wochenende einmal eine besonders niedrige Kollekte einsammelten, wurde der finanzielle Druck so hoch, dass ich es fast nicht mehr aushielt. Mit diesem Problem belastet kam ich in das Gebäude, das wir für unseren Gottesdienst unter der Woche nutzten und stellte fest, wie großzügig die Mitarbeiter mit dem Klebeband umgingen. War ihnen nicht klar, wie viel dieses Klebeband kostete?

Ich rastete aus.

Ich rief die Mitarbeiter zu mir und stauchte sie zusammen: »Leute, ihr verschwendet sehr teures Klebeband und die Gemeinde hat kein Geld. Ihr braucht das Klebeband nicht in voller Breite, nur um ein einziges Kabel am Boden zu befestigen. Neue Regel: Von jetzt an hat jeder das Klebeband zu halbieren, so ...« Dann demonstrierte ich ihnen meine Kosten sparende Idee so dramatisch wie möglich.

Ich sehe heute noch ihren geschockten Gesichtsausdruck vor mir. Ein paar schafften es noch, »Okay, okay« zu murmeln, aber sie müssen gedacht haben, ich hätte den Verstand verloren.

Noch eine Episode aus diesen Jahren: Die einzigen Büroräume, für die wir uns die Miete leisten konnten, hatten nackten Zementboden. Wenn wir also Teppich wollten, mussten wir ihn selbst kaufen. So machten wir es und bestellten den billigsten Teppich, den wir finden konnten. Als ich den Auftrag erteilte, warnte ich den Ladenbesitzer, dass wir unter Umständen nicht in der Lage sein würden, ihm den ganzen Betrag auf einmal zu bezahlen.

Er war großzügig und sagte: »Sie sind eine christliche Gemeinde. Ich vertraue Ihnen. Ich weiß, dass ich auf Sie zählen kann. Bezahlen Sie einfach, was Sie können, wenn Sie es können.«

Etwa einen Monat später kam die Rechnung. Ich erinnere mich noch an den genauen Betrag. Es waren 973 Dollar. Da wir zu diesem Zeitpunkt überhaupt kein Geld hatten, legte ich die Rechnung auf den Stapel zu den anderen unbezahlten Rechnungen. Als mich der Ladenbesitzer ein paar Wochen später anrief, um die Bezahlung einzufordern, erinnerte ich ihn daran, dass er uns Ratenzahlung gewährt hatte.

»Ja«, sagte er, »das stimmt. Aber können Sie mir nicht wenigstens irgendetwas anzahlen?«

»Ja, sofort«, sagte ich ihm zu. Ich holte einen Scheck aus meiner Schreibtischschublade, schrieb ihn über fünf Dollar aus und gab ihn in die Post.

Als er den Scheck bekam, rief er mich sofort an und fragte: »Was ist das? Machen Sie Witze?«

»Nein«, sagte ich sehr verlegen, »aber ich verspreche es Ihnen: Ich werde Ihnen jede Woche fünf Dollar schicken.«

Und so geschah es. Ich schickte ihm jede Woche fünf Dollar, bis wir den ganzen Teppich bezahlt hatten. Aber fast 30 Jahre später spüre ich immer noch einen Knoten im Magen, wenn ich an diese Teppichepisode denke.

An die Grenze gebracht

Was unsere finanzielle Situation kompliziert machte, war die Tatsache, dass wir *Willow Creek* mit einer Gruppe von Schülern und Studenten gegründet hatten. Nur wenige von uns waren voll berufstätig, deshalb hatten wir Unmengen von Zeit und Energie, aber kein Geld. Mir war klar, dass wir es schaffen mussten, ein paar »echte Erwachsene« zu gewinnen, die ein vernünftiges Einkommen hatten, wenn wir nicht bankrott gehen wollten. Also begann ich, intensiv dafür zu beten.

An einem Sonntag kam ein Mann in einen unserer Gottesdienste, der ein Geschäftsmann zu sein schien – ein richtiger Erwachsener, der aussah, als ob er einen richtigen Job hatte. Er sah normal aus. Sein Anzug passte (von uns besaß niemand einen Anzug). Meine Hoffnungen stiegen ins Unermessliche.

Nach dem Gottesdienst kamen wir ein wenig ins Gespräch, und dann sagte er: »Mir gefällt diese Gemeinde wirklich. Kann ich Sie diese Woche mal zum Essen einladen?«

»Natürlich«, antwortete ich ohne zu zögern. Ich war mir sicher, dass meine Gebete erhört waren.

Ein paar Tage später holte er mich mit einem neun Meter langen silbernen Cadillac ab. Er lud mich in ein sehr teures Restaurant ein und forderte mich auf zu bestellen, was immer ich wollte. Im Alter von 23 Jahren hatte ich keinen Stolz. Ich bestellte maßlos.

Während des Essens stellte er mir Fragen über die Gemeinde. »Ich mag Ihre neue Gemeinde wirklich«, sagte er schließlich beim Nachtisch. »Kann ich Ihnen irgendwie behilflich sein?«

Das war der Startschuss, den ich brauchte. »Oh Mann«, sagte ich, »Sie können uns in jeder Hinsicht helfen.«

Dann fragte er direkter. »Was brauchen Sie am Dringendsten?«

»Na ja«, antwortete ich, »ich weiß, Sie sind neu, und Sie wollen vermutlich nichts von unseren Problemen wissen, aber wir stehen finanziell auf Messers Schneide. Das heißt, dass wir jede Woche neu vor dem finanziellen Aus stehen. Niemand von uns hat ein festes Gehalt. Wir haben schon unsere ganzen Ersparnisse aufgebraucht. Ich weiß nicht, wie viele Wochen wir noch durchhalten können.«

Zu meiner großen Erleichterung antwortete er mit einem zuversichtlichen Lächeln und sagte: »Ich denke, ich kann Ihnen bei diesem Problem behilflich sein. Ich habe noch nie etwas an eine Gemeinde gespendet, aber ich mag Ihre Gemeinde. Sie können also diese Woche eine Spende von mir erwarten. Ich werde Ihnen einen Scheck zuschicken.«

Die nächste Woche verbrachte ich Tag für Tag in großer Erwartung. Jeden Morgen rannte ich in der Hoffnung auf den Scheck zum Briefkasten. Gegen Ende der Woche kam er schließlich an. *Das ist es*, dachte ich. *Unser Schiff ist in den Hafen eingelaufen.*

Voll gespannter Ungeduld riss ich den Umschlag auf ... und fand darin einen Scheck über zehn Dollar! Ich fiel fast in Ohnmacht. Tagelang musste ich den fleischlichen Impuls niederkämpfen, seinen silbernen Cadillac zu demolieren. Die Frage der Finanzen brachte mich an meine Grenzen.

Eine steile und notwendige Lernkurve

Ich war sehr schnell gezwungen, der Tatsache ins Auge zu sehen, dass der hauptverantwortliche Leiter aus menschlicher Perspektive auch derjenige ist, der dafür verantwortlich ist, Geld für die ganze Organisation aufzutreiben. Er muss Geld für die Mitarbeiter, für die Angebote der Gemeinde und auch für seine Familie aufbringen.

Für jemanden, der darauf nicht vorbereitet ist – wie die meisten Pastoren –, ist das eine sehr entmutigende Aussicht.

Der Theologe R. C. Sproul fragte mich einmal, wie viel ich wohl für 100 Dollar machen könnte. Ich vermutete, er hoffte auf irgendeine tief theologische Antwort, aber bevor ich mir eine ausdenken konnte, beantwortete er seine Frage selbst: »Sie können etwas im Wert von etwa 100 Dollar tun.« Er wollte einfach ausdrücken, dass eine fruchtbare Gemeindearbeit auch entsprechende finanzielle Mittel forderte.

Sie können das so theologisch formulieren, wie Sie wollen, aber eine Gemeinde wird erst dann ihr volles Potenzial ausschöpfen, wenn eine Geldquelle in ihre Richtung sprudelt.
Und egal ob es Ihnen gefällt oder nicht, ist es Aufgabe des Leiters, diese Geldquelle zu erschließen und weise zu verwalten.
Je früher ein Leiter diesen Sachverhalt realisiert, desto besser.

Der Rest des Kapitels verfolgt das Ziel, Leitern dabei zu helfen, zu guten Spendensammlern zu werden. Ich werde mit ein paar grundlegenden Dingen anfangen, die jeder Leiter verstanden haben muss, um diese Rolle erfolgreich ausfüllen zu können.

Regel 1: Gott ist der eigentliche Versorger

Ein altes Kinderlied beschreibt Gottes Mittel ziemlich plastisch: »Ihm gehört das Vieh auf tausend Hügeln, der Reichtum in jeder Mine.« In Psalm 50,12 klingt dies an, wenn Gott von sich sagt: »Mein ist die Welt und was sie erfüllt.« Mit anderen Worten: Gottes Mittel und Möglichkeiten sind unbeschränkt.

> Viele Gemeindeleiter geraten dem Denken in die Falle, dass irgendeine bestimmte Person aus ihrer Gemeinde ihr eigentlicher Unterstützer und Geldgeber ist. Das stimmt nicht. Menschen sind Rohrleitungen für Gottes Versorgung, aber letztlich nicht dafür verantwortlich. Gott allein kontrolliert, wie stark die finanzielle Quelle für uns sprudelt.

Leiter müssen auch verstehen, dass Gott nicht nur in der Lage ist zu helfen, sondern tatsächlich auch *bereit* ist zu helfen. Die Kirche ist seine Braut. Sie ist sein Geschenk an die Welt. Niemandem ist mehr daran gelegen, eine Gemeinde finanziell versorgt zu sehen, als Gott selbst.

Ich lernte diese Lektion an einem entscheidenden Punkt in *Willows* Wachstum. Ende der 1970er Jahre standen wir mitten in einem riesigen Bauprojekt für unsere ursprünglichen Gemeinderäume. In einem radikalen Glaubensschritt hatten wir uns zwei Millionen Dollar über unserem Budget verschuldet, ein Budget, das sowieso schon bis zum Äußersten ausgeschöpft war. Die Menschen hatten praktisch alles gegeben, was sie geben konnten. Einige hundert Leute, darunter Lynne und ich und fast alle hauptamtlichen Mitarbeiter, hatten sogar Kredite aufgenommen, um das Projekt zu finanzieren.

Dann brach die Wirtschaft in den Vereinigten Staaten zusammen. Die Arbeitslosigkeit nahm zu und die Zinsen stiegen auf 21 Prozent. Gerade als ich dachte, es könnte nicht mehr schlimmer werden, verließ unser größter Spender die Gemeinde. Auf diesen Mann hatten wir gezählt. Wir hatten auf ihn gehofft, für den Fall, dass alles den Bach runtergehen würde. An diesem Punkt musste ich ein für alle Mal den Unterschied zwischen der Rohrleitung und der eigentlichen Quelle definieren.

Ja, es war ein herber Schlag, unseren größten Spender zu verlieren. Aber mir war klar: Weil er die Gemeinde verlassen hatte, bedeutete das nicht gleichzeitig, dass auch Gott die Gemeinde verlassen hatte. Gott hatte uns berufen, eine Gemeinde zu gründen, um Außenstehende zu erreichen, und alles in mir sagte mir, dass er immer noch mit uns war und immer noch zu uns hielt. Er war immer noch der eigentliche Versorger. Wir mussten nur im Glauben weitergehen.

Ich erklärte nervösen Vorstandsmitgliedern der Gemeinde, dass Gott immer noch auf dem Thron saß, dass er immer noch alle Fülle hatte, und dass er möglicherweise schon dabei war, sich nach neuen Rohrleitungen umzusehen, durch die er uns die nötigen Mittel senden konnte. Da die meisten unserer Vorstandsmitglieder eine Hypothek auf ihr Haus aufgenommen hatten, um unseren Kredit zu finanzieren, hatten sie mehr als nur ein flüchtiges Interesse daran, was Gott »möglicherweise« tun würde.

In den Monaten nach dieser Glaubenskrise durften wir das mächtige Wirken Gottes erleben. Er versorgte uns nicht nur durch neue Rohrleitungen, sondern schließlich kam der große Spender, der die Gemeinde verlassen hatte, wieder zurück. Er hat uns seitdem finanziell und in vieler anderer Hinsicht sehr unterstützt. Lektionen wie diese aber werden nicht so schnell vergessen.

Leiter werden nachts um vieles besser schlafen, wenn sie dieses grundlegende Prinzip erst einmal begreifen. Der eigentliche Geber der Mittel, die wir brauchen, ist der Gott, der noch stärkeres Interesse am Aufbau seiner Gemeinde hat als wir. Und er hat die Fülle.

Regel 2: Unter den richtigen Umständen geben Menschen gerne

Wenn Sie auf der Suche nach Spendern sind, sollten Sie davon ausgehen, dass Menschen grundsätzlich bereit sind, etwas zu geben. Denken Sie darüber nach: Die alternative Grundannahme würde lauten, dass Menschen grundsätzlich geizig und kleinlich sind und sich ungern von ihrem Geld trennen. Wenn Sie davon überzeugt sind, werden Sie unweigerlich negativ an die Sache herangehen. Ein Leiter, der überzeugt ist, dass seine Aufgabe darin besteht, Menschen Geld abzuknöpfen, die sich hartnäckig weigern, etwas von ihrem Geld abzugeben, wird eine manipulative Strategie entwickeln, die bei anderen Schuldgefühle auslöst.

So ein Ansatz verletzt Menschen und zerstört Gemeinden im Lauf der Zeit. Aber Spenden zu sammeln muss keine negative Erfahrung für alle Beteiligten sein.

Ich bin der festen Überzeugung, dass Menschen eine Sache gern und großzügig unterstützen, wenn sie zur rechten Zeit und auf die rechte Weise von den rechten Möglichkeiten informiert werden, wie sie einen finanziellen Beitrag für das Reich Gottes leisten können.

Die ganze Welt konnte dieses Prinzip nach dem 11. September 2001 erleben. Milliarden von Dollar wurden für die Familien der Opfer zusammengetragen, obwohl sich unser Land gerade mitten in einer erschreckenden Rezession befand.

Ich habe mich immer bemüht, in unserer Gemeinde eine positive Perspektive im Hinblick auf Spenden zu vermitteln, die Menschen mit Würde behandelt. Ich definiere mein Ziel folgendermaßen: Ich möchte Menschen fantastische Möglichkeiten vorstellen, wie sie in das Reich Gottes investieren können, wenn Gott sie entsprechend führt. Was lässt sich gegen diesen Ansatz einwenden?

Regel 3: Spenden zu sammeln fordert den Charakter des Leiters wie keine andere Aufgabe

Ich frage mich, wie viele Leiter von einem Bill Gates träumen, der aus seinem fetten Sparschwein ein paar Milliarden auf ihr Gemeindekonto fließen lässt. Das wäre zu schön, um wahr zu sein, oder? Das Finanzproblem wäre ein für alle Mal gelöst. Die Schenkung könnte zinsbringend angelegt werden und die Gemeinde so auf Dauer versorgen. Auf diese Weise könnte der Gemeindeleiter sich voll und ganz darauf konzentrieren, die Vision zu vermitteln und Teams aufzubauen, und die ganze Gemeinde würde etwas freier atmen können. Die Gemeindeglieder könnten sich damit beschäftigen, ihre geistlichen Gaben zu entdecken und sich in der Gemeinde engagieren, ohne das ständige Spendentheater ertragen zu müssen.

Wäre das nicht himmlisch?

Ich bin mir da nicht so sicher. Wenn Bill Gates eine oder zwei Milliarden in die Kassen von *Willow Creek* transferieren wollte, würde ich es ablehnen. (Okay, vielleicht würde ich demütig ein paar hundert Millionen akzeptieren, aber keine Milliarden. Ich habe auch meine Skrupel.)

Ich würde das Geld ablehnen, weil ich glaube, dass mit finanziellen Herausforderungen geistlicher Gewinn verbunden ist. Manchmal bekomme ich dringende Anfragen von jungen Pastoren. Sie schreiben: »Bill, wir haben *Willow* besucht und gesehen, dass Ihre Gemeinde einige hunderttausend Dollar im Plus ist, und es ist erst Jahresmitte. Wie wäre es, wenn Sie uns hundert Riesen überweisen würden? Sie würden es nicht vermissen und unserer Gemeinde würde es viel Druck von den Schultern nehmen.«

Ich erhalte Hunderte solcher Anfragen und beantworte alle gleich: »Den Druck, den Sie gerade spüren, möchte Gott gebrauchen, um Sie und Ihre Gemeinde zu mehr Hingabe und Vertrauen zu motivieren.«

Dann erläutere ich die Grundlage meines Neins. »Ich möchte nicht hartherzig sein. Ich möchte Sie nur wissen lassen, dass in den Anfangsjahren dieser Gemeinde nichts mein Vertrauen in die Güte, Gnade und Wunderkraft Gottes mehr gestärkt hat als der finanzielle Druck, unter dem wir Woche für Woche standen – derselbe Druck, dem Sie sich jetzt ausgesetzt sehen. Unterschätzen Sie den

Wert des geistlichen Wachstums nicht, das bei Ihnen und Ihrer Gemeinde geschehen wird, wenn Sie diese finanzielle Herausforderung angehen.«

Der Gewinn harter Zeiten

Egal, welchen Maßstab man anlegt, auf jeden Fall würde mein Elternhaus als wohlhabend gelten. Aber mein Vater war der Ansicht, dass ich, als ich das Familienunternehmen verließ, mit leeren Händen gehen sollte. Und so geschah es. Als Lynne und ich also *Willow Creek* gründeten, hatten wir kein Geld. Die Gemeinde konnte es sich in den ersten drei Jahren nicht leisten, uns ein Gehalt zu zahlen, deshalb arbeitete ich nachts auf dem Markt in Chicago und Lynne gab privat Flötenunterricht. Außerdem teilten wir unser winziges Haus mit zwei Untermietern, mit denen wir ein ausgeklügeltes finanzielles Arrangement trafen. Immer wenn irgendjemand von uns Geld verdiente, sollte er einen Teil davon auf den Kühlschrank legen. Wir beteten jeden Tag, dass dort am Ende des Monats genug für die Miete lag.

So machten wir es drei Jahre lang und blieben keine Mietzahlung schuldig.

Wir mussten auch nie eine Mahlzeit auslassen, dank anonymer Freunde, die sich von Zeit zu Zeit von Gott veranlasst fühlten, uns eine Tüte mit Lebensmitteln vor die Tür zu stellen. Andere Leute schenkten uns gebrauchte Möbel, ohne die unser kleines Haus praktisch leer gewesen wäre. Nie zuvor hatte ich in Bezug auf Geld und alltägliche Bedürfnisse in so absoluter Abhängigkeit von Gott gelebt.

Während dieser harten Zeit gab mir ein langjähriger Freund, der für ein verschwindend geringes Gehalt acht Stunden am Tag schuftete, etwas Geld. Seine Großzügigkeit berührte mich tief. Zum ersten Mal erlebte ich den Gedanken der Vernetzung in der Familie Gottes, wie er in Apostelgeschichte 2 beschrieben wird. Und was noch wichtiger war: Mein Stolz löste sich in Wohlgefallen auf. Die Familie dieses Freundes hatte immer auf der armen Seite der Stadt gelebt, in der ich aufgewachsen war, während meine Familie auf der wohlhabenden Seite lebte. Nun war ich derjenige, der Hilfe brauchte.

In diesen kargen Jahren erlebte ich Gott als vollkommen, wunderbar, absolut treu und zu seinen Verheißungen stehend. Ich glaube nicht, dass sich diese Überzeugung auf andere Weise in mir hätte formen können. Kargheit kann erstaunliche geistliche Frucht tragen. Fast 30 Jahre später zehre ich noch immer von diesen harten Jahren, wenn ich über die Vertrauenswürdigkeit Gottes predige. Durch diese Jahre ist Gottes Treue mehr als nur bloße Theorie für mich.

Während dieser herausfordernden Zeit lernte die Gemeinde von *Willow Creek* diese Lektionen gemeinsam mit mir. Als wir anfingen, Land zu kaufen und ein Gemeindehaus zu bauen, beteten wir wie nie zuvor. Wir trafen uns regelmäßig. Wir fasteten. Viele von uns gaben alles Geld, das sie hatten. Die Leute verkauften Eigentumswohnungen, Autos, Schmuck. Unser Glaube wuchs und die Situation verband uns so eng wie nie zuvor miteinander.

Im Februar 1981 hielten wir den ersten Gottesdienst in unserem neuen Gemeindehaus. Vor dem Gottesdienst lud ich den Kern der Mitarbeiter, die so viele Opfer gebracht hatten und Gott so sehr vertraut hatten, dazu ein, sich im Auditorium zu versammeln, bevor die Türen für den Rest der Gemeinde geöffnet wurden. Ich werde diese Szene nie vergessen. Kleine Grüppchen standen zusammen, umarmten sich, heulend wie Babys. Gott hatte das Unmögliche möglich gemacht. Durch seine übernatürliche Macht hatte er die Spenden in Bewegung gesetzt. Diese Erfahrung veränderte jeden von uns für immer.

Anlässlich der 20-Jahr-Feier von *Willow Creek* luden wir die 300 Leute zu einem Dinner ein, die uns dabei geholfen hatten, den Schritt vom Kino zu unseren eigenen Gemeinderäumen zu bewältigen. Es waren die Leute, die Kredite aufgenommen, ihre Autos verkauft und auf ihren Urlaub verzichtet hatten, um unser erstes Gemeindehaus zu finanzieren. Dieser Abend galt ihnen. Als ich durch die Reihen schaute, wurde ich von den Erinnerungen an ihre radikale Großzügigkeit so überwältigt, dass ich anfing mich schuldig zu fühlen. »Es tut mir wirklich Leid«, sagte ich, »dass ich euch gebeten habe, in den ersten Jahren so unglaubliche Opfer zu bringen.«

Danach kamen einige der Gründungsmitglieder auf mich zu. »Entschuldige dich nie wieder dafür«, sagten sie, »dass du uns aufgefordert hast, für etwas Opfer zu bringen, das uns heute so viel bedeutet. Wir leben mit dem Wissen, dass Gott uns dazu benutzt hat, *Willow Creek* eine Heimat zu geben. Das ist, als ob wir einen Verdienstorden bekommen hätten.«

Im Lauf der Jahre zogen viele dieser heldenhaften Unterstützer berufsbedingt in andere Teile des Landes um, aber sie fühlen sich immer noch mit der *Willow*-Familie verbunden. Immer wenn sie hören, wie Gott unsere Gemeinde gebraucht, haben sie die persönliche Genugtuung zu wissen, dass sie einen entscheidenden Beitrag dazu geleistet haben, da sie zu den Ersten gehört hatten, durch die Gottes Unterstützung für die Gemeinde floss.

Ich möchte es noch einmal wiederholen: Nichts stellt das Stehvermögen eines Gemeindeleiters und einer Gemeinde mehr auf die Probe als finanzielle Herausforderungen. Statt also nach schnellen Lösungen, Lottogewinnen oder einem Bill Gates zu suchen, der einem aus der Klemme hilft, sollten Leiter diese Herausforderung bereitwillig, mutig und erwartungsvoll annehmen. Wir müssen dem Druck harter Zeiten zugestehen, dass er uns etwas über Gott, unsere Gemeinde und uns selbst lehren soll.

Auf dieser Basis können wir uns nun den weiteren Schritten zuwenden. Die folgenden fünf Prinzipien zum Sammeln und Verwalten von Spenden basieren auf den bereits dargestellten Grundlagen. Nach 30 Jahren praktischer Erfahrung und der Beobachtung anderer Leiter bin ich davon überzeugt, dass jeder, der diese fünf Prinzipien befolgt, erleben wird, wie Gott eine Spendenflut in der Gemeinde auslösen wird.

Das Wissensprinzip

In der Anfangszeit von *Willow Creek* kam ein kirchenferner Freund von mir zum Glauben und fing an, unsere Gemeinde zu besuchen. Nach einem unserer Gottesdienste fragte er mich: »Was hat es eigentlich mit der Kollekte auf sich?«

Da ich nicht gleich verstand, um was es ihm ging, fragte ich nach. Er sagte: »Ich habe keine Ahnung, wie das alles funktioniert. Wer soll wie oft und wie viel geben?«

Seine Frage half mir zu realisieren, wie wichtig das Wissensprinzip ist.

> Die meisten Leiter gehen davon aus, dass jeder, der zum Gottesdienst geht, auch weiß, wie Gott die Sache mit den Finanzen sieht. Aber Tatsache ist, dass viele Menschen absolut keine Ahnung haben, wie die grundlegenden Prinzipien christlicher Haushalterschaft aussehen. Leiter und Prediger müssen ihren Leuten dieses Wissen vermitteln, bevor sie erwarten können, dass die Gemeindemitglieder Gott mit ihrem Geld ehren und die Gemeinde schließlich begeistert unterstützen.

Ich möchte Ihnen wirklich empfehlen, jedes Jahr eine zwei- oder dreiwöchige Predigtreihe über die biblischen Prinzipien vom Umgang mit Geld zu halten. In den Vereinigten Staaten ist der Januar hierfür ein geeigneter Zeitpunkt, weil sich die meisten Menschen Anfang des Jahres Gedanken über ihr persönliches Budget machen. In anderen Ländern mögen andere Jahreszeiten dafür geeigneter sein.

In diesen Predigtreihen über biblische Haushalterschaft sollten wir erklären, dass es laut Bibel etwas Gutes ist, Geld zu verdienen, während es schlecht ist, sich zu überschulden. Wir sollten deutlich machen, dass Christen, die im Rahmen ihrer Mittel leben, wenigstens zehn Prozent ihrer Einkünfte in ihre Ortsgemeinde zurückgeben sollten und darüber hinaus spenden sollten, wenn der Heilige Geist sie dazu auffordert.

Sowohl Christen als auch Nichtchristen müssen wenigstens einmal im Jahr daran erinnert werden, wie biblische Haushalterschaft funktioniert. In *Willow Creek* gehen wir weit darüber hinaus. Jedes Jahr im Januar bieten wir nach der Predigtreihe zum Thema einen Workshop zur praktischen Nacharbeit an, in dem man lernen kann, sein persönliches Haushaltsbudget zu erstellen. Jedes Jahr verbringen Hunderte von Christen einen halben Samstag damit zu lernen, wie sie ein gutes Budget aufstellen können.

Außerdem haben wir einen blühenden Dienstbereich (*Good$ense*), der Schulung und individuelle Beratung für Menschen anbietet, die versuchen, ihre Finanzen in Einklang mit biblischen Prinzipien zu bringen. Die Mitarbeiter dieses Dienstbereiches helfen Jahr für Jahr Hunderten von Menschen in unserer Gemeinde.

Nur wenige Eltern bringen ihren Kindern heute noch den gesunden Umgang mit Finanzen bei, und an Schulen und Universitäten werden nur wenige – wenn überhaupt – Seminare zu diesem Thema angeboten. Wo sollen die Leute diese wichtigen Dinge dann gelernt haben?

Wenn wir einen Beweis dafür brauchen, dass der ganze Bereich Geld in unserer Welt außer Kontrolle geraten ist, müssen wir nur die Schuldenstatistiken anschauen. Die durchschnittliche Kreditkartenschuld liegt in den Vereinigten Staaten bei 8.300 Dollar. Nachdem ich an einem Sonntag über die Gefahren von Kreditkarten gepredigt hatte, kam ein junger Mann Anfang Dreißig auf mich zu. »Ich gehöre zu den Leuten, von denen Sie heute gesprochen haben«, sagte er. »Ich habe meine Kreditkarte bis zum Maximum ausgereizt und nie darüber nachgedacht, dass das ein Problem sein könnte. Aber heute habe ich mich entschieden, nach Hause zu gehen, die Karte zu zerschneiden und jeden Monat so lange die Mindestzahlung zu leisten, bis die Schulden getilgt sind.«

»Wie lange, meinen Sie, wird das dauern?«, fragte ich ihn.

»Ich weiß es nicht«, gab er zu. »Meine Schulden sind ziemlich hoch, sogar höher als der nationale Durchschnitt, den Sie erwähnten. Aber ich bin fest entschlossen. Ich werde diesen Vorsatz bis zum Ende durchhalten.«

Am nächsten Tag rechnete ich es durch. Wenn Sie die Mindestrückzahlung bei dieser Schuld von 8.300 Dollar leisteten, dauerte es 34,5 Jahre, um sie zu tilgen. Dabei zahlten Sie 11.367, 14 Dollar Zinsen, und die Gesamtschuld beliefe sich auf 19.667.14. (Statistik nach www.cardweb.com.)

Die meisten Menschen haben keine Vorstellung davon, wie viel Schmerz mit finanziellem Missmanagement verbunden sein kann. Wenn wir Leiter unsere Leute wirklich lieben, sollten wir sie lehren, wie sie finanzielle Freiheit finden. Es ist unfair, wenn wir von Menschen, für die Geld die Ursache von Frust ist, erwarten, dass sie Rohrleitungen für Gottes Versorgung sein sollen.

Wenn Sie sich nicht sicher sind, wie Sie an dieses Thema herangehen sollen, dann besorgen Sie sich Bücher oder Kassetten von Leitern, die mit diesem Bereich gut umgehen, und gehen Sie bei ihnen in die Schule. Sie schulden es den Leuten in Ihrer Gemeinde, dieses Thema klar und voller Weisheit anzugehen.

Das Informationsprinzip

In den Anfangszeiten von *Willow Creek*, die wir noch im Kino verbrachten, mangelte es mir beim Umgang mit dem Thema Geld nicht an Ungeschicklichkeit. Einer meiner größten Fehler war, dass es mir nicht gelang, angemessene Informationen weiterzugeben.

Als wir einmal so weit hinter unserem Wochensoll zurücklagen, dass ich praktisch keine Hoffnung mehr für unser finanzielles Überleben hatte, weder für die Gemeinde noch für Lynne und mich persönlich, entschied ich mich zu einer drastischen Maßnahme. Am Abschluss der Sonntagspredigt verkündete ich der Gemeinde, dass ich für eine Zeit weggehen würde. »Ich kann mit dem finanziellen Druck in dieser Gemeinde nicht mehr umgehen«, sagte ich. »Ich muss Abstand gewinnen, um darüber nachdenken zu können, und ich weiß nicht, wann ich zurückkommen werde. Irgendetwas muss sich ändern, denn wir gehen finanziell zu Grunde, und es scheint niemanden außer mir zu kümmern.«

Nach dieser brillanten Demonstration von Führungsqualitäten stieg ich von der Bühne herunter. Innerhalb von Sekunden war ich von mindestens 30 Leuten umringt, die alle dasselbe sagten: »Wir wussten von nichts. Warum hast du uns das nicht gesagt? Warum hast du uns nicht helfen lassen? Wie lieben diese Gemeinde. Wir möchten uns alle mit um die Lösung kümmern.«

Vor den Stufen zur Bühne zusammengedrängt stellten diese Leute ein paar sehr intelligente Fragen in Bezug auf die finanzielle Situation der Gemeinde: »Wie hoch muss die wöchentliche Kollekte sein? Wo genau fließt das Geld hin? Wer trifft darüber die Entscheidungen? Wer plant das Budget für die Zukunft? Wie können wir das Ruder herumwerfen?«

An diesem Tag bekam ich einen Crashkurs in Informationsmanagement. Die Leute wollen Informationen. Sie verdienen Informationen. Ohne Informationen können sie nicht helfen.

Von diesem Tag an habe ich mich entschlossen, alles vor der Gemeinde offen zu legen. Und ich meine wirklich alles. In Willow Creek sind wir zu dem Schluss gekommen, dass es keinen guten Grund gibt, geheimniskrämerisch in Bezug auf die Finanzen zu sein. Deshalb führen wir konsequent die Politik der offenen Bücher.

Am Visionsabend stelle ich der Gemeinde jedes Jahr das Budget vor, wie es der Gemeindevorstand beschlossen hat. Ich verwende dazu möglichst viele anschauliche Grafiken, um darzustellen, wo wir als Gemeinde stehen und wo wir in Zukunft hingehen möchten. Dann gebe ich Raum für Fragen und Antworten, und es gibt keine Frage, die nicht gestellt werden darf. Außerdem kann jeder einen detaillierten Kassenbericht bekommen, dem er entnehmen kann, wohin jeder einzelne Cent, der der *Willow Creek*-Gemeinde gespendet wurde, geflossen ist.

Wie Sie sehen, bin ich sehr für finanzielle Transparenz. Warum? Weil alles, was nicht völlig transparent ist, Anlass zu Misstrauen gibt. Und nichts dreht den Spendenhahn schneller zu als Misstrauen. Wenn es nichts zu verstecken gibt, warum dann ein Geheimnis daraus machen? Warum nicht einfach alles offen legen? In *Willow Creek* gibt es absolut nichts, wofür wir uns schämen, nichts, das wir verbergen müssen. Ich rate jedem Gemeindeleiter dringend, es ebenso zu halten.

Das Prinzip der Einfachheit

Die Erfahrung hat mich gelehrt, dass der Erzfeind des Spendensammelns die Kompliziertheit ist. Wenn ich von Gemeinden höre, die zahlreiche, gleichzeitig stattfindende Sammelaktionen starten – inklusive Autowäsche, Läufe für einen guten Zweck und Frühstücke, alles veranstaltet von miteinander konkurrierenden Dienstbereichen – möchte ich am liebsten eine Warnung loslassen: »Tun Sie es nicht!«

> Ich habe erlebt, dass Kompliziertheit eine der effektivsten Möglichkeiten ist, die Leute abzuschrecken. Es verwirrt sie nicht nur, sondern sie bekommen auch den Eindruck, dass die Gemeinde immer nur die Hand ausstreckt.

In Klammern gesagt: Ich bin der Überzeugung, dass die Hälfte der Sammelstrategien in diesen Gemeinden unbiblisch ist. Es tut mir Leid, aber so sehe ich es. Die Bibel lehrt an keiner Stelle, dass sich die Gemeinde durch Kuchenverkäufe oder Bingonachmittage finanzieren soll. (Und eigentlich tut es mir nicht wirklich Leid.)

Wer nach *Willow Creek* kommt, muss nur zwei Statistiken verstehen. Die eine ist unser veranschlagtes wöchentliches Budget im Vergleich mit der tatsächlichen wöchentlichen Kollekte. Jede Woche drucken wir diese beiden Zahlen in unserem Gemeindebrief ab, der bei den Gottesdiensten unter der Woche verteilt wird. Auf diese Weise kann jedes Gemeindemitglied genau verfolgen, wie es der Gemeinde finanziell geht.

Die zweite Statistik steht im Zusammenhang mit unserem Jahresziel. Jedes Jahr zwischen Thanksgiving und Weihnachten stellen wir der Gemeinde die besonderen Anliegen unserer Stadtmissions-Partnerschaften und des internationalen Arms der *Willow Creek Association* vor. Wir bitten die Gemeinde in diesem Zusammenhang auch, über den Zehnten hinaus zu geben, wenn es darum geht, Grundstücke zu erwerben oder wenn Bauprojekte anstehen. In dieser sechs Wochen dauernden Phase stellen wir jedes Jahr ein konkretes Ziel vor und informieren die Gemeinde jede Woche darüber, wie nahe wir dem Ziel schon sind. Aber wir dehnen diesen Prozess nicht über Monate aus, und wir bemühen uns mit allen Mitteln, es so einfach wie möglich zu halten.

Ich möchte hinzufügen, dass ich das Prinzip der Einfachheit auch anwende, wenn es um Informationen über finanzielle Angelegenheiten geht. Wenn ich einen Bericht vom Vorstand oder von der Finanzabteilung bekomme, den ich nicht verstehe, schicke ich ihn zurück. Ich erinnere sie, dass ich Pastor und nicht Buchprüfer bin und bitte um eine idiotensichere Version für mich. Wenn ich etwas schon nicht verstehe, wie soll ich dann in der Lage sein, die Gemeinde darüber zu informieren? Wie soll ich dann Frage-und-Antwort-Zeiten bewältigen, in denen es oft um finanzielle Angelegenheiten geht?

Wenn es um Finanzen geht, wirkt Kompliziertheit tödlich.

Vom Umgang mit »reichen Jünglingen«

In fast jeder Gemeinde gibt es Menschen, die viel Geld haben. Leider wissen die meisten Leiter nicht, wie sie mit solchen Menschen umgehen sollen.

Viele Pastoren sind von wohlhabenden Menschen so eingeschüchtert, dass sie sich von ihnen fern halten, um ihre eigene Unsicherheit zu verbergen. Andere machen sich solche Sorgen um ihre absolute Unvoreingenommenheit gegenüber denen, die haben, und denen, die nicht haben, dass sie wohlhabende Menschen wie die Pest meiden. Wieder andere verfolgen eher persönliche Ziele und machen sich an wohlhabende Leute in der Hoffnung heran, dass für sie selbst ein paar Vergünstigungen herausspringen – und vielleicht auch ein bisschen Geld für die Gemeinde.

Aber früher oder später muss sich jeder Leiter entscheiden, wie er mit Menschen umgehen will, die viele Mittel und Möglichkeiten haben. Ich habe mir im Lauf der Jahre angewöhnt, mich mit Menschen zu treffen, die über viele Mittel verfügen, und sie aufzufordern, ins Spiel zu kommen. Wenn Sie entfernt sind von Gott, versuche ich, sie wie jeden anderen Menschen auch in eine rettende Beziehung zu Jesus Christus zu führen. Wenn Sie geistlich unreif sind, helfe ich ihnen, geistlich zu wachsen. Wenn Sie Einzelgänger sind, ermutige ich sie, in eine Kleingruppe zu gehen, in der sie wahre Gemeinschaft erleben können. Wenn sie eher am Rand stehen, versuche ich ihnen zu helfen, ihre geistlichen Gaben zu entdecken, damit sie sich voll uns ganz ins Gemeindeleben integrieren können. Kurz gesagt mache ich sie zu Jüngern. Zwischendurch erinnere ich sie auch an die Worte Jesus. »Wem viel gegeben ist, von dem wird viel verlangt.«

Ich verfolge bei wohlhabenden Christen seit Jahren die Linie, dass mit einem großen Nettoverdienst auch eine große Verantwortung für das Reich Gottes einhergeht. Wenn mein Gegenüber dafür offen ist, erkläre ich genauer, was das bedeutet. Manche (aber nicht alle) wohlhabenden Menschen haben die geistliche Gabe des Gebens, aber nur wenige wissen, welche Auswirkungen das hat. Ich informiere sie darüber, dass die Bibel lehrt, dass Menschen mit der geistlichen Gabe des Gebens so viel Geld verdienen sollen, wie sie können, mit so wenig leben sollen, wie es ihnen möglich ist, und so viel Geld wie möglich in das Reich Gottes in dieser Welt fließen lassen sollen. Das ist das Wesentliche der geistlichen Gabe des Gebens (siehe Römer 12,8).

Leiter sollten mit wohlhabenden Menschen, die die Gabe des Gebens haben, engen Kontakt halten und sagen: »Gott gab Ihnen diese Gabe aus einem bestimmten Grund. Sie sind für die Weiterentwicklung und den vollen Einsatz dieser Gabe genauso verantwortlich, wie ich für die Gaben verantwortlich bin, die Gott mir gegeben hat.«

Vor vielen Jahren sprach ich in *Willow Creek* mit einem Mann, der von sich selbst sagte, die geistliche Gabe des Gebens zu haben. Vorher hatte er mir gegenüber einmal damit angegeben, dass er nur zwei Tage in der Woche arbeiten musste und den Rest der Zeit mit Golf spielen verbrachte. Vom Heiligen Geist veranlasst fragte ich ihn, ob er seine Gabe des Gebens entsprechend ihres vollen Potenzials entwickelte. Ich erklärte ihm, dass ich mit einem fast überwältigenden Gefühl der Verantwortung für die drei Gaben lebte, die Gott mir gegeben hatte: Leitung, Evangelisation und Lehre. Ich sagte ihm, wie sehr ich mich danach sehnte, eines Tages von Gott zu hören: »Gut gemacht, Bill. Du hast die Gaben, die ich dir anvertraut habe, optimal genutzt. Gut gemacht!«

Dann gab ich die Herausforderung an ihn weiter und fragte ihn, ob er bereit sei, seine Gabe des Gebens so ernst zu nehmen.

Es ehrt ihn, dass er diese Herausforderung annahm und begann, weit mehr als seinen Zehnten zu geben. In den letzten zehn Jahren nahm er mich an jedem Gottesdienst an Heiligabend beiseite und steckte mir einen Umschlag mit einem Scheck über einen ansehnlichen Betrag für unsere evangelistischen Dienste zu. »Solange Sie Ihre Gaben treu verwalten«, erklärt er mir jedes Mal dazu, »werde ich auch meine Gabe treu verwalten. Wir sitzen im gleichen Boot, Bruder.« Ich schreibe ihm jedes Mal zurück und bedanke mich bei ihm dafür, dass er seine Gabe ernst nimmt.

Zu den Aufgaben eines Leiters gehört es, Menschen mit der geistlichen Gabe des Gebens zu helfen, ins Spiel zu kommen und zu verstehen, dass sie Gott gegenüber verantwortlich sind für das Viele, was ihnen gegeben ist.

Jedes Mal, wenn ich einem »reichen Jüngling« helfen kann, von der Tyrannei der Habgier frei zu werden, damit er (oder sie) Mittel für das zur Verfügung stellen kann, was wirklich zählt, dann habe ich das Gefühl, von Gott zu etwas sehr Wichtigem gebraucht worden zu sein. Menschen, die zu Jüngern gemacht und herausgefordert wurden, ihre Gaben einzusetzen, können für den Rest ihres Lebens dem Reich Gottes immens viel Gutes tun.

Kürzlich erhielten wir eine der größten Einzelspenden, die wir jemals in der Geschichte der Gemeinde verzeichnen konnten. Sie kam von einer Einzelperson, die voll und ganz vom Auftrag der Gemeinde überzeugt ist. Als der Spender sah, wie die *Willow Creek Association* weltweit Gemeindeleiter schulte, wurde er zu dieser Spende motiviert. Mit seiner Erlaubnis drucke ich hier sein Begleitschreiben zu seiner Spende ab: »*In den letzten acht Monaten öffnete Gott mir die Augen in Bezug auf das Was und das Warum von Willow. Gleichzeitig lehrte er mich etwas, was für Sie schon lange Zeit selbstverständlich ist, nämlich dass die Ortsgemeinde die Hoffnung der Welt ist.*

Deshalb möchte ich zu denen gehören, die diese Phase des Ausbaus der Willow Creek Association finanziell fördern. Für mich ist es die Gelegenheit zu einer Spende, auf die ich lange gewartet habe. Nehmen Sie dieses Geld mit großer Liebe in Empfang und nutzen Sie es so, wie das Reich Gottes am meisten davon profitieren kann.«

Es gibt eine Menge Menschen wie diesen Mann, der uns dieses Schreiben beilegte, Menschen mit der Gabe des Gebens, die »lange gewartet haben«, bis sie etwas finden konnten, wovon sie überzeugt waren und was sie finanziell unterstützen wollten. Viele von ihnen hält nur zurück, dass sie nie in die Nachfolge geführt, nie ins Spiel eingeladen und nie herausgefordert worden sind, ihre Gabe ernst zu nehmen. Liebe Leiter, es ist unser Job, dies zu tun.

Das Visionsprinzip

Ich weiß nicht, ob Ihnen jemals aufgefallen ist, dass nur sehr wenige Menschen voller Begeisterung weltliche Bedürfnisse finanziell unterstützen. Ich mache ihnen deswegen keine Vorwürfe. Wenn sie so sind wie ich, dann möchten sie ihre eingeschränkten Mittel in eine Vision investieren, die mehr beinhaltet als die Stromrechnung zu bezahlen, die Vorräte aufzufüllen und den Kopierer der Gemeinde zu warten. Sie werden ihre jährliche Sonderspende an Weihnachten nicht in die Kollekte werfen, wenn sie nicht eine gewisse Sicherheit haben, dass dieses Geld einen wesentlichen Beitrag irgendwo in der Welt leistet. Sie wollen wissen, dass ihr hart verdientes Geld sinnvoll eingesetzt wird, um einen echten Dienst zu finanzieren, der einen Einfluss auf echte Menschen hat.

Während der letzten großen Spendenaktion von *Willow Creek* schrieben meine Frau und ich den größten Scheck unseres Lebens aus, und zwar mit großer Freude und Begeisterung. Warum? Weil wir aufrichtig davon überzeugt waren, dass dieses Geld Gutes tun würde. Wir wussten, dass ein Teil davon einen Erweiterungsbau auf unserem Gemeindegelände finanzieren würde; ein anderer Teil würde die Kosten einer regionalen Missionsstrategie tragen, durch die Tausende von Menschen im Großraum Chicagos erreicht werden sollten; ein Teil würde es den Dienstbereichen von *Willow Creek*, die sich um Menschen in üblen Verhältnissen kümmerten, ermöglichen, ihre Dienste auszuweiten; und der Rest schließlich würde der *Willow Creek Association* erlauben, mehr Gemeindeleiter auf der ganzen Welt zu schulen.

Wir wussten dies, weil die Führung der *Willow Creek*-Gemeinde eine klare Vision von der Zukunft der Gemeinde vermittelt hatte. Sie erzählte Geschichten, zeigte Bilder, spielte Lieder und führte uns in Gebetszeiten, die unsere Herzen für diese Anliegen brennen ließen. Als die Zeit gekommen war, unseren Scheck auszufüllen, war das einzig Frustrierende, dass wir nicht mehr tun konnten.

Das ist das Visionsprinzip in Aktion.

Menschen spenden nicht für Organisationen oder für Personen. Sie spenden für Visionen. Wenn Leiter dies verstehen und sich die Zeit nehmen, Bilder für Menschen zu malen und ihnen dabei zu helfen, das Gute zu sehen, das ihre gemeinschaftlichen Bemühungen im Reich Gottes bewirken kann, stellen Menschen ihre Mittel auch frei und mit Freude zur Verfügung. Und im Allgemeinen gilt: Je großartiger die Vision, desto großzügiger die Spenden.

Kürzlich forderte ich einen Mann, der neu in unserer Gemeinde war, dazu heraus, die *Willow Creek Association* zu unterstützen. Da er nicht genau wusste, welche Aufgaben die Association erfüllte, nahm er sich weise die Zeit, genau nachzufragen, was mit seinem Geld passieren würde. Bei einem gemeinsamen Mittagessen erklärte ich ihm unsere Vision.

»Wir möchten jeder Gemeinde auf der ganzen Welt helfen, ihr volles Erlösungspotenzial zu erreichen«, sagte ich. »Wir wollen erleben, dass Gemeinden von Leitern geführt, von Lehrern gelehrt und von Organisatoren verwaltet werden. Wir möchten Gemeindeleitern helfen, eine klare Missionsaussage und klare Werte zu formulieren, damit sie Menschen in ihrem Umfeld erreichen und sie zu geistlicher Reife führen können. Bis zu unserem letzten Atemzug möchten wir der Braut Christi dabei helfen, so stark zu werden, dass sie die Tore der Hölle überwinden kann.«

Als ich schließlich fertig war, waren seine Augen weit aufgerissen. »Das ist ganz schön umfassend!«, sagte er.

»Darauf können Sie Ihr Leben setzen«, antwortete ich. »Und wir brauchen ein paar umfassend arbeitende Investoren, die diese Vision Wirklichkeit werden lassen. Möchten Sie beten und herausfinden, ob Gott von Ihnen möchte, dass Sie uns dabei helfen?«

Er betete und Gott veranlasste ihn dazu, etwas von seinen Mitteln hinter unsere Vision zu stellen. Aber was wäre geschehen, wenn ich ihm erzählt hätte, unsere Vision sei, neue Gewänder für einen komatösen Gemeindechor bereitzustellen oder die Kirchenbänke neu zu polstern, die sowieso nur noch für Menschen existierten, die bereits überzeugt waren? Ich vermute, so eine Vision hätte sein Herz nicht gefangen genommen. Menschen lieben es, mitreißende, großartige, Gott die Ehre gebende Visionen zu unterstützen, um einen wichtigen Beitrag in dieser Welt leisten zu können.

Wenn Sie also Spenden für Ihre Ortsgemeinde sammeln, dann erinnern Sie die Leute daran, dass Sie an etwas bauen, was die Hoffnung der Welt repräsentiert. Vermitteln Sie Visionen, die begeistern, herausfordern und Gott ehren. Malen Sie den Leuten brillante Bilder vor Augen. Dann beten Sie wie verrückt und seien Sie vorbereitet – weil die Leute mehr geben werden, als Sie für möglich halten!

Bevor ich dieses Kapitel abschließe, möchte ich noch ein paar Richtlinien für die Finanzierung und Ausstattung von Gemeindemitarbeitern ausführen.

Faire Entlohnung

In Lukas 10,7 lehrt Jesus, dass ein Arbeiter ein Recht auf eine gerechte Entlohnung hat. Für Gemeindeleiter bedeutet dies, dass ihre Mitarbeiter fair zu entlohnen sind. Wer sich treu für die Gemeinde einsetzt und wesentliche Aufgaben übernimmt, sollte entsprechend bezahlt werden.

Meiner Meinung nach werden die Leute, die in der Kirche der Zukunft kompetente Führungspositionen übernehmen können, die meisten Gemeinden dazu zwingen, ihr bisheriges Entlohnungssystem komplett zu überdenken. Die Richtlinie der fairen Entlohnung brachte uns dazu, dies zu tun.

Nachdem wir unsere Mitarbeiter beurteilt hatten, kamen wir zu dem Ergebnis, dass wir viele kompetente, gottesfürchtige Leute hatten, die sich unermüdlich für das Reich Gottes einsetzten, deren Entlohnung aber bei weitem nicht ihrem Einsatz entsprach. Also setzten wir ein Komitee ein, das das gesamte Lohn- und Gehaltssystem überarbeiten sollte, bis wir schließlich Frieden darüber hatten, dass die Bezahlung fair war. Es dauerte zwar fast ein Jahr, bis dieser Prozess beendet war, aber unsere Ältesten und der Gemeindevorstand hatten das Gefühl, dass wir unseren Mitarbeitern diese sorgfältige Auswertung und die daraus folgenden Gehaltserhöhungen schuldeten.

Der Ochse ohne Maulkorb

In Deuteronomium 25,4 sagte Gott: »Du sollst dem Ochsen zum Dreschen keinen Maulkorb anlegen.« Auf die Gemeindesituation übertragen könnte man es so übersetzen: Stellen Sie Ihren Mitarbeitern die Mittel zur Verfügung, die sie brauchen, um das tun zu können, was Sie ihnen auftragen.

> Ein Leiter ist dafür verantwortlich, sicherzustellen, dass alle Mitarbeiter haben, was sie brauchen, um ihre Aufgaben gut erfüllen zu können. Der einzige Weg dorthin führt über die richtigen Fragen: »Was brauchen Sie, um die Wirkung Ihrer Arbeit multiplizieren zu können? Brauchen Sie mehr Raum? Mehr Geld? Bessere Ausrüstung? Mehr Schulung? Computer? Teilzeitkräfte zur Unterstützung?« Mitarbeiter müssen wissen, dass Sie alles in Ihrer Macht Stehende tun werden, um ihnen das zur Verfügung zu stellen, was sie brauchen, damit sie ihre Arbeit noch besser machen können.

In der Anfangszeit von *Willow Creek* war der Leiter des Dienstbereiches Musik sehr entnervt. Er hatte bei all unseren Gottesdiensten auf einem altersschwachen E-Piano aus zweiter Hand gespielt, bei dem ein paar Tasten nicht mehr funktionierten. Der Frust darüber brachte ihn fast um. Eines Tages hörte ich, wie er auf das Keyboard einschlug und brüllte: »Das ist Wahnsinn! Ich halte es nicht mehr aus! Wie kann man von mir erwarten, auf diesem Stück Müll gescheite Musik zu machen?«

Ich war nach wie vor der Überzeugung, dass seine Spezialstifte unnötig waren, aber selbst ich wusste, dass die Klaviersituation untragbar wurde. Ich ging von meinem Büro zu seinem winzigen Arbeitsplatz und sagte: »Dave, wenn du weiterhin Musik machst, dann werde ich versuchen, das Klavierproblem zu lösen. Gib mir nur etwas Zeit.«

Natürlich hatten wir kein Geld für ein Klavier. Wir zahlten immer noch wöchentlich 5 Dollar für unseren Teppichboden in den Büros. Also betete ich: »Gott, ich habe einen Kollegen mit einem Bedürfnis, das nur du erfüllen kannst. Bitte mach irgendwie etwas für uns.«

Ein paar Wochen später lud eine Familie, die neu in der Gemeinde war, Lynne und mich zum Essen ein. Ich kam in ihr Wohnzimmer, und da stand er – ein glänzender, schwarzer kleiner Flügel! Während des Essens konnte ich meinen Blick nicht von diesem Flügel lösen. Ab und zu, wenn das Gespräch das Thema Musik streifte, stellte ich eine Frage zum Flügel. »Wie lange haben Sie Ihren Flügel schon?« Und dann, ganz unverfänglich: »Spielt denn jemand von Ihnen den Flügel, oder haben Sie ihn nur zur Dekoration?« Lynne hielt die Luft an und begann, mich unter dem Tisch zu treten.

Am Ende des Abends sagte unser Gastgeber schließlich das, was ältere Menschen zu jungen, sich abmühenden Pastoren sagen: »Wenn es irgendetwas gibt, was wir für Sie tun können ...« Noch bevor er Zeit hatte, seinen Satz zu beenden, platzte es aus mir heraus: »Wir brauchen ein Klavier! Genauso eins wie das dort!« Lynne fiel fast in Ohnmacht. Sie hatte den schockierten Gesichtsausdruck, der besagte: »Ich glaube es nicht! Man kann diesen Kerl wirklich nirgendwohin mitnehmen!«

Aber etwa eine Woche später rief unser Gastgeber an und sagte, er und seine Frau hätten das Thema besprochen, und sie würden ihren Flügel gerne der Gemeinde schenken. Ihnen gefiel der Gedanke, dass ihr schönes Klavier Menschen in der Anbetung begleitete, statt dass es als Staubfänger in ihrem Wohnzimmer stand.

Ich werde nie den Tag vergessen, an dem sie einen Spediteur organisierten und den kleinen Flügel in unser Gemeindebüro bringen ließen. Der Ausdruck auf Daves Gesicht, als der Flügel über die Türschwelle rollte, sagte alles. Er staunte nicht nur darüber, dass Gott in seiner Gnade sich so schnell um sein großes Anliegen gekümmert hatte, er war auch mir zutiefst dankbar dafür, dass ich sein Bedürfnis ernst genommen und etwas gefunden hatte, was die Wirkung seiner Arbeit vervielfältigen konnte.

Die Bemühungen eines Leiters, seinen Mitarbeitern die nötigen Mittel zur Verfügung zu stellen, wirkt sich unausweichlich auf die

Moral und den Zusammenhalt von Teams aus. Sie vertiefen auch den Glauben des Leiters an Gottes Möglichkeiten, sich um die Bedürfnisse von Mitarbeitern zu kümmern. Immer und immer wieder habe ich erlebt, wie Gott die Fenster des Himmels öffnete, um alle möglichen Mittel für die Erleichterung der Arbeit unserer Mitarbeiter zur Verfügung zu stellen.

Doppelte Anerkennung

In 1 Timotheus 5,17 weist Paulus die Gemeinde an, denjenigen doppelte Anerkennung zu zollen, die gut leiten und lehren. Im heutigen Sprachgebrauch bedeutet das: »Küssen Sie Ihren wichtigsten Mitarbeitern die Füße. Finden Sie heraus, was sie begeistern würde, und setzen Sie Himmel und Erde in Bewegung, um sie damit zu segnen.«

Willow Creek hat unglaubliche Mitarbeiter. Gemäß dem Prinzip der doppelten Anerkennung haben mein Mitpastor und ich unter anderem arrangiert: extra Urlaubstage, angemessene Sondergehälter, interessante Reisen und außergewöhnliche Schulungsangebote. Ich achte ständig darauf, was den Mitarbeitern doppelte Anerkennung geben könnte, die ein besonders anstrengendes Dienstjahr hinter sich oder ein besonders anspruchsvolles Ziel erreicht haben.

Ich möchte nicht nur die Dienste meiner Mitarbeiter finanzieren. Ich möchte ihren Seelen etwas Gutes tun. Aus diesem Grund praktiziere ich das Prinzip der doppelten Anerkennung.

Pastorengehälter

In Bezug auf Pastorengehälter haben viele Menschen zwiespältige Gefühle. Manche denken sofort an den Apostel Paulus, der Zelte machte, um den ersten Christen finanziell nicht zur Last zu fallen. Viele dieser Leute, die sich auch oft in Gemeindevorständen finden, nenne ich auch gerne Puppenzelt-Leute. Sie erwarten von ihrem Pastor, dass er Puppenzelte macht, in Puppenzelten schläft, in Puppenzelten stirbt – Sie verstehen, was ich meine.

Im starken Kontrast zu den Puppenzelt-Leuten stehen diejenigen, die den Wohlstandspredigern aus dem Fernsehen glauben.

Älteste und Diakone dieser Couleur sind überzeugt, dass ein Pastor mit einem dicken Bankkonto – und oft einem dazu passenden Ego – sowohl Gott als auch der Gemeinde Ehre macht. Die Folge sind skandalöse Pastorengehälter und Vergünstigungen.

Die meisten Gemeindevorstände befinden sich irgendwo zwischen diesen beiden Extremen, und die meisten Pastoren sind sich genauso unschlüssig wie alle anderen auch. Auf der einen Seite glauben sie, dass sie um Christi Willen Opfer bringen müssen. Sie denken an die geistlichen Leiter vor ihnen, die tatsächlich ihr Blut für das Reich Gottes lassen mussten, und halten ihre Opfer dagegen für armselig. Auf der anderen Seite aber brauchen die Kinder eine Zahnspange, das Dach ist undicht und die Bremsen am Auto sollten erneuert werden. Wie kann ein Pastor ohne angemessene Bezahlung zurechtkommen?

Das Prinzip, auf das ich im Bezug auf die Bezahlung von Pastoren eingehen möchte, ist das Prinzip der Weisheit. Jesus selbst hat es eingeführt: »Seid weise wie die Schlangen«, sagte er, »und sanft wie die Tauben« (Matthäus 10,16).

Dieses Prinzip fordert jeden, der an der Gehaltsdiskussion ein Mitspracherecht hat, zu nüchterner und altmodischer Weisheit auf. Dazu gehört, sorgfältig alle Variablen unter die Lupe zu nehmen, die Einfluss auf das Gehalt des Pastors haben: Wie groß ist die Gemeinde? Wie viele Mitarbeiter hat die Gemeinde? Wie viel Verantwortung trägt der Pastor? Wie viele Jahre versieht er seinen Dienst schon treu? Hat der Pastor seine Lehr- und Führungsfähigkeiten ständig verbessert? Gibt es besondere familiäre Erfordernisse? Und so weiter.

Die Umsetzung dieses Prinzips geht davon aus, dass geisterfüllte Menschen offen, liebevoll und konstruktiv über diese Themen sprechen, bis jeder am Tisch (einschließlich des Pastors) zustimmt, bis alle aufrichtig sagen können: »Wir haben gemeinsam Gottes Weisheit gesucht, und wir glauben, dass er uns hier geführt hat.« Ziel ist ein reichliches, aber nicht skandalöses Gehalt für den Pastor, das auch den kritischen Test von Menschen innerhalb und außerhalb der Gemeinde bestehen kann.

Ich möchte dieses Kapitel mit einer sehr persönlichen Bemerkung abschließen. In den 27 Jahren, in denen ich Pastor der *Willow Creek*-Gemeinde bin, wurde ich immer sehr zuvorkommend von den Ältesten und dem Gemeindevorstand behandelt. In den ersten Jahren der Gemeinde konnten sie mir kein Gehalt zahlen, und das brach ihnen das Herz. Als es der Gemeinde finanziell besser ging, entlohnten sie mich voller Freude im Einklang mit dem Prinzip der Weisheit.

Zusätzlich zu einem angemessenen Gehalt versorgte *Willow Creek* mich und meine Familie mit einer guten Krankenversicherung und medizinischen Versorgung sowie einer großzügigen Rentenversicherung. Sie hat mir außerdem einen adäquaten Arbeitsplatz und die Mittel zur Verfügung gestellt, die ich zur Predigtvorbereitung brauche, und mir Fortbildungen ermöglicht, die mir als Leiter und Lehrer weitergeholfen haben. So weit ich mich erinnern kann, lautete die Antwort immer »Ja«, wenn ich um etwas bat, was für meinen Dienst förderlich war.

Außerdem kann ich über ein kleines Spesenkonto verfügen, damit ich haupt- und ehrenamtliche Mitarbeiter ab und zu zum Essen einladen kann, um ihnen für ihren Einsatz meine Wertschätzung auszudrücken. (Sie kontrollieren dieses Spesenkonto wie die Habichte, und es wurde in den letzten 15 Jahren auch nicht aufgestockt, aber es existiert!) Mir steht durch ein Abkommen mit einem lokalen Autohändler außerdem immer ein zuverlässiges Transportmittel zur Verfügung. Und schließlich habe ich die beste Assistentin der Welt bekommen, die mir dabei hilft, das zu tun, was ich tue.

Aber mehr als alles schätze ich wohl die jährliche Sommerstudienpause. Vor vielen Jahren fing ich mit einer einzigen Woche an; heute bin ich normalerweise fast 8 Wochen nicht in meinem Büro in der Gemeinde. Während dieser Wochen kümmere ich mich weiterhin per Telefon, Fax, E-Mail und außerhalb des Büros stattfindenden Teamtreffen um die Gemeinde, aber mein Arbeitspensum ist stark reduziert und lässt mir viel Zeit zum Lesen, zur Entspannung und zur Beziehungspflege. Diese Zeit gibt mir nicht nur neue emotionale, körperliche und geistliche Kraft, sondern war – im Nachhinein betrachtet – auch der Faktor, der entscheidend zum Gelingen meines Familienlebens beigetragen hat. Ich bin überzeugt, dass einer der Gründe, warum meine heute erwachsenen

Kinder Gott und die Gemeinde, warum sie Lynne und mich und einander lieben, die Tatsache ist, dass wir jeden Sommer ihrer Kindheit Zeit hatten, als Familie gemeinsam zu entspannen.

Ich betrachte mich als den gesegnetsten Pastor auf der ganzen Welt. Die Fürsorge, die ich in all diesen Jahren empfangen habe, motiviert mich, im Gegenzug mehr Zeit und Energie in die Gemeinde zu investieren. Sollte es so nicht sein? Ich sehne mich nach dem Tag, an dem jeder Pastor jeder Gemeinde genauso behandelt wird, wie ich es erlebe, und auch dieselbe Dankbarkeit und Motivation wie ich in sich spürt.

Wie lässt sich dieses Kapitel zusammenfassen? Der Kerngedanke ist wohl dieser:

Schrecken Sie als Leiter nicht vor finanziellen Herausforderungen zurück. Stürzen Sie sich hinein. Lassen Sie Gott Ihren Glauben dadurch stärken. Und dann träumen Sie mit mir von dem Tag, an dem auf der ganzen Welt ein Strom von finanziellen Mitteln die Gemeinden überflutet, und das Reich Gottes wachsen und blühen kann.

6

Führungsnachwuchs ausbilden: Wenn Leiter Mentoren werden

Mir macht heute fast nichts so viel Spaß, als mich mit ein paar anderen Leitern und Führungskräften an einem interessanten Ort zu verkriechen und mit ihnen zusammen knifflige Fragen zum Thema Führung zu lösen. Eine Frage, die ich gerne in unseren Gesprächen stelle, lautet: »Wann erreichen Leiter ihre Vollendung?« Diese Frage löst jedes Mal lebhafte Diskussionen aus, zum Teil auch deshalb, weil es darauf viele mögliche Antworten gibt.

Normalerweise äußert jemand zum Einstieg die Ansicht, dass ein Leiter dann in Höchstform ist, wenn er gewisse Führungsfunktionen gut erfüllt – also Visionen vermittelt, die Gott die Ehre geben, Teams aufbaut, Ziele setzt, Probleme löst und Spenden sammelt. Wenn Leiter vorbildlich leiten, *dann* sind sie wirklich herausragend.

Jemand anderes erinnert die Gruppe dann schnell daran, dass zu Leitung mehr gehört, als nur bestimmte Fähigkeiten an den Tag zu legen. Leiter müssen Charakter beweisen. Wenn Leiter Eigenschaften wie Vertrauenswürdigkeit, Gerechtigkeitsempfinden, Demut, Einsatzbereitschaft und Ausdauer über einen langen Zeitraum hinweg zeigen und sich standhaft in Krisen erweisen, *dann* sind Leiter wirklich in Höchstform.

Etwa zu diesem Zeitpunkt meldet sich eine andere Stimme, die ergänzt, dass mehr als alles andere die geistliche Komponente zählt. Leiter sind dann am besten, wenn sie mit Gott zusammenarbeiten. Wenn sie sich voller Demut vor dem himmlischen Vater verbeugen, seine Souveränität anerkennen, auf sein Reden hören, sich seiner Führung unterordnen und dann seine Anweisungen mutig ausführen, *dann* erreichen Leiter ihre Vollendung.

Wenn der Energiepegel im Raum hoch genug ist, werfe ich meine eigene Meinung in die Debatte: »Ich denke, dass Leiter dann am besten sind, wenn sie angehende Leiter in ihrem Umfeld ausbilden. Oder anders formuliert: Leiter sind dann in Höchstform, wenn sie um sich herum eine Führungskultur schaffen.«

Wenn ich einen Leiter sehe, dessen Radar ständig darauf eingestellt ist, potenziellen Nachwuchs auszumachen, oder wenn ich einen älteren Leiter sehe, der seine Zeit und Energie in das Coaching und Mentoring eines jungen Leiters investiert, dann bin ich davon überzeugt, Führung in Vollendung zusehen.

Ich bin auch der Überzeugung, dass Leiter dies zu einer ihrer höchsten Prioritäten machen sollten. Warum? Weil nur wahre Leiter andere Leiter ausbilden und eine Führungskultur aufbauen können. Lehrer und Prediger sind dazu nicht in der Lage. Organisatoren können es nicht. Menschen mit der Gabe der Barmherzigkeit schaffen es nicht. Nur Leiter können die Wirkung von Leitung und Führung multiplizieren, indem sie weitere Führungskräfte ausbilden.

Denken Sie darüber nach.

Wenn ein Leiter nicht nur sein persönliches Führungspotenzial ausweitet, sondern auch das Führungspotenzial von anderen Leitern fördert, multipliziert sich die Wirkung, die das Leben eines Leiters auf das Reich Gottes hat. Dadurch entsteht weit mehr Frucht, als durch die Arbeit eines einzigen Leiters möglich wäre. Die Folgen werden noch Generationen später zu spüren sein. Können Sie nachvollziehen, warum dies für mich Leitung in Vollendung definiert?

In diesem Kapitel möchte ich erklären, wie ein Leiter eine Führungskultur schaffen und ein Vermächtnis an gut ausgebildeten Leitern hinterlassen kann.

Leiterausbildung erfordert eine Vision

So etwas Wichtiges kann nicht ohne eine Vision erreicht werden. Glauben Sie mir – Leiterausbildung geschieht niemals zufällig. Sie findet nur statt, wenn ein Leiter eine glühende Vision dafür hat, wenn sich sein Herzschlag alleine bei dem Gedanken daran beschleunigt, einen stetigen Strom kompetenter Leiter in das System der Organisation oder Gemeinde »einzuspeisen«.

Bevor wir in *Willow Creek* eine klare Vision für die Ausbildung von Leitern hatten, gingen wir in die Falle, in die viele Gemeinden geraten: Die Falle der dringlichen Erfordernisse. Jahrelang zielten fast alle unsere Bemühungen darauf ab, die unmittelbaren Herausforderungen des nächsten Gottesdienstes, der nächsten evangelistischen Veranstaltung, der nächsten Aktion zugunsten von Menschen in Armut, des nächsten Bauprojektes zu bestehen. Wir hielten nur selten lange genug inne, um uns Gedanken über Führungsnachwuchs zu machen. *Wie wollen wir Leiter finden? Wer wird sie ausbilden? Werden sie in der Lage sein, die Herausforderungen von Morgen zu bestehen?*

Glauben Sie mir, in Organisationen, die ein hohes Tempo vorlegen und sehr intensiv arbeiten – und auf die meisten Gemeinden innerhalb der *Willow Creek Association* und in anderen Gemeindeverbänden, die ich kenne, trifft diese Beschreibung zu –, wird die Ausbildung von Leitern und Führungskräften immer am Ende der Tagesordnung zu finden sein, wenn reife Leiter sie nicht an die Spitze bringen.

Dieser Bereich ist für uns in *Willow Creek* momentan eine Wachstumsbremse. Wir haben zwar endlich eine Vision für die Leiterausbildung entwickelt, aber wir befinden uns immer noch im Anfangsstadium der Umsetzung dieser Vision. Einige unserer wichtigsten Leiter stehen voll und ganz hinter dieser Vision, andere zögern noch. Kürzlich verwendete eine Gruppe von Beratern von außerhalb den Begriff »ein notwendiges Ärgernis«, um zu beschreiben, wie viele unserer Mitarbeiter den Bereich Leiterausbildung betrachten. Auch wenn es entmutigend war zu hören, dass sie Ausbildung von Führungsnachwuchs als lästig betrachteten, so war es doch ein Schritt in die richtige Richtung, dass sie sie immerhin als notwendig empfanden.

Vor ein paar Jahren schwelgte ich mit unserem Leiter der Kleingruppenarbeit in Erinnerungen an die Feier zum 20. Geburtstag von *Willow Creek*, die in einer großen Halle im Zentrum Chicagos stattgefunden hatte. Er sagte: »Wäre es nicht etwas, wenn wir eines Tages so viele Kleingruppen hätten, dass wir das *United Center* für unser jährliches Kleingruppenleiter-Treffen anmieten müssten? Kannst du dir vorstellen, 20.000 Kleingruppenleiter zu haben?« Für mich war diese Vorstellung wie ein Adrenalinstoß.

Stellen Sie sich vor, wie stark eine Gemeinde wäre, wenn sie in allen Bereichen genug kompetente Leiter hätte, von der Kleingruppenarbeit über die Kinderarbeit bis zum Bereich Jüngerschaft. Das wird aber nur geschehen, wenn Leiter eine mitreißende Vision ausbilden. In *Willow* sind wir noch weit davon entfernt, riesige Hallen für unsere Kleingruppenleiter anmieten zu müssen, aber jedes Jahr sind wir auf der Suche nach größeren Räumlichkeiten, wenn wir unseren stetig wachsenden Leiterkern unterbringen wollen. Und wer weiß, vielleicht verbringen wir nach 10 oder 15 Jahren konsequenter Leiterausbildung doch mal ein Treffen im *United Center*.

Eine Vision zu schaffen, ist natürlich nur der Anfang. Die nächste Herausforderung besteht darin, eine Strategie zu entwerfen, wie diese Vision Realität werden kann. Um unserem Denken in dieser Richtung etwas auf die Sprünge zu helfen, lassen Sie mich Ihnen eine Frage stellen: Wie kam es dazu, dass Sie Leiter wurden?

Auf diese Frage gibt es viele mögliche Antworten, aber in meinen Gesprächen mit vielen Leitern habe ich drei Gemeinsamkeiten festgestellt. Diese Themen bilden die Basis für eine praktische Strategie zur Ausbildung von Führungsnachwuchs.

Potenzial erkennen

Egal, ob Sie sich daran erinnern oder nicht, sehr wahrscheinlich hat in Ihrer Vergangenheit jemand etwas in Ihnen erkannt, das Ihnen selbst vermutlich nicht einmal bewusst war. Diese Person legte Ihnen eine Hand auf die Schulter und sagte: »Ich denke, Sie könnten eine Führungspersönlichkeit sein.«

Für mich war diese Person mein Vater. Schon als ich noch ein kleiner Junge war, sagte er mir, dass ich ein Leiter sei. Um auf diesem Potenzial aufzubauen, setzte er mich bereits in sehr jungen Jahren absichtlich allen möglichen Herausforderungen und auch hoch riskanten Situationen aus. Seine Abschiedsworte lauteten immer: »Du bist eine Führernatur. Du wirst es schon schaffen.« Ich vermute ja, dass dies für ihn die Entschuldigung dafür war, dass er mich nicht coachen oder mir irgendetwas beibringen musste. Sein Schnellkurs für Führungskräfte bestand darin, mich ins tiefe Ende des Schwimmbeckens zu werfen und zu rufen: »Geh unter oder schwimm!«

Jahre später sah der Leiter eines christlichen Ferienlagers Führungspotenzial in mir. Er schickte mich in den Fortgeschrittenenkurs für Führungskräfte, indem er mich als Teenager zum Leiter für andere Leiter einsetzte. Ich weiß noch, wie ich seine Einschätzung in Frage stellte. Ich fragte ihn, warum andere Leiter, die doppelt so alt wie ich waren, meinen Aufforderungen Folge leisten sollten. Er sagte: »Bill, Leiter zu sein ist etwas, das mehr mit Fähigkeiten als mit dem Alter zu tun hat. Du bist ein kompetenter Leiter, und Leute jeden Alters werden deinen Anweisungen folgen.« Dieser Rat leistete mir gute Dienste und kam mir in den Anfangsjahren von *Willow Creek* oft in den Sinn.

Denken Sie zurück. Fing es bei Ihnen nicht auch so an? Entdeckte nicht jemand in Ihnen Führungspotenzial und forderte Sie dazu auf, die Herausforderung anzunehmen?

In einen Menschen investieren

Als zweiten Punkt nennen Leiter und Führungskräfte häufig die Tatsache, dass jemand Zeit in sie investiert hat. Vielleicht hat uns die Person, die als erste Führungspotenzial in uns entdeckte, auch ausgebildet. Oder vielleicht übernahm irgendjemand anderes auf unserem Weg den Part der Ausbildung. Aber jeder von uns gelangte an den Punkt, an dem wir heute stehen, nur deswegen, weil jemand in uns investierte, uns coachte und uns zeigte, wie man führt.

Vor Jahren wurde Dr. Gilbert Bilezikian, der Collegedozent, dessen mitreißende Vision von der Urgemeinde mich in die Gemeindearbeit führte, auch zu einem wichtigen Mentor für mich. Er lehrte mich alles über einen dienenden Führungsstil, über den Einsatz (und die Gefahren) von Macht, über Konfliktmanagement und über das Erzielen von Konsensentscheidungen in Teams. Ich frage mich oft, wo ich heute als Leiter stehen würde, hätte er mir in meinen Anfangsjahren nicht diese unschätzbar wertvollen Lektionen vermittelt.

Alle effektiven Führungspersönlichkeiten, mit denen ich jemals gesprochen habe, können mir jemanden nennen, der Zeit und Energie opferte, um sie voranzubringen. Das Geschenk, das diese Menschen uns machen, sollten wir nie als selbstverständlich betrachten.

Nach einem langen Arbeitstag lief ich vor kurzem über den Parkplatz zu meinem Auto. Aus der Ferne sah ich Dr. Bilezikian. Ich stieg in mein Auto und fuhr neben ihn. »Gil, ich war fast noch ein Kind, als Sie einwilligten, mich nach dem Seminar im Trinity College zu treffen. Ich war fast noch ein Kind, als Sie mich zu sich nach Hause nach Wheaton einluden, mir etwas zu essen kochten und mit mir unzählige Stunden über die Kirche sprachen. Ich war fast noch ein Kind, als Sie mir erlaubten, Sie auch noch spätabends anzurufen, wenn ich Probleme mit meinen Führungsaufgaben hatte. Aber diese Investition hat mein Leben verändert.«

Er lächelte breit und sagte mit einem Augenzwinkern: »Ach ... Sie sind immer noch fast ein Kind! Aber danke!«

Wir dürfen nicht vergessen, wer sich auf so wertvolle Weise in unsere Entwicklung als Leiter eingebracht hat, und wir sollten diese Personen in Ehren halten. Dann sollten wir uns von unseren Erinnerungen motivieren lassen und dieselbe Rolle für andere Leiter spielen.

Verantwortung anvertrauen

Leiter und Führungskräfte erwähnen übereinstimmend einen dritten Punkt, wenn man sie nach ihrem Werdegang als Leiter befragt. Irgendjemand ging das Risiko ein und sagte: »Hier ist das Staffelholz. Ich denke, Sie sind weit genug, um ins Rennen zu gehen. Hier ist eine Führungsposition. Ich bin zuversichtlich, dass Sie sie ausfüllen können.« Im besten Fall bot er uns noch etwas Coaching an, als wir zum ersten Mal an den Start gingen und behielt das lange genug bei, um sicherzustellen, dass wir auch Erfolg hatten. Aber Leiter werden erst dann zu Leitern, wenn ihnen jemand das Staffelholz in die Hand drückt und sagt: »Los!«

Ein Strategieplan zur Ausbildung von Führungsnachwuchs muss also diese drei Bereiche berücksichtigen:

1. Angehende Leiter identifizieren
2. Sich in der Ausbildung aufstrebender Leiter engagieren
3. Aufstrebenden Leitern Verantwortung übertragen

Jesu Plan zur Leiterausbildung

Soweit ich in der Bibel sehen kann, durchlief Jesus diese drei Phasen, als er seine Jünger und andere potenzielle Führungskräfte ausbildete.

Beschäftigen wir uns zuerst mit der Auswahl seiner Jünger.

> Jesus sagte nicht einfach: »Hier ist eine Linie. Die ersten zwölf Leute, die über die Linie treten, nehme ich.« Nein, er wählte seine Jünger sorgfältig aus. Er nahm sich Zeit und betete intensiv, bevor er sie auswählte. Er wusste, dass er ihnen in nicht allzu ferner Zukunft die Führung der neutestamentlichen Kirche übertragen würde. Er musste sicher sein, Leute auszuwählen, die das Potenzial hatten, dieser Verantwortung gerecht werden zu können.

Nachdem Jesus alle zwölf Jünger ausgewählt hatte, stieg er sehr schnell in eine sehr intensive Zeit ein, in der er sich in ihr Leben investierte. Er verbrachte sehr viel Zeit mit ihnen. Er lehrte sie. Er förderte sie. Er konfrontierte sie mit ihren Schwächen. Er motivierte sie. Er tadelte sie. Er inspirierte sie.

Monate später, als er wusste, dass der richtige Zeitpunkt gekommen war, ging er zur dritten Phase der Leiterausbildung über. Er vertraute ihnen echte Verantwortung an und coachte sie so lange, bis sie effektiv arbeiteten.

Sein Plan funktionierte tadellos und ist es wert, nachgeahmt zu werden.

Ich frage mich manchmal, wie viel Einfluss die Kirche in dieser Welt hätte, wenn sich Gemeindeleiter bewusster um die Ausbildung von Führungsnachwuchs kümmern würden. Mehr Leiter könnten mehr Dienste ins Leben rufen, die mehr Bedürfnissen begegnen könnten. Mehr Leben könnten geistlich verändert werden. Mehr Ehen und Familien könnten Heilung erfahren. Mehr Mittel könnten an die Armen weitergegeben werden. Können Sie sich das überhaupt vorstellen? In 20 Jahren könnte die Welt völlig anders aussehen.

Aber das alles wird nicht geschehen, wenn wir uns nicht bewusst darum bemühen, potenzielle Leiter zu finden und auszubilden.

Auf den nächsten Seiten möchte ich auf die Eigenschaften eingehen, auf die ich bei aufstrebenden Leitern achte.

Erste notwendige Eigenschaft: Einfluss

Potenzielle Leiter haben immer eine natürliche Fähigkeit, andere Menschen zu beeinflussen. Selbst wenn sie gar nicht die Absicht haben, Menschen anzuleiten, üben sie automatisch Einfluss aus.

Ich muss mich nicht lange in einer beliebigen Gruppe von Menschen aufhalten, bis ich die Männer und Frauen identifizieren kann, die den Rest der Gruppe beeinflussen. Es zeigt sich daran, wessen Ideen die Aufmerksamkeit der anderen erregen, wessen Vorschläge aufgegriffen werden, wessen Rat am meisten respektiert wird.

Führung ist im Wesentlichen Einfluss. Deshalb halte ich immer nach Menschen Ausschau, die die Fähigkeit haben, die Menschen in ihrem Umfeld zu beeinflussen.

Zweite Eigenschaft: Charakter

Vielen einflussreichen Menschen fehlt der Charakter, um ihren Einfluss wirklich konstruktiv einzusetzen. Wenn ich auf jemanden stoße, der Einfluss hat, versuche ich zu erkennen, ob er die Aufrichtigkeit, die Demut, die Stabilität, die Lernbereitschaft und die Integrität hat, diese Möglichkeiten gut zu verwalten. Da ich in der Regel nach Gemeindeleitern suche, möchte ich Beweise für ernsthaften Glauben, Unterordnung unter den Heiligen Geist und Hingabe an das Wort Gottes sehen.

Wenn ich jemandem begegne, der sowohl Einfluss als auch einen soliden Charakter zu haben scheint, intensiviere ich meine Suche nach den verbleibenden drei Eigenschaften.

Dritte Eigenschaft: Soziale Kompetenz

Meine Definition von sozialer Kompetenz schließt die Sensibilität für das Denken und die Gefühle anderer Menschen ein, sowie die Fähigkeit zuzuhören – und zwar *wirklich* zuzuhören –, welche Ideen der andere hat. Ich suche nach Menschen, die andere als mehr als nur ein Mittel zum Zweck betrachten.

Vor ein paar Jahren war ich mit einem Mann essen, den viele für den nächsten Direktor des Disney-Konzerns hielten. Was mich mehr als seine anderen beeindruckenden Führungsfähigkeiten für ihn einnahm, war seine Beziehungsfähigkeit. Er hörte gut zu und machte anderen Teammitgliedern Komplimente, die von Herzen kamen. Er würde jeden Test, der die soziale Kompetenz bewertet, mit fliegenden Fahnen bestehen.

Topleiter müssen sozial kompetent sein. Sie müssen in der Lage sein, gewinnend mit ganz unterschiedlichen Menschen, mit schwierigen Persönlichkeiten, mit Machtfragen und Selbstwertproblemen umzugehen. Aus diesem Grund achte ich immer auf Leiter mit gut entwickelten sozialen Fähigkeiten.

Vierte Eigenschaft: Tatendrang

Ich suche auch nach handlungsorientierten Menschen, die gern die Initiative ergreifen. Solche Leute sind im Restaurant oft die ersten, die sagen: »Lasst uns bestellen, damit sich hier was tut.«

Ich wurde einmal vom Direktor einer sehr großen Firma eingeladen, mit ihm und seinem Team zu Abend zu essen. Er hatte ein sehr teures Restaurant ausgewählt und ein Nebenzimmer reserviert. Dieses äußerst feine Etablissement trug alle Symbole erlesenen Speisens, inklusive eines Obers im Frack, der einen starken europäischen Akzent besaß und ein weißes Handtuch über den Arm drapiert hatte. Offensichtlich sah dieser Mann in uns ein unfreiwilliges Publikum, denn er begann mit einer längeren Rede über die Geschichte des Restaurants, über kürzlich durchgeführte Renovierungen und über die wundervolle kulinarische Erfahrung, die uns bevorstand.

Ich dachte, der gastgebende Direktor würde aus der Haut fahren. Das Essen war nur einer von fünf Tagesordnungspunkten, die er an diesem Abend bewältigen musste. Schließlich hielt er es nicht länger aus. Er unterbrach die Werberede und sagte: »Entschuldigen Sie. Es tut mir Leid, Sie unterbrechen zu müssen, aber wir sind ein wenig in Eile. Würden Sie bitte in die Küche gehen und uns bringen, was gerade heiß ist, damit wir essen können? Ihre Küche ist anerkanntermaßen ausgezeichnet, deshalb ist mir egal, was Sie bringen, solange Sie es schnell bringen. Vielen Dank.«

Dieser Direktor wollte nicht grob sein. Aber er war nicht bereit, die Länge dieser kulinarischen Erfahrung die anderen Tagesordnungspunkte in Gefahr bringen zu lassen, die an diesem Abend ihre Aufmerksamkeit forderten. Also handelte er sofort. Er veranlasste eine Änderung der bestehenden Pläne. Ich will damit nicht sagen, dass an ausgedehnten Mahlzeiten etwas falsch ist; zum richtigen Zeitpunkt können sie wunderbar sein. Ich möchte nur zum Ausdruck bringen, dass gute Führungskräfte Dinge voranbringen.

Im Straßenverkehr verbringen handlungsorientierte Menschen den größten Teil ihrer Zeit auf der Überholspur. Im Supermarkt ziehen sie die Lebensmittel aus dem Regal, ohne auch nur eine Minute nachzudenken. Schließlich wollen sie so schnell wie möglich fertig werden, damit sie sich etwas Wichtigerem als ihrem Einkauf zuwenden können.

Ich erkläre potenziellen Mitarbeitern von *Willow Creek* oft, dass ich nicht nach 50-Watt-Birnen suche. Ich suche auch nicht nach 75-Watt-Birnen. Ich suche nach 100-Watt-Birnen, die zur Not die ganze Nacht brennen können. Ich rede von Tatendrang. Ich rede von Menschen, die so viel Energie haben, dass sie andere mit ihrer Leidenschaft anstecken, ohne sich darum bemühen zu müssen.

Mein Lebensvers ist 1 Korinther 15,58: »Seid standhaft und unerschütterlich, nehmt immer eifriger am Werk des Herrn teil.« Ich suche nach Leitern, die den nötigen Tatendrang haben, um immer eifriger am Werk des Herrn teilhaben zu können. Wenn ich solche Menschen finde, bin ich hoch motiviert, meine Zeit und Energie in ihre Ausbildung zu investieren.

Letzte Eigenschaft: Intelligenz

Wenn ich sage, dass mir Intelligenz wichtig ist, heißt das nicht, dass ich nach einem hohen IQ suche. Ich achte bei potenziellen Leitern vielmehr auf eine gewisse geistige Gewandtheit. Ich suche nach Menschen mit Cleverness, mit der Art von Grips, die man braucht, um viele Informationen zu verarbeiten, zu sichten, alle Optionen abzuwägen und im Allgemeinen die richtigen Entscheidungen zu treffen. Ich suche auch nach Menschen, die lernbegierig und neugierig sind – die über »intellektuelle Elastizität« verfügen, wie ich es nenne – und auf Dauer Neues lernen und sich weiterentwickeln können.

Diese fünf Eigenschaften, die Leiter auszeichnen – Einfluss, Charakter, soziale Kompetenz, Tatendrang und Intelligenz –, stellen natürlich keine erschöpfende Liste dar.
Aber sie bilden einen guten Rahmen für eine erste Beurteilung. Wenn ich Menschen mit allen oder den meisten dieser Eigenschaften finde, überlege ich, wie ich sie in meinen Dunstkreis bekommen kann, damit ich sie besser kennen lernen und meine ersten Beobachtungen verifizieren kann. Wenn ich merke, dass sie aus dem Holz geschnitzt sind, nach dem ich suche, bemühe ich mich nach Kräften, sie so bald wie möglich weiter auszubilden.

Im Folgenden geht es darum, wie Sie selbst einen Ausbildungsplan für angehende Leiter durchführen können.

Phase 1: Erstellen Sie Ihre eigene Liste der fünf wichtigsten Eigenschaften eines Leiters

Ich möchte Ihnen eine Vorgehensweise vorschlagen, wie Sie ein Ausbildungskonzept für angehende Leiter für Ihre eigene Situation maßschneidern können. Um die Eigenschaften zu definieren, die Ihnen bei einer angehenden Führungspersönlichkeit wichtig sind, können Sie beispielsweise die Liste nehmen, die ich Ihnen hier vorgestellt habe, und damit ein Treffen Ihres Gemeindevorstandes bestreiten. Gemeinsam können Sie entscheiden, ob die Kriterien, die ich verwende, in Ihrer Situation angemessen sind. Ergänzen Sie die Liste oder streichen Sie Kriterien, ganz wie Ihr Team entscheidet. Ziel der Übung ist für Sie und Ihr Team, die Kriterien festzulegen, die Ihnen in Zukunft dabei helfen werden, angehende Leiter in Ihrem Umfeld zu identifizieren.

Zweitens schlage ich Ihnen etwas vor, was wir vor kurzem während eines Treffens des Gemeindevorstands gemacht haben: Wir gingen ans Flipchart, schrieben oben über einen Bogen: »Angehende Leiter in *Willow Creek*« und baten die Teammitglieder, die Namen von ihnen bekannten Menschen mit Führungspotenzial zu nennen. Innerhalb einer halben Stunde hatten wir mehrere Seiten mit Namen von potenziellen angehenden Leitern beschrieben. Danach diskutierten wir eine Stunde lang, wie wir diese Menschen ausbilden könnten, um ihnen zu helfen, ihr volles Führungspotenzial zu erreichen.

Phase 2: Investieren Sie in angehende Leiter

Wenn Ihre Liste mit den fünf wichtigsten Kriterien für einen angehenden Leiter erstellt ist und Sie Menschen mit Führungspotenzial identifiziert haben, geht es als nächsten Schritt darum, in diese Menschen zu investieren. Hier geht es um bewusste Ausbildung und Training.

Wie dies genau auszusehen hat, um effektiv zu sein, ist eine heiß diskutierte Frage mit vielen Theorien zum Thema Ausbildung von Leitungs- und Führungskräften. Ich habe Dutzende von

Büchern zu diesem Thema gelesen, und selbst Experten sind unterschiedlicher Meinung. Die einen sind für Ausbildung strikt nach Lehrplan: »Stecken Sie sie in ein Klassenzimmer. Bringen Sie ihnen bei, wie man führt.«

Andere Experten sagen: »Quatsch. Vergessen Sie das Klassenzimmer. Sinnvoll ist nur ein Mentoring-Prozess. Leiter brauchen *Training on the job.*«

Wieder andere Experten geben den Rat: »Identifizieren Sie einfach Leute mit hohem Führungspotenzial und geben Sie ihnen einen Job, dann werden sie schon von selbst erkennen, was es bedeutet, ein Leiter zu sein.« (Das war der Ansatz meines Vaters; das Kind einfach ins kalte Wasser werfen und sehen, wie es wieder herauskommt.)

Auch wenn die Theorien in Bezug auf die Ausbildung von Leitern und Führungskräften weit auseinander gehen, ist doch so viel sicher: Nur ein Leiter kann einen anderen Leiter ausbilden. Da können Sie sicher sein. Leiter lernen am besten von anderen Führungspersönlichkeiten.

Ich zögere gewöhnlich, wenn ich gebeten werde, mich an Ausbildungsprogrammen für Leiter zu beteiligen. »Wie soll das aussehen?«, frage ich dann nach. Wenn die typische Antwort kommt – »Wir werden Hans Müller einladen (meist mit einem Doktortitel in irgendetwas), um zum Thema Leitung und Führung zu sprechen« –, dann erkläre ich, was ich immer erkläre: »Die meisten wirklich guten Leiter haben vermutlich keine Lust, an diesem Programm teilzunehmen, weil Hans Müller kein Leiter ist. Er ist Dozent. Er mag ein guter Lehrer sein, aber er hat keine persönliche Leitungserfahrung. Echte Leiter wollen mehr als blanke Theorie vorgesetzt bekommen. Sie wollen mit anderen Leitern zu tun haben, die mitten in der Praxis stehen und schon ein paar Blessuren davongetragen haben.«

Damit angehende Leiter erfahren, weise und effektiv werden können, brauchen Sie Kontakt und Austausch mit altgedienten Leitern. Das kann auf unterschiedlichste Weise stattfinden, aber es ist unabdingbar. Zur Zeit Jesu war es Usus, dass angehende Leiter dem erfahrenen Leiter einfach überallhin folgten. Man sprach miteinander, legte Wegstrecken gemeinsam zurück, aß miteinander und schlief in benachbarten Zelten. Man verbrachte Monate, manchmal auch Jahre, in diesem Lehrverhältnis. So machte sich der angehende Leiter die Vision und die Werte des erfahrenen Leiters auf eine Weise zu Eigen, die ihm für den Rest seines Lebens gute Dienste leistete.

Auch wenn dieser Ansatz der Leiterausbildung sehr zeitintensiv war, so war er doch sehr effektiv. Ich glaube nicht, dass im Lauf der Jahrhunderte ein besserer Ansatz entdeckt wurde. Der moderne Lebensstil und Berufsalltag lassen diesen Ansatz, oberflächlich betrachtet, unpraktisch wirken. Aber Tatsache ist, dass sich persönliche Investitionen durch nichts ersetzen lassen. Wer mehr Erfahrung im Bereich Leiten und Führen hat, lebt so, dass er immer noch Zeit aussparen kann, in der er sich in die nächste Generation von Leitern investieren kann. Es ist unsere Verantwortung. Wir schaden der Kirche und unserer Welt, wenn wir diese Verantwortung nicht ernst nehmen.

Ich war schockiert, als ich erfuhr, dass Jack Welch, der frühere Direktor von *General Electric*, fast (sitzen Sie gut?) 30 Prozent seiner Zeit damit verbrachte, angehende Führungskräfte bei General Electric zu betreuen. 30 Prozent!

In meinen Interviews und Gesprächen mit Top-Führungskräften aus der Wirtschaft überraschte mich immer wieder am meisten, wie viel von ihrer Zeit sie der Ausbildung von Nachwuchskräften widmen.

Jim Mellado, der Präsident der *Willow Creek Association*, ließ uns in dieser Hinsicht keine Ruhe. Er drängte mich unermüdlich, mehr von meiner Zeit in das Mentoring von Pastoren und Leitern zu stecken, die hohes Potenzial erkennen ließen. In den letzten Jahren habe ich also meinen Zeitaufwand hierfür verdoppelt. Im Augenblick verbringe ich etwa 10 Tage im Jahr mit dem Mentoring von Gruppen angehender Gemeindeleiter.

An jedem dieser Mentoring-Tage treffe ich mich mit einer Gruppe von zehn oder zwölf Leitern. Der Tag ist nur locker strukturiert. Zum Einstieg berichte ich über ein paar Lektionen, die ich neu gelernt habe. Dann gebe ich Raum für Gespräch und Diskussion, und wir verbringen des Rest des Tages damit, einander zu helfen, die Leitungs- und Führungsherausforderungen zu bewältigen, in denen wir gerade stehen.

Dieses Konzept geht immer auf. Nach diesen Tagen fahre ich in der Überzeugung nach Hause, den wertvollsten Beitrag für das Reich Gottes geleistet zu haben, der an diesem Tag möglich war. Wenn ein Feedback kommt, ist es meistens so bewegend, dass Jim Mellado es mir, seinen Mitarbeitern und dem Vorstand der WCA vorliest, um zu demonstrieren, wie wichtig die Ausbildung und Förderung von Leitern und Führungskräften ist. Diese Mentoring-Tage gehören von allen Veranstaltungen, die wir durchführen, zu den am positivsten bewerteten.

Wie sich erfahrene Leiter und Führungskräfte in angehende Leiter investieren, variiert sehr stark. Manche Leiter (wie ich) fangen vielleicht damit an, Mentor für kleine Gruppen von jungen Leitern zu sein. Andere entwickeln Materialien, die man in Mentoring-Situationen einsetzen kann. Und wieder andere halten Vorträge oder schreiben Bücher zum Thema Leitung und Führung.

Aber egal welchen Weg wir wählen, eins bleibt doch festzuhalten: Leiter und Führungskräfte lernen am besten von anderen Leitern. Erfahrene Leiter stehen in der Pflicht, die notwendigen Angebote zu schaffen, damit die nächste Generation von Leitern und Führungskräften geschult und auf die Anforderungen der Zukunft vorbereitet werden kann.

Phase 3: Übertragen Sie angehenden Leitern Verantwortung

Fragen Sie Experten für die Ausbildung von Führungskräften, was der beste Katalysator für das Wachstum eines Leiters ist, und sie werden einstimmig antworten: »Lassen Sie ihn etwas leiten.« Niemand kann Führungserfahrung bekommen, wenn er nicht tatsächlichen Herausforderungen ausgesetzt ist.

Nachdem Jesus seine angehenden Leiter ausgewählt und in sie investiert hatte, kam der Augenblick, als er sagte: »Packt eure Sachen, Leute. Jetzt wird es ernst. Jetzt geht es um alles oder nichts. Jetzt geht es um Untergehen oder Schwimmen.«

Und Jesus gab sich keine Mühe, die Herausforderung, die seinen Jüngern bevorstand, auf ein Minimum zu reduzieren. Erinnern Sie sich an seine Worte in Matthäus 10,16? »Ich sende euch wie Schafe unter die Wölfe.« Was sagte Jesus da? »Es ist wirklich ernst. Die Anforderungen sind hoch. Die Gefahr des Scheiterns ist real. Und ich werde euch nicht vor allen Gefahren und Risiken beschützen. Ihr müsst losgehen. Ihr müsst Leitungsverantwortung übernehmen.« Und seine Jünger stellten sich der Herausforderung.

Wenn wir angehende Leiter identifiziert, sie ausgebildet und angemessen vorbereitet haben, müssen wir ihnen echte Verantwortung übertragen. Wir müssen ihnen wirklich wichtige Aufgaben anvertrauen – nicht irgendwelche kleinen Möchtegern-Jobs oder wenig herausfordernde Dinge –, sondern etwas, was ihren Puls wirklich beschleunigt; etwas, das ihnen das Gefühl vermittelt, dass man an sie glaubt und sie schätzt; etwas, das sie auf die Knie gehen und Gott um Hilfe anflehen lässt; etwas, das von ihnen das Beste fordert, was sie zu geben haben.

Tatsache ist, dass wir Leiter und Führungspersönlichkeiten von hoch angesetzten Herausforderungen leben. Wir sehnen uns geradezu nach Zielen, die uns nach Luft schnappen lassen. Das gilt nicht für Menschen ohne die Gabe der Leitung; sie versuchen im Allgemeinen, die Herausforderung und das damit verbundene Stressniveau möglichst niedrig zu halten. Aber Leiter suchen nach Herausforderungen, die ihnen alles abverlangen, was sie zu geben haben. Alles, was geringer ausfällt, wirkt auf sie demotivierend. Deshalb schulden wir unseren angehenden Leitern begeisternde, stark fordernde Möglichkeiten, sich für das Reich Gottes einzusetzen.

Auf der ganzen Welt begegnen mir in Gemeinden kompetente hauptamtliche und hoch motivierte ehrenamtliche Mitarbeiter. Bei diesen Menschen quillt Leitungs- und Führungspotenzial aus allen Poren; man nimmt es schon aus der Ferne wahr. Aber viele dieser Menschen haben noch nie erlebt, dass man ihnen eine wirklich große Herausforderung in der Gemeinde anvertraut. Wenn ich zum

Thema Leitung und Führung zu ihnen spreche, sehe ich in ihren Augen die vertraute Sehnsucht. Ich weiß, was sie denken: »Wenn sich nur mal jemand um mich kümmern würde, wenn mich nur mal jemand ausbilden würde, wenn mir nur mal jemand eine Chance geben würde – ich weiß, dass ich etwas in Bewegung setzen könnte. Ich weiß, ich könnte etwas leiten, was sich wirklich zu leiten lohnt. Und ich würde alles in meiner Macht Stehende tun, um diese Aufgabe wirkungsvoll auszuführen. Wenn mir doch nur jemand die Gelegenheit dazu gäbe!«

Ein befreundeter Geschäftsmann rief mich kürzlich an: »Ich habe Gott heute Morgen für dich gedankt. Ich schätze am meisten an dir, Bill, dass du mich von der Ersatzbank geholt hast. Du hast mich aufgefordert, mich aufzumachen und mich vorzubereiten. Schließlich gabst du mir eine echte Aufgabe in der Gemeinde. Und ich war davon begeistert. Deshalb wollte ich dir heute einfach mal dafür danken, dass du mich ins Spiel geholt hast. Bis dann!« Und er legte auf.

Ich werde mich noch lange an diesen Anruf erinnern.

Sie und ich erleben dann Leitung in ihrer Vollendung, wenn wir angehenden Leitern und Führungskräften herausfordernde, die Seele in Wallung bringende Aufgaben übertragen; wenn wir diesen angehenden Leitern zur Seite stehen und sie anfeuern; wenn wir ihnen helfen, Probleme zu lösen, und für sie beten; und wenn wir sie so coachen, dass sie zunehmend effektiv arbeiten können. Darin zeigen sich Führungsqualitäten in Vollendung.

Was mir als Leiter auf Dauer Antrieb gibt

Mich motiviert es mehr als alles andere, wenn ich Leiter sehe, denen ich bei ihrem Weg geholfen habe. Ich liebe es zu sehen, wenn Menschen, in die ich meine Zeit und Energie investiert habe, Frucht in ihrer Arbeit bringen, einen positiven Einfluss auf andere ausüben, Gott verherrlichen und Spaß an ihrer Arbeit haben.

Sue Miller gehört zu den Menschen, die mich motivieren, mich weiter in angehende Leiter und Führungspersönlichkeiten zu investieren. Vor vielen Jahren kam Sue, eine ehemalige Lehrerin, in unseren Mitarbeiterstamm, um *Promiseland*, die Arbeit mit Kindern unserer Gemeinde, zu leiten. Nachdem sie Hunderte von ehrenamtlichen Mitarbeitern ausgebildet und bahnbrechende Materialien für die Arbeit mit Kindern entwickelt hatte, übernahm sie die Leitung einer weltweiten Bewegung, die sich die Kinderarbeit in Gemeinden auf die Fahne geschrieben hat. Vor ein paar Monaten schaute ich in ein Seminar hinein, das Sue für 3.000 Kindermitarbeiter aus der ganzen Welt hielt. Ich hielt mich im Hintergrund, dachte über Sues Entwicklung als Leiterin nach und heulte mir dabei fast die Augen aus vor Rührung.

Genauso geht es mir mit Menschen wie Jon Rasmussen. Er war ein Geschäftsmann, der zu unserer Gemeinde gehörte und dachte, nicht viel bieten zu können. Aber ich war anderer Ansicht. Deshalb verbrachte ich Zeit mit ihm, schulte ihn und ermutigte ihn zu glauben, dass Gott ihm Gaben geschenkt hatte. Schließlich übernahm er die Leitung eines großen Bauprojektes in *Willow Creek* – und somit die Verantwortung für Hunderttausende von Quadratmetern und Millionen von Dollars. Jon dabei zu beobachten, wie er sehr effektiv und voller Freude mit dieser Aufgabe umging, war eine der erfüllendsten Erfahrungen meines Lebens.

Und dann ist da noch unsere Programmdirektorin Nancy Beach. Ich lernte Nancy als 15-jährige Schülerin kennen, die gerade dabei war zu erkennen, dass sie eine ausnehmende Führungsbegabung hatte. Im Laufe der Jahre konnte ich beobachten, wie sie viele Künstler nach *Willow* brachte und dann Christen auf der ganzen Welt dazu inspirierte, ihre künstlerischen Begabungen für das Reich Gottes einzusetzen. Das hätte ich um keinen Preis verpassen wollen.

Was gibt mir als Leiter auf Dauer Auftrieb? Einen Anwalt zu erleben, der seine lukrative Praxis aufgibt, um eine Kleingruppen-Revolution hier in *Willow* und auf der ganzen Welt durchzuführen. Einen Werkzeugmacher und Schlosser dabei zu erleben, wie er sein Engagement in seiner Firma zurückfährt, um dazu beizutragen, die Gemeinden in Deutschland wiederzubeleben. Einen Absolventen der *Harvard Business School* zu erleben, der sein Leben einsetzt, um als Leiter der *Willow Creek Association* die Kirche weltweit zu erneuern.

Nichts gibt meinem Boot mehr Auftrieb als solche Erlebnisse. Natürlich genieße ich immer noch die Herausforderung, mich selbst Führungsaufgaben zu stellen. Aber je älter ich werde, desto mehr wird mir klar, welche Möglichkeiten und welche Verantwortung ich habe, anderen Leitern dabei zu helfen, ihre Nische zu finden und ihr volles Potenzial auszuschöpfen.

Die nächste Generation von Leitungskräften

Vor kurzem wurde mein Kontakt mit der nächsten Generation von Leitern sehr persönlich. Nachdem meine Tochter Shauna das College abgeschlossen hatte, fühlte sie sich dazu berufen, bei *Student Impact*, der Schülerarbeit unserer Gemeinde mitzuarbeiten. Vor ein paar Monaten trafen sie und ihr Team sich bei uns zu Hause, um ihre erste Freizeit für 500 Schüler vorzubereiten. Sie verbrachten viele Stunden damit zu planen und zu beten, wie sie die Freizeitaktivitäten organisieren sollten, wie sie die Gottesdienste strukturieren sollten und wie sie den Schülern auf eine Weise etwas von Gott erzählen konnten, die für sie relevant war.

Am Wochenende, an dem die Freizeit stattfand, war klar, dass Gott gewirkt hatte. Hunderte von Schülern fühlten sich angesprochen, viele trafen die feste Entscheidung für den Glauben, Freundschaften wurden geschlossen und vertieft.

Nach der Freizeit fuhr Shauna 300 Kilometer um den Michigan-See herum, nur um zu mir in unser Ferienhaus zu kommen und mir alles zu erzählen. Tränen liefen ihr über das Gesicht, als sie beschrieb, wie das Wirken Gottes spürbar gewesen war. Ich weiß genau, was sie erlebt hatte. Ich erinnere mich noch gut, wie es für mich als junger Leiter war, wenn etwas, das ich geplant hatte, am Ende viel erfolgreicher war, als ich mir in meinen kühnsten Plänen ausgemalt hatte. Ich weiß noch sehr genau, dass dabei das Herz eines angehenden Leiters dahinschmelzen kann.

Zu erleben, wie Gott durch mich und meine Führungsbegabung wirkt, erschüttert mich von Zeit zu Zeit noch immer zutiefst. Aber dasselbe an meiner Tochter zu sehen – zu sehen, wie die nächste Generation von Leitern die Flügel ausspannt und zu fliegen beginnt –, das ist wirklich Leitung in ihrer höchsten Vollendung.

Welche Herausforderungen auch immer in den kommenden Jahren vor unseren Gemeinden liegen mögen, hoffe ich, wir können sie voller Zuversicht und in dem Wissen angehen, dass wir weise genug waren, um rechtzeitig in die nächste Generation zu investieren. Erfahrene Leiter müssen um sich herum eine Führungskultur schaffen. Wir müssen angehende Leiter identifizieren, uns einbringen, ihnen verantwortungsvolle Aufgaben in der Gemeinde übertragen und sie so coachen, dass sie immer effektiver arbeiten können. Dann werden wir alle erleben, wie es ist, wenn sie die Flügel aufspannen und losfliegen.

Das ist Leitung in ihrer höchsten Vollendung.

7

Die persönliche Leitungsgabe entdecken und entwickeln: Der Schlüssel zu erfolgreicher Leitung

Sein Gesichtsausdruck sprach Bände. Als ich ihm die Hand auf die Schulter legte und sagte: »Sie haben das Zeug dazu, ein Leiter zu sein. Sie sollten Ihr von Gott gegebenes Potenzial weiterentwickeln«, antwortete er, indem er wortlos den Kopf schüttelte, auch wenn er über die Möglichkeit lächeln musste. Ich konnte den Grund für seine zwiespältige Antwort erahnen. In seinen Augen war ein Leiter jemand, der voller Selbstvertrauen vor vielen Menschen stand, Visionen vermittelte und die Massen mobilisierte – ein Mensch, der dazu geboren war, in der Öffentlichkeit zu stehen. Er passte einfach nicht in dieses Bild, dachte er.

Und es stimmte. Nicht in dieses spezielle Bild. Aber ich hatte mich nicht in ihm getäuscht. Er war tatsächlich ein Leiter.

Im Laufe der Jahre habe ich gelernt, dass Führungsqualitäten viele Gesichter haben. Der Mann, in dem ich Führungspotenzial entdeckt hatte, hatte einfach eine andere Art von Leitungsbegabung, die nicht dem gängigen Klischee entsprach, mit dem er sich verglichen hatte. Als sein Leitertyp aber auf eine dazu passende Aufgabe in seiner Gemeinde traf, wurde er zu einem Leiter, dessen Arbeit große Wirkung hatte.

Unterschiedliche Leitungsgaben sind das Thema eines Buches von Garry Wills mit dem Titel *A Certain Trumpet*. In diesem Buch beschreibt Wills verschiedene Leitertypen und stellt die Theorie auf, dass in der Geschichte viele Menschen deshalb so ungewöhnlich großen Erfolg hatten, weil ihre spezielle Begabung perfekt zu einem konkreten Bedürfnis in der Gesellschaft passte.

Wenn eine bestimmte Gesellschaftsschicht sich beispielsweise von dem Joch der Unterdrückung befreien will, ist ein radikaler Leiter gefordert – ein Leiter, der Dinge verändern kann.

In der amerikanischen Gesellschaft war Harriet Tubman so eine Frau. Als entflohene Sklavin wurde sie zu einer der aktivsten Leiterinnen oder »Begleiterinnen« der Untergrundbewegung, die Sklaven zur Flucht verhalf. Respektvoll auch »Mose« genannt, hatte sie großen Einfluss, weil ihr Führungsstil das voremanzipatorische Bedürfnis der Gesellschaft nach einem Leiter stillte, der selbst genug riskierte, um das Ziel der Befreiung voll und ganz vertreten zu können.

Was für eine Führungspersönlichkeit entspricht den Bedürfnissen der komplexen pluralistischen Demokratie der Vereinigten Staaten am besten? Wills argumentiert, dass Menschen wie Lee Iacocca oder Norman Schwarzkopf – Personen mit einem autoritären Führungsstil – momentan katastrophal wären. Besser geeignet wäre jemand, der Schritt für Schritt einen Konsens auf einer breiten Basis erzielen und schließlich eine breite Koalition bilden könnte. Aus diesem Grund waren Männer wie Washington, Lincoln und Roosevelt so beliebt und effektiv in ihrer Arbeit. Ihr Leitertyp passte ausgezeichnet zu den Anforderungen einer komplexen pluralistischen Gesellschaft.

Wills behauptet, dass in Kriegszeiten ein militärischer Führungsstil am besten funktioniert; das war der Grund, warum Napoleon bis an die Spitze aufstieg. In Zeiten starker ideologischer Unsicherheiten ist eine Gesellschaft am besten mit einem intellektuellen Leiter bedient, der ihr dabei helfen kann, auf kollektiver Ebene komplizierte Themen zu durchdenken. Ein Beispiel für eine intellektuelle Führungspersönlichkeit ist Vaclav Havel, der Dramatiker und Menschenrechtler, der nach dem Zusammenbruch des Kommunismus zum Präsidenten der Tschechoslowakei und später der Tschechischen Republik gewählt wurde. Er wirkte als moralische und ethische Triebkraft in der Politik seines Landes.

Wills faszinierender Ansatz untermauert eine Beobachtung, die ich seit vielen Jahren in Gemeinden mache:

Verschiedene Leiter führen oft mit völlig unterschiedlichen Stilen. Soweit ich erkennen kann, haben alle die geistliche Gabe der Leitung, aber sie drücken diese Gabe auf sehr unterschiedliche Weise aus. Dazu kommt, dass manche Leitertypen besser als andere zu bestimmten Bedürfnissen in einer Gemeinde passen. Ich bin mehr und mehr davon überzeugt, dass Leiter, deren Arbeit große Wirkung zeigt, diesen Einfluss oft nicht nur haben, weil sie ausnehmend begabt sind, sondern auch weil ihre spezielle Leitungsgabe perfekt zu ihrem Dienstbereich passt.

Daraus folgt, dass das Erkennen und die Weiterentwicklung der persönlichen Leitungsbegabung ein wichtiger Schlüssel für das effektive Arbeiten eines Leiters ist.

Wenn Sie dieses Kapitel lesen, möchte ich Sie bitten, Ihren eigenen Leitertyp herauszufinden sowie die Leitungsgaben der anderen Leiter in Ihrem Team zu bestimmen. Überlegen Sie dann, wie Sie noch wirkungsvoller arbeiten können, indem Sie Ihre jeweiligen Gaben mit konkreten Aufgaben in der Gemeinde abstimmen.

1. Der visionäre Leitertyp

Eine visionäre Führungspersönlichkeit zeichnet sich dadurch aus, dass sie kristallklar vor Augen hat, wie die Zukunft aussehen könnte. So ein Leiter vermittelt mitreißende Visionen und bemüht sich unermüdlich darum, diese Visionen Realität werden zu lassen.

Visionäre Leiter appellieren, ohne zu zögern an jeden, sich ihrer Vision anzuschließen. Sie sprechen davon, sie schreiben darüber und sind selbst glühend von ihrer Vision überzeugt. Sie sind idealistisch, glaubensstark und voll und ganz der Überzeugung, dass sie ihre Vision nur deutlich genug und oft genug vermitteln müssen, um sie Realität werden zu lassen. Sie lassen sich nicht leicht entmutigen oder abschrecken. Wenn man ihnen sagt, dass ihre Vision nicht umsetzbar ist, gießt man damit nur Öl ins Feuer ihrer Begeisterung. Auf Opposition reagieren sie, indem sie sich auf die Hinterbeine stellen und nur noch lauter ihre Vision verkünden. Stellen Sie so jemanden vor die Mannschaft, und sie werden alle in Ihre Vision eintauchen.

Visionäre Führungspersönlichkeiten können (müssen aber nicht) die natürliche Fähigkeit haben, Teams zu bilden, Talente zu sammeln, Ziele zu setzen oder durch den Prozess bis zur Umsetzung der Vision zu führen. Um auf lange Sicht aber effektiv arbeiten zu können, brauchen sie entweder andere Menschen, die ihnen dabei helfen können, oder aber sie müssen hart daran arbeiten, diejenigen Fähigkeiten zu erlernen, die ihrem Wesen nicht so entsprechen. Aber eines ist sicher: Sie tragen die Vision, sie vermitteln die Vision, sie nehmen Menschen mit in diese Vision hinein, und sie werden alles tun, um diese Vision erfüllt zu sehen.

Kennen Sie jemanden mit einer visionären Leitungsbegabung? Sie selbst oder jemand aus Ihrem Team?

2. Der direktive Leitertyp

Der direktive Typ ist weniger bekannt, aber ausnehmend wichtig. Die Stärke eines Leiters mit dieser Art von Leitungsgabe ist seine unerschütterliche, von Gott gegebene Fähigkeit, den richtigen Weg für eine Organisation zu wählen, wenn sie an einen wichtigen Scheideweg kommt.

Was versteht man darunter?

Ein wichtiger Scheideweg ist ein Punkt, an dem eine Organisation, ein Dienstbereich oder eine Gemeinde die Frage stellt: »Sollen wir den bisherigen Kurs beibehalten oder ist es an der Zeit für eine grundlegende Veränderung? Sollen wir uns auf Wachstum oder auf Konsolidierung konzentrieren? Sollen wir neue Dienstbereiche einrichten oder die bestehenden ausweiten? Sollen wir ein neues Gebäude errichten, das alte renovieren oder umziehen? Sollen wir einen eigenen Gottesdienst für die Generation X ins Leben rufen oder stärker daran arbeiten, junge Menschen in unsere bestehenden Angebote zu integrieren? Brauchen wir neue Mitarbeiter oder können wir mit denen weiterarbeiten, die uns bis hierher begleitet haben? Welchen Kurs sollen wir einschlagen?«

Diese Fragen betreffen grundsätzliche Richtungsentscheidungen und sind so schwer wiegend, dass sie eine Gemeinde oder einen Dienstbereich oft lähmen.

Aber ein Leiter mit einem direktiven Typ ist in der Lage, alle Optionen abzuwägen. Er kann die Werte einer Organisation prüfen, den Auftrag, die Stärken, die Schwächen, die zur Verfügung stehenden Mittel, das Personal und die Offenheit für Veränderung. Ein direktiver Leiter kann eine Gemeinde oder einen Dienstbereich mit bemerkenswerter Weisheit in die richtige Richtung lenken.

Diese Leitungsgabe ist äußerst wichtig, weil Fehler an wichtigen Wegkreuzungen ganze Organisationen in die Katastrophe stürzen können. Im Alten Testament wird kurz nach Salomons Tod sein Sohn Rehoboam König. Fast sofort stand dem neuen König die erste kritische Herausforderung bevor. Abgesandte des Volkes kamen zu ihm und forderten die Verminderung der Arbeitslast. Salomon hatte das Volk bis zur Erschöpfung arbeiten lassen. Würde Rehoboam dasselbe tun?

Als Rehoboam seine Berater zu Rate zog, bekam er unterschiedliche Ratschläge. Während ihm die älteren Berater empfahlen, die Last zu vermindern, konterten die jüngeren mit dem Gegenteil. Leider hörte er auf die jüngeren Berater und traf an einem entscheidenden Punkt die falsche Entscheidung. Sie zerstörte das Königreich.

Eine Wegscheide. Eine Entscheidung. An diesen kritischen Punkten kann für eine Gemeinde oder einen Dienst so viel auf dem Spiel stehen.

Direktive Leiter können (müssen aber nicht) gute Organisatoren sein, sicher vor einem Publikum stehen und in der Öffentlichkeit ihre Führungsfunktion ausüben. Aber ihre besondere Begabung leistet einen äußerst wichtigen Beitrag.

In unserem Gemeindevorstand gibt es zwei Personen, mit denen ich mich zuerst privat berate, bevor ich an einem wichtigen Punkt eine Entscheidung treffe. Wenn ich auch die Vorschläge aller Vorstandsmitglieder sehr schätze, fühle ich mich doch sehr unwohl, mich in wichtigen Dingen in eine bestimmte Richtung zu bewegen, solange ich von diesen beiden kein grünes Licht erhalten habe. In meinen Anfangsjahren als Pastor traf ich zweimal eine Entscheidung gegen den Rat dieser beiden Männer. Damals wusste ich noch nicht, wie viel Bedeutung diesem Leitertyp zukommt. Beide Male musste *Willow Creek* einen hohen Preis bezahlen. Seitdem habe ich gelernt, mich auf erfahrene direktive Leiter zu verlassen.

Interessanterweise fühlt sich keiner dieser beiden Männer wohl, wenn er öffentlich sprechen muss. Keiner von beiden zeigt viele typische Merkmale einer Führungspersönlichkeit. Aber sie haben unschlagbare direktive Fähigkeiten. Sie gehören zu den heimlichen Helden von *Willow Creek*.

3. Der strategische Leitertyp

Menschen mit einer strategischen Leitungsgabe haben die von Gott gegebene Fähigkeit, eine mitreißende Vision zu nehmen und in eine Reihe von aufeinander folgenden, erreichbaren Schritten zu gliedern. Diese Leitungsgabe ermöglicht es einer Organisation, ihren Auftrag zielgerichtet zu erfüllen.

Visionen begeistern Menschen. Sie inspirieren Menschen. Sie bringen Menschen in Bewegung. Aber wenn sie keine Fortschritte bei der Erfüllung der Vision sehen, werden sie irgendwann zu dem Schluss kommen, dass derjenige, der die Vision vermittelt hat, nur ein Träumer ist, und ihre Moral wird sinken.

Strategisch orientierte Leiter stellen einen Plan auf, der für jeden verständlich ist und der alle einbezieht. Dann fordern sie andere dazu auf, den Plan in Aktion umzusetzen. Sie halten alle an, sich nicht auf Nebengleise zu begeben, sich nicht ablenken zu lassen, einen Fuß vor den anderen zu setzen und jeden Tag das zu tun, was notwendig ist, um den Plan umzusetzen. Ihr Credo ist: *Wer sich an den Plan hält, wird das Ziel erreichen.* Und genau das geschieht unter einem strategischen Leiter.

Ein strategischer Leiter wird sich außerdem bemühen, die verschiedenen Dienstbereiche einer Organisation unter einen Hut zu bringen, damit sich die Energie der gesamten Organisation auf die Realisierung der Vision konzentriert.

In den 1990er Jahren hatte ich das Gefühl, es sei an der Zeit für einen 5-Jahres-Plan in *Willow Creek*. Doch wusste ich auch, dass ich nicht der richtige Mann dafür war. Warum? Ich bin als Stratege nicht gut genug. Deshalb bat ich meinen Mitpastor Greg Hopkins, diese Aufgabe zu übernehmen, weil er in unserem Team derjenige mit dem ausgeprägtesten strategischen Typ ist. Er entwarf und präsentierte den Plan nicht nur, sondern managte auch die ganze Umsetzung. Niemand aus unserem Team war für diese Rolle besser geeignet.

Jede Gemeinde und jede Organisation braucht jemanden, der dieses wichtige strategische Element beisteuert.

4. Der managende Leitertyp

Mancher Autor zum Thema Leitung und Führung hält den Begriff »managender Führungsstil« für ein Oxymoron, und zwar deshalb, weil manche Experten eine klare Unterscheidung zwischen den Aufgaben von Leitern und von Managern treffen. Man sagt oft, dass »Leiter die richtigen Dinge tun, während Manager die Dinge richtig tun«. Ich bin mit manchen Unterscheidungen, die in der Regel zwischen Leitern und Managern getroffen werden, einverstanden. Aber mit einem »managenden Typ« beschreibe ich einen Leiter mit der Fähigkeit, Menschen, Prozesse und Mittel so zu organisieren, dass der gestellte Auftrag erfüllt werden kann.

Der managende Leiter ist begeistert bei dem Gedanken, Ordnung ins Chaos bringen zu dürfen. Er findet tiefe Befriedigung darin, einen Prozess zu beobachten, Feinheiten zu ändern, und Teammitglieder durch das Setzen von Meilensteinen auf dem Weg zum Ziel zu motivieren.

Es ist überraschend, wie viele visionäre Leiter unfähig dazu sind, Menschen, Prozesse und Geld zu managen. Es ist auch überraschend, wie viele direktive und strategische Leiter nicht in der Lage sind, tatsächlich alle beteiligten Personen, Pläne und Mittel so einzusetzen, dass die Ziele der Organisation erreicht werden. In den Leitungsgremien von *Willow Creek* sage ich oft: »Früher oder später wird jemand das alles managen müssen.« Da wir immer einen Überfluss an visionären, direktiven und strategischen Leitern hatten, aber immer einen Mangel an managenden Leitern, neigen wir dazu, eine Menge Ideen zu produzieren, bei denen leider niemand in der Lage ist oder sich berufen fühlt, sie tatsächlich umzusetzen.

Managende Leiter ziehen selten dieselbe Aufmerksamkeit auf sich wie diejenigen, die inspirierende Visionen weitergeben, kritische Entscheidungen treffen oder die strategischen Pläne umsetzen. Aber im Tagesgeschäft muss jemand Menschen und Fortschritte managen, um eine Organisation ihren Zielen näher zu bringen.

Meine Wertschätzung für Leiter mit einer managenden Begabung steigt zunehmend. Ich suche heute vermehrt nach Menschen, die mit diesem Typ ihren Beitrag für die Gemeinde und die *Willow Creek Association* leisten können.

Meiner Ansicht nach war Josef aus dem Alten Testament ein herausragender managender Leiter. Auch Nehemia. Diese Männer organisierten sehr gut und konnten dadurch riesige Aufgaben erfüllen.

5. Der motivierende Leitertyp

Leiter mit dem motivierenden Typ haben die von Gott gegebene Fähigkeit, ihre Mitstreiter ständig anzufeuern. Sie achten darauf, ob jemand schlapp macht, und reagieren sofort, indem sie diejenigen, die es am nötigsten haben, auf die richtige Weise neu inspirieren. Sie spüren, wer öffentliche Anerkennung braucht und wem ein persönliches Wort der Ermutigung ausreicht.

Sie scheinen genau zu wissen, wann ein Mitarbeiter neuen Schwung durch einen freien Tag, eine Gehaltserhöhung, ein Beratungsgespräch oder ein Schulungsangebot bekommen würde.

Manche Leiter nehmen den motivierenden Typ nicht ganz für voll. Aber es ist ein riesiger Fehler, den Wert dieser Begabung zu unterschätzen. Als Mitarbeiter könnte ich mit einem Vorgesetzten leben, der die Vision nur mit halber Kraft vermittelt, der von Zeit zu Zeit eine weniger gute Entscheidung an einem kritischen Punkt trifft oder dessen Managementfähigkeiten nicht immer so wirkungsvoll sind, wenn dieser Vorgesetzte mich ständig anfeuert, das Beste aus mir herausholt, meine Fortschritte bejubelt, meine Erfolge feiert und mir sagt, dass ich wichtig für das Ganze war.

So einem Leiter würde ich bis ins Grab folgen!

Leiter mit dem motivierenden Typ realisieren, dass selbst die besten Mitarbeiter irgendwann erschöpft sind und das Ziel aus den Augen verlieren. Manchmal fangen unsere verlässlichsten Mitstreiter an, an ihrem Auftrag zu zweifeln oder sich zu fragen, ob das, was sie tun, Gott oder irgendjemand anderem überhaupt wichtig ist.

Motivierende Leiter werden nicht bitter oder wütend, wenn die Moral sinkt. Sie betrachten solche Situationen als Gelegenheiten, neue Wege zu finden, um ihr Team zu inspirieren und neu zu begeistern.

Jesus motivierte seine Jünger ständig. Er gab Simon einen neuen Namen und nannte ihn Petrus – den Fels, auf dem er seine Kirche bauen wollte. Er motivierte seine Nachfolger mit Verheißungen, die ihnen Belohnungen in diesem Leben und im nächsten versprachen. Er plante Ausflüge und Auszeiten.

Wissen Sie, wonach sich viele Mitarbeiter mehr als alles andere sehnen? Eine oder zwei Stunden ohne drängende Tagesordnungspunkte mit ihrem Leiter zu verbringen; von Zeit zu Zeit mit dem Leiter als normalem Mitmenschen Kontakt zu pflegen, ohne sich nur als Arbeiter unter seinem Kommando zu fühlen. Jesus nahm seine Jünger oft mit sich und entzog sich den Anforderungen seines Dienstes. Dann sagte er: »Jetzt ist nicht die Zeit, auf einen Hügel zu steigen. Jetzt ist die Zeit, sich am Fuß eines Hügels auszuruhen. Also lasst uns gehen.« Oder: »Heute ist ein schöner Abend für eine gemütliche Zeit zusammen. Lasst uns fischen gehen und dann am Strand Abendessen kochen.« Können Sie sich vorstellen, wie sehr die Jünger solche Zeiten schätzten?

Jesus motivierte seine Jünger auch durch die Art und Weise seiner Ausbildung. Nachdem sie ihn als Mentor erlebt hatten, sandte er sie jeweils zu zweit aus in den Dienst. Als sie zurückkehrten, ließ er sich berichten, was sie erlebt hatten, und gab ihnen Feedback. Dann sagte er etwas wie: »Ich möchte euch meine Freunde nennen. Ich weiß, dass das nicht die traditionelle, unpersönliche, allgemein anerkannte Form ist, aber ich möchte es trotzdem so haben. Wir wollen eine Familie sein.« Stellen Sie sich vor, wie motivierend die Freundschaft Jesu auf seine Jünger wirkte.

John Maxwell, Präsident von *Injoy*, lebt seine motivierende Leitungsbegabung, wie ich es kaum bei einem anderen Menschen erlebt habe. Meine Frau zieht mich immer auf, wenn ich unterwegs eine Konferenz mit John habe. Sie sagt dann immer. »Oh, nein! Du wirst mit einem schrecklichen Adrenalinrausch zurückkommen.« Und wenn ich sie von unterwegs aus dem Hotel anrufe, fragt sie immer. »Na, wie viel Spaß hattet ihr zwei heute miteinander?«

Und ich erzähle ihr jedes Mal ganz glücklich: »Viel zu viel, Lynne. Illegale Mengen.« Der Spaß rührt unter anderem auch daher, wie sehr wir uns gegenseitig inspirieren können.

Wenn ich mich auf einen Vortrag bei einer Konferenz vorbereite, flüstert John mir manchmal zu: »Das wird der beste Vortrag deines Lebens!« Oder er betet für mich: »Oh, Herr, lass Bill heute eine ganz neue Ebene erreichen.« Ich bete oft dasselbe für ihn.

Einmal wählte John eine ganz einzigartige Motivationsform. Ich wurde auf einer gemeinsamen Reise krank und kämpfte mit hohem Fieber und Erschöpfung. Ich hatte in einem Nebenzimmer des Konferenzzentrums eine Couch gefunden, auf der ich zusammengebrochen war und mir nichts sehnlicher wünschte, als die nächsten anderthalb Tage darauf verbringen zu dürfen. Aber John und ich hatten das Gefühl, mein Vortrag sei so wichtig, dass ich ihn halten sollte. Da John wusste, wie wenig ich einer Herausforderung widerstehen konnte, kniete er neben der Couch nieder und sagte: »Ich glaube, du bist viel zu krank für diesen letzten Vortrag. Aber mach dir keine Sorgen, ich kann ihn für dich halten. Mach's dir einfach unter der Decke gemütlich und lutsche am Daumen. Ich schustere einen kleinen Vortrag zusammen und du hast frei.«

Ich reagierte sofort: »Untersteh dich! Bevor ich das zulasse, werde ich eher zusammenbrechen und sterben!«

John ist ein fantastischer Motivator – manchmal etwas gewöhnungsbedürftig –, aber trotzdem eine wunderbare, motivierende Führungspersönlichkeit.

Wenn Sie diese Leitungsgabe haben, unterschätzen Sie nie, welchen Dienst Sie Ihrem Team damit leisten. Gott hat Ihnen diese besondere Fähigkeit gegeben. Gebrauchen Sie sie! Ich würde sofort in Ihr Team kommen.

6. Der fürsorgliche Leitertyp

Ein fürsorglicher Leiter baut ein Team langsam auf, spürt eine tiefe Zuneigung zu seinen Mitstreitern, fördert sie sachte, unterstützt sie ständig, hört ihnen geduldig zu und betet gewissenhaft für sie. Solche Führungspersönlichkeiten nehmen ihre Mitarbeiter in eine so tiefe Gemeinschaftserfahrung mit hinein, dass diese randvoll von gutem Willen erfüllt werden, der ihnen den Schwung für die Umsetzung ihrer Aufgabe gibt.

Visionäre Leiter ziehen Menschen eher durch die Begeisterung für ihre Sache an, fürsorgliche Leiter dagegen ziehen Menschen in der Regel völlig unabhängig von ihrem Anliegen an. In anderen Worten: Fürsorgliche Leiter umsorgen und fördern eine Gruppe von

Menschen so intensiv und so ganzheitlich, dass man ihre Mitarbeiter oft sagen hört: »Eigentlich ist es egal, um was es geht. Wenn Gott einen Auftrag für uns hat, den wir gemeinsam bewältigen können, dann könnt ihr auf mich zählen. Solange wir zusammenbleiben und unseren ›Hirten‹ behalten können, ist uns alles recht.«

Unter einem Leiter mit einer fürsorglichen Begabung kann es eine große Bandbreite von Visionen geben. Ausschlaggebend ist in erster Linie die Dynamik der Gemeinschaft.

In 2 Samuel 23 lesen wir, dass David zu Beginn seiner Karriere als Führungspersönlichkeit eine Gruppe von einsamen und entfremdeten Menschen um sich versammelte. Er kümmerte sich um sie und sorgte liebevoll für sie. Eines Abends nach einer heftigen Schlacht gegen ihre Feinde, die Philister, erwähnte David, dass er Durst hatte, und zwar auf das Wasser aus den Quellen von Bethlehem. Als Reaktion darauf machten sich drei seiner Männer ohne sein Wissen auf, schlichen sich hinter die feindlichen Linien und riskierten ihr Leben, um David Wasser aus den Quellen von Bethlehem zu bringen. Die tiefe Fürsorge, die sie von David erfahren hatten, weckte in ihnen den Wunsch, ihm ebenfalls ihre Liebe auszudrücken und ihm einen Dienst zu erweisen.

Als sie David das Wasser brachten, war er tief bewegt, besonders als er realisierte, dass seine Männer ihr Leben für ihn gewagt hatten. Er war tatsächlich so gerührt, dass er sich weigerte das Wasser zu trinken. Er sagte: »Das sei fern von mir, Herr, dass ich so etwas tue« (V. 17). In andern Worten: »Ich kann kein Wasser trinken, für das jemand sein Leben riskiert hat!« Stattdessen, so lesen wir in der Bibel, »goss [er] es für den Herrn als Trankopfer aus« (V. 16). Ich kann mir nicht helfen, aber ich denke, dass David mit seinem Opfer nicht nur die Größe seines Gottes feierte, sondern auch die Liebe seiner Männer.

Führungspersönlichkeiten sollten sich immer vergegenwärtigen, dass es zwar viele Menschen gibt, die aufgabenorientiert sind und nur darauf warten, von einem visionären Leiter mit in eine Aufgabe hineingenommen zu werden. Aber es gibt auch sehr viele Menschen, die sich nach Gemeinschaft sehnen und in einem Team willkommen geheißen werden wollen, in dem sie Fürsorge und Zuneigung erfahren. Nur dann werden sie richtig motiviert sein, um sich an der Erfüllung einer Aufgabe zu beteiligen. Ohne liebevolle Zuwendung nehmen sie sich sehr zurück, aber wenn man sich entsprechend um sie kümmert, setzen sie sich voller Freude und loyaler Hingabe für fast jede Aufgabe in der Gemeinde ein.

Kennen Sie Leiter mit diesem fürsorglichen Typ? Lernen Sie ihren Beitrag für das Reich Gottes schätzen! Sie mögen nicht besonders gut darin sein, eine Vision weiterzugeben oder Strategiepläne umzusetzen, aber ihre besondere Fähigkeit, sich um Menschen zu kümmern, ist von unschätzbarem Wert.

7. Der teamorientierte Leitertyp

Der teamorientierte Leiter hat die Vision vor Augen und weiß, wie sie umzusetzen ist, aber er realisiert auch, dass er ein Team von Mitleitern und Mitarbeitern braucht, um das Ziel zu erreichen. Teamorientierte Leiter haben einen übernatürlichen Blick auf Menschen, der ihnen ermöglicht, erfolgreich die richtigen Menschen mit den richtigen Fähigkeiten, dem richtigen Charakter und der richtigen Chemie zu den anderen Teammitgliedern zu finden und zu fördern. Außerdem wissen sie, wie man diese Menschen in die richtigen Positionen bringt und dazu freisetzt, gute Ergebnisse zu liefern.

Wenn die richtigen Personen auf den richtigen Positionen sind, sagt eine teamorientierte Führungspersönlichkeit: »Sie wissen, was wir vorhaben. Sie wissen, für welchen Bereich Sie die Verantwortung tragen. Sie wissen, für welche Bereiche jeder von uns anderen verantwortlich ist. Und jetzt los! Fangen Sie an. Arbeiten Sie hart in Ihrem Bereich. Kommunizieren Sie mit Ihren Kollegen. Setzen Sie etwas in Bewegung. Und vor allem: Erfüllen Sie Ihre Aufgabe!«

Im Unterschied zu einem fürsorglichen Leiter wird der teamorientierte Leiter stärker von einer klaren Vision motiviert als von dem Wunsch, Menschen zu fördern und Gemeinschaft zu gestalten. Natürlich hat Teamaufbau immer auch etwas mit Gemeinschaft zu tun, aber die besondere Stärke eines teamorientierten Leiters besteht darin, sowohl die Strategie und als auch ihre menschlichen Ressourcen so im Blick zu haben, dass er wichtige Leitungspositionen richtig besetzen kann.

Im Aufbau von Teams begabte Führungspersönlichkeiten können darin gut sein, ihre Teams auch zu managen, sie müssen es aber nicht. Viele argumentieren tatsächlich, dass Management nicht so wichtig ist; wenn die richtigen Personen auf den richtigen Positionen sitzen und die richtigen Dinge aus der richtigen Motivation heraus tun, dann werden diese Menschen ihre Ziele erreichen, und zwar unabhängig davon, ob ihnen jemand über die Schulter schaut.

Als Phil Jackson das Basketballteam der *Chicago Bulls* in seinen goldenen Jahren trainierte, trat sein Führungstyp deutlich zu Tage. Er wählte die richtigen Leute für die richtigen Positionen aus und formulierte seine Erwartungen deutlich: »Michael Jordan, Sie machen 30 von 40 Punkten in einem Spiel und führen und inspirieren Ihre Teamkollegen. Dennis Rodman, Sie machen 20 Rebounds in einem Spiel und mischen den Gegner auf. (Und nach dem Spiel ziehen Sie Frauenkleidung an und mischen alle auf!) Scottie Pippen, Sie machen 15 Punkte und 10 Rebounds und verlegen sich vor allem auf die Verteidigung. Luke Longley, Sie decken einfach den größten Mann des Gegners. Ron Harper, Sie stoppen den besten Werfer und spielen den Ball dann Michael und Scottie zu. Tony Kikoc, Sie kommen von der Bank und geben dem Team noch einmal neuen Auftrieb.«

Die richtigen Menschen im Einklang mit ihren Fähigkeiten auf die richtigen Aufgaben anzusetzen ist die Stärke eines teamorientierten Leitertypen.

Wenn ich auch meinen eigenen Typ nicht herausstellen will, ist es vermutlich schon deutlich geworden, dass ich von Teams begeistert bin. Während meiner Zeit in unterschiedlichen Leitungspositionen hat mich immer wieder das Ziel motiviert, ein Dreamteam zusammenzustellen. Wie bereits erwähnt, gibt mir das Wissen, dass ich dabei bin, diesen Traum zu verwirklichen, besondere Freude und fast unbegrenzte Energie.

Die Prediger, die sich mit mir den Lehrauftrag in *Willow Creek* teilen, sind phänomenal. Unsere Musik-, Theater- und Tanzteams sind erstaunlich. Das Managementteam, der Gemeindevorstand und die Ältesten sowie das Führungsteam der *Willow Creek Association* – sie alle sind Dreamteams im Reich Gottes!

Während ich dieses Kapitel in einem Burger King in South Haven / Michigan schrieb, liefen mir die Tränen über das Gesicht, und ich dachte: *Nichts ist damit vergleichbar, die richtigen Leute um sich zu versammeln und in die richtigen Positionen zu bringen. Nichts ist damit vergleichbar, ein Dreamteam zusammenzustellen und zu beobachten, wie es immer besser wird und immer mehr erreicht.*

Ich kann es nicht leugnen; in meiner Brust schlägt das Herz eines teamorientierten Menschen. Vielleicht geht es Ihnen auch so.

8. Der unternehmerische Leitertyp

Der unternehmerische Typ hat eine besondere Note. Unternehmerische Führungspersönlichkeiten können jede andere Leitungsgabe haben, unterscheiden sich aber dadurch, dass sie besonders im »Startmodus« funktionieren.

> Wenn diese Leiter nicht regelmäßig etwas Neues ins Leben rufen können, sinkt ihr Energiepegel. Wenn etwas erst einmal läuft und funktioniert, wenn beständiges Management gefordert ist, wenn es kompliziert wird und endlose Diskussionen über Vorgehensweisen, Systeme und Kontrollen einsetzen, dann verlieren die meisten unternehmerischen Leiter ihre Begeisterung, ihre Ausrichtung und manchmal auch ihr Selbstvertrauen.

An diesem Punkt fangen sie an, sich umzuschauen und zu fragen, ob sie nicht irgendetwas Neues machen könnten. Unter Umständen fühlen sie sich schrecklich schuldig bei dem Gedanken, die Gemeinde, die Organisation oder die Abteilung zu verlassen, die sie gegründet haben, aber schließlich müssen sie der Wahrheit ins Auge sehen: Wenn sie nicht alle paar Jahre etwas Neues ins Leben rufen können, wird in ihnen etwas anfangen zu sterben.

Es entspricht einfach ihrem Typ und ist wichtig für das Reich Gottes.

Ich glaube, dass der Apostel Paulus ein unternehmerischer Leiter war. Er leistete Pionierarbeit und gründete Gemeinden in Gebieten, in denen der Name Christi noch nicht bekannt war. Nach der Gründung übergab er diese Gemeinden der Führung anderer Personen, damit er weiterziehen konnte – ohne Entschuldigung. Egal ob er sich mit diesen Worten beschrieben hätte, aber er wusste offensichtlich, wo seine Begabung lag und wie er dem Reich Gottes den besten Dienst leisten konnte.

Es gibt in *Willow Creek* unternehmerische Leiter, die Dienstbereiche gründen, sie eine Zeit lang führen und dann ankündigen, dass es nun an der Zeit für einen Führungswechsel sei. Als Nächstes hören wir, dass diese Leiter neue Dienstbereiche ins Leben rufen, und dann müssen wir schauen, dass wir Menschen finden, die diese Dienstbereiche verantwortlich weiterführen können. Manchmal musste ich schon Ultimaten setzen: »Keine Neugründungen mehr!« Wir mussten auch schon einige Leiter bitten, sich ein anderes Betätigungsfeld als unsere Gemeinde zu suchen, weil sie der Versuchung nicht widerstehen konnten, ständig neue Dienstbereiche zu gründen. »Geht woanders hin und gründet dort Sachen«, sagten wir schließlich. »Wir brauchen 15 Leiter mit einer managenden Begabung, um die Sachen zu stabilisieren und weiterzuführen, die ihr bisher gegründet habt. Das Letzte, was uns noch fehlt, ist ein weiterer halb ausgegorener Dienstbereich!«

Aber das Reich Gottes würde erheblich gebremst, wenn Personen mit unternehmerischer Leitungsgabe aufhören würden, neue Träume zu träumen und neue Wagnisse zu starten.

9. Der umstrukturierende Leitertyp

Während Menschen mit unternehmerischem Typ gerne Neues beginnen, sind Leiter mit einem umstrukturierenden Typ dann am besten, wenn sie gegebene Situationen neu ordnen können.

> Diese Leiter sind von Gott begabt, problematische Situationen als positive Herausforderung zu betrachten – ein Team, das seine Vision verloren hat, ein Dienst, in dem Leute in den falschen Positionen stehen, ein Dienstbereich, der vorwärts kommen will, aber keine Strategie hat – und in dieser Situation das Ruder herumwerfen können. Solche Menschen sagen: »Heute ist mein Glückstag. Ich werde dem Chaos schon wieder Struktur geben.«

Menschen mit dieser Leitungsgabe stürzen sich voller Begeisterung darauf, den ursprünglichen Auftrag und die Ursache für das Abweichen von diesem Auftrag zu erkennen. Sie überprüfen Personal, Strategie und Werte. Sie treffen sich wiederholt mit Teammitgliedern, um ihnen dabei zu helfen herauszufinden, an welchem Punkt das »Alte« anfing, schief zu gehen, und wie das »Neue« aussehen sollte. Dann spornen sie das Team zu Leistung an.

Umstrukturierende Führungspersönlichkeiten flicken gerne Dinge zusammen, bringen Abläufe wieder ins Lot und erwecken angeschlagene Abteilungen oder Organisationen wieder zum Leben. Aber wenn alles wieder läuft und reibungslos funktioniert, hält bei diesem Leitertyp die Motivation nicht unbedingt an. Manche sind damit zufrieden, dazubleiben und die Früchte ihrer Arbeit zu genießen, aber viele ziehen es vor, eine andere Abteilung oder Organisation zu finden, die eine Generalüberholung braucht. Wenn sie so eine Herausforderung finden, läuft ihnen förmlich das Wasser im Mund zusammen: »Schauen Sie sich dieses Chaos an«, sagen sie dann mit diesem gewissen Funkeln in den Augen. »Wenn ich diesen Schrotthaufen in die Finger bekommen würde, ließe sich daraus schon etwas Tolles für Gott machen!«

Ich kannte diesen Leitertyp in den ersten 15 Jahren von *Willow Creek* nicht. Doch dann standen wir vor einer riesigen Herausforderung. Nachdem wir anderthalb Jahrzehnte ein sehr starkes Wachstum verzeichnet hatten, schienen alle unsere Systeme auf einmal ihren Dienst zu versagen. Wir beschrieben unsere Situation immer mit dem Bild, dass wir ein 20-stöckiges Gebäude auf dem Fundament für ein 10-stöckiges Haus errichtet hatten. Das Gebäude hatte eine Weile gehalten, aber nun fing vor unseren Augen die Infrastruktur an nachzugeben. Ein Dienstbereich nach dem nächsten stürzte in sich zusammen.

Zu diesem Zeitpunkt kam ein sehr begabter Mitarbeiter zu uns. Je mehr ich ihn kennen lernte, desto stärker schätzte ich ihn. Das einzige Problem mit ihm war, dass er nichts Neues anfangen wollte, nichts betreuen wollte und nichts auf lange Sicht managen wollte. Aber ich spürte ganz stark, dass dieser Mann ein geborener Leiter war. Da wir nicht wussten, was wir mit ihm anfangen sollten, betrauten wir ihn mit der Reorganisation einiger chaotischer Dienstbereiche. Zehn Jahre später standen wir in ehrfürchtigem Staunen vor den Erfolgen, die er bei der Umstrukturierung einiger für das Gemeindeleben sehr wichtiger Dienstbereiche zu verzeichnen hatte – pastorale Dienste, Kinderarbeit, Programmgestaltung und viele andere. Dieser Mann wurde zu einer Legende in *Willow Creek*, ohne dass er jemals einen einzigen Dienst ins Leben gerufen oder etwas über längere Strecken geleitet hätte. Wir sprechen jedes Mal ein Dankgebet, wenn wir ihn irgendwo auf den Gängen von *Willow* sehen, weil wir wissen, dass seine Fähigkeit zur Umstrukturierung einige unserer wichtigsten Dienste vor ihrem vorzeitigen Ableben bewahrt hat.

Ich glaube, dass Gott in jede Gemeinde mindestens einen umstrukturierenden Leitertyp gestellt hat. Ihre Aufgabe und meine besteht darin, ihn zu finden und an die Arbeit zu schicken.

10. Der Brücken bauende Leitertyp

Es gibt zwar noch viele Leitertypen, die man erwähnen könnte, aber ich möchte hier nur noch den Brücken bauenden Typ nennen. Leiter mit dieser Begabung leisten einen sehr wichtigen Beitrag in großen Organisationen, wie gemeindeähnlichen Diensten, Denominationen und Bildungseinrichtungen, weil sie die besondere Fähigkeit haben, ein weites Spektrum unterschiedlicher Gruppen unter dem Schirm einer Führung zu vereinen. Auf diese Weise können sich komplexe Organisationen auf lange Sicht auf ihren Auftrag konzentrieren.

Brückenbauer verfügen über eine enorme Flexibilität. Sie sind Diplomaten, die die übernatürliche Fähigkeit besitzen, Kompromisse einzugehen und zu verhandeln. Sie können besonders gut zuhören, verstehen und außerhalb von Schubladen denken. Aber was am wichtigsten ist: Brückenbauer lieben die Herausforderung, mit verschiedenen Personengruppen in Kontakt zu stehen.

Bei Gemeindeneugründungen sind Leiter zu Beginn normalerweise von Familienangehörigen und guten Freuden umgeben, die ihre begeisternde Vision teilen. Alles geht so lange gut, bis sich die kleine Gruppe vom Anfang verdoppelt oder verdreifacht. Neue Leute bringen neue Herausforderungen mit sich. Wie passen alle diese neuen Leute in die ursprüngliche Gruppe? Was geschieht, wenn sich das Führungsteam teilen muss? Wie steuert man die Gruppendynamik optimal? Wie kann der hauptverantwortliche Leiter mit allen diesen Menschen in Kontakt stehen?

Stellen Sie sich nun vor, Sie stehen einer Megagemeinde oder einer großen gemeindeähnlichen Organisation vor, die aus vielen fest definierten Zuständigkeitsbereichen besteht. Viele dieser einzelnen Interessengruppen interessieren sich nicht für die übergeordnete Vision der ganzen Gemeinde oder Organisation. Für sie zählt nur, dass ihre persönlichen Interessen gewahrt bleiben.

Ich sprach kürzlich mit einem Pastor, der auf sein schütter gewordenes Haar verwies. »Ich werde noch verrückt«, sagte er. »Der

Chor will neue Designergewänder und die Jugendgruppe möchte eine Turnhalle. Die Missionsabteilung möchte eine weitere Million spenden und die Kinderarbeit braucht neue Räume. Das Produktionsteam möchte eine komplett neue Ausstattung und die Senioren wollen Gesangbücher mit großer Schrift. Die Generation-Xer wollen das Vorstandszimmer in eine Cappuccino-Bar umfunktionieren und die Schülerarbeit träumt von einem Skateboard-Parcours.«

Die Unterschiedlichkeit dieser Anliegen und die Geschwindigkeit, mit der sie auf ihn einstürmten, überwältigte ihn. Er betrachtete inzwischen jeden dieser Dienstbereiche als Feind. Was er eigentlich sagte, war: »Ich kann so nicht leben. Ich kann es nicht aushalten, in so viele Richtungen gleichzeitig gezogen zu werden.«

Als ich ihm zuhörte, wurde mir klar, dass dieser Mann nicht dafür geschaffen war, einer Organisation von dieser Komplexität vorzustehen. Eine Führungsverantwortung in so einem Umfeld konnte nie eine Erfahrung für ihn sein, die ihm neue Energie gab; viel wahrscheinlicher würde sie sich zu einer persönlichen Niederlage entwickeln. Um sein Führungspotenzial optimal einsetzen zu können, brauchte er eine weniger komplexe Situation.

Im Gegensatz dazu laufen Brückenbauer zur Höchstform auf, wenn sie Anliegen und Bedürfnisse verschiedener Interessengruppen unter einen Hut bringen sollen. Solche Führungspersönlichkeiten treffen sich gerne privat mit den Leitern verschiedener Dienstbereiche, um ihre Anliegen und ihre Ziele ganz genau zu verstehen. Nachdem sie Beziehung und Vertrauen aufgebaut haben, versuchen Brückenbauer, die Vision jedes Dienstbereichsleiters neu zu formulieren und so lange zu verhandeln, bis alle Ziele harmonisch mit der übergeordneten Vision und dem Auftrag der Dachorganisation in Einklang stehen.

Ziel einer Brücken bauenden Führungspersönlichkeit ist es, ein Fürsprecher für alle Interessengruppen zu sein und schließlich die Bemühungen aller Gruppen so zu vereinen und zu bündeln, dass daraus eine *Win-Win*-Situation für alle Beteiligten entsteht. Der Brückenbauer hilft dabei jeder Gruppe, eine gesündere Perspektive zu finden und zu verstehen, dass die Anliegen ihres Dienstbereiches erfüllt werden *und* zugleich ein Beitrag zum Gelingen des übergeordneten Auftrages geleistet werden kann.

Die Stärke eines Brückenbauers liegt im Umgang mit komplexen Situationen. Große Organisationen brauchen solche Führungspersönlichkeiten.

Vier Schritte zur Entdeckung und Weiterentwicklung Ihres Leitertyps

Um Ihre persönliche Leitungsgabe zu identifizieren, besteht der erste Schritt darin, die Beschreibungen der einzelnen Typen auf den vorangegangenen Seiten noch einmal zu lesen. Vielleicht erkennen Sie sich in einem oder mehreren der Typen wieder.

Nachdem Sie Ihre Leitungsbegabung/en identifiziert haben, sollten Sie darüber mit Menschen sprechen, die Sie aus Führungssituationen kennen. Fragen Sie sie, ob sie mit Ihrer Einschätzung übereinstimmen. Sich selbst zu beurteilen kann manchmal zu einem unscharfen Ergebnis führen. Deshalb ist es wichtig, andere Menschen um deren Meinung zu bitten.

Zweitens sollten Sie überlegen, ob Ihr Leitertyp Ihrer aktuellen Situation entspricht. Das kann ein schwieriger und auch schmerzhafter Prozess sein, aber es ist äußerst wichtig zu erkennen, ob Ihre Stärken als Leiter tatsächlich auch zu der Rolle passen, die Sie ausfüllen sollen. Wenn Sie beispielsweise eine unternehmerische Begabung haben, aber in einer 100 Jahre alten Gemeinde arbeiten, die kein Interesse daran hat, irgendetwas Neues anzufangen, dann werden Sie vermutlich irgendwann aus lauter Frustration die Gemeinde in die Luft jagen. Wenn Sie mit einer managenden Gabe in einer Organisation arbeiten, die an einem Mangel an Vision stirbt, haben Sie unter Umständen irgendwann nichts mehr, was Sie managen können. In beiden Fällen müssen Sie einige schwierige Entscheidungen treffen.

Aber Sie sollten wissen: Es gibt unzweifelhaft sehr viele Situationen, in denen Ihr Leitertyp perfekt zu den tatsächlichen Bedürfnissen passt. Die Herausforderung für Sie besteht nur darin festzustellen, ob Sie sich im Augenblick in so einem Umfeld befinden oder nicht.

Der dritte Schritt besteht darin, die Leitungsgaben aller anderen Personen in Ihrem Team zu bestimmen. Machen Sie dies gemeinsam, indem Sie die Beschreibungen der einzelnen Leitertypen lesen und bei jeder Person überlegen, wo ihre Stärken und Schwächen liegen.

Es gibt zwei Gründe, warum Sie den Leitertyp der anderen Teammitglieder kennen sollten: Zum einen hilft Ihnen dieses Wissen dabei, jeden auf der Position einzusetzen, die seinen Begabungen am ehesten entspricht. Und zum zweiten erkennen Sie auf diese Weise, ob Ihrem Team eine bestimmte Führungsfunktion fehlt und bei welchem Typ Ihr Team noch Ergänzung braucht, sei es als fest angestellter Mitarbeiter oder als »Gastarbeiter« von außen.

Ich bin der Überzeugung, dass es zwei Leitertypen gibt, ohne die eine Organisation nicht überleben kann, und ich bin überzeugt, dass viele Organisationen nur deshalb kränkeln, weil sie sich dessen nicht bewusst sind. Jede Organisation – sei es eine Gemeinde, eine Schule, eine Universität, ein Krankenhaus oder eine Firma – braucht einen visionären Leiter, der eine klare und begeisternde Vision kommunizieren kann. Organisationen, die nicht von einer Vision getragen werden, sterben früher oder später.

Jede Organisation braucht auch eine umsetzbare Strategie. Wenn Sie in Ihrem Team niemanden haben, der einen aus Einzelschritten bestehenden Plan erarbeiten kann, mit dessen Hilfe die Vision zur Realität wird, sollten Sie sich eine Person mit einer strategischen Gabe für Ihr Team suchen oder einen Berater zu Rate ziehen, der Ihnen in diesem Bereich helfen kann. Sie werden keine Fortschritte machen, solange Sie niemanden haben, auf dessen Erfahrung Sie in diesem Bereich regelmäßig zurückgreifen können.

Vielleicht meinen Sie, Ihr Team funktioniert auch ohne jemanden mit einer fürsorglichen oder motivierenden Begabung gut, aber überlegen Sie sich das gründlich! Jedes Team braucht jemanden, der gut darin ist, andere emotional aufzubauen.

Der letzte Schritt besteht darin, sich bewusst vorzunehmen, dass Sie sich nicht nur in dem Bereich weiterentwickeln wollen, in dem Ihre Stärke liegt, sondern auch in den Bereichen, in denen Sie schwächer begabt sind. Ich weiß, dass man darüber diskutieren kann. Manche Experten sagen: »Vergessen Sie Ihre Schwächen, konzentrieren Sie sich nur auf Ihre Stärken.« Aber ich bin anderer Ansicht. Und zwar aus folgendem Grund: Egal wie stark Leiter in einem Bereich sind – es wird sich auf Dauer negativ auf ihre Führungsqualität auswirken, wenn sie die anderen Bereiche völlig ausblenden.

Ich beispielsweise bin schlecht darin, etwas zu managen. Die meisten meiner Managementverpflichtungen in *Willow Creek* kann ich glücklicherweise delegieren, aber trotzdem sind mir ein Dutzend Leute direkt unterstellt. Ich muss diese 12 Personen mit wenigstens einem Mindestmaß an Fähigkeiten managen. Wenn mir das nicht gelingt, fangen sie an, an entgegengesetzten Zielsetzungen zu arbeiten und sind am Ende völlig durcheinander und entmutigt. Schließlich leiden die Beziehungen darunter. Zum Wohl der Gemeinde muss ich also verantwortlich meine Managementfähigkeiten verbessern, und zwar unabhängig von meinem eigentlichen Typ.

Ein weiteres Beispiel: Wenn Sie keine besonders ausgeprägte Gabe der Motivation haben, leisten Sie Ihrem Team auf Dauer einen guten Dienst, wenn Sie lernen, wie Sie Ihre Leute motivieren und inspirieren können. Warum? Weil sie es verdienen! Egal, wie viele andere Menschen sie in anderen Situationen aufbauen, brauchen sie ein Mindestmaß an Ermutigung und Inspiration direkt von Ihnen.

Hier noch einmal eine Zusammenfassung der vier Schritte, wie Sie verschiedene Begabungen an die Anforderungen einer Organisation anpassen können, um diese möglichst wirkungsvoll leiten zu können:

1. Identifizieren Sie Ihren persönlichen Typ und Ihre Leitungsbegabung.
2. Bestimmen Sie, ob Ihr Leitertyp zu Ihrer gegenwärtigen Situation passt.
3. Identifizieren Sie den jeweiligen Typ der einzelnen Mitglieder Ihres Teams. Stellen Sie sicher, dass jede Person mit der zu ihr passenden Aufgabe betraut ist. Überlegen Sie, welche Lücken in Ihrem Team existieren und ausgefüllt werden müssen.
4. Entwickeln Sie sich bewusst in den Bereichen weiter, in denen Ihre Stärken liegen, aber auch in den schwächer ausgeprägten Bereichen.

Ich möchte Ihnen sehr empfehlen, sich an diese Vorschläge zu halten. Wenn Leiter so optimal positioniert sind, dass ihre Stärken zu den Anforderungen ihrer Gemeinde oder Organisation passen, können sie viel bewirken. Unter ihrer Leitung werden Mitarbeiter mobilisiert, der Auftrag wird erfüllt und das Reich Gottes gewinnt wie nie zuvor an Boden.

8

Der sechste Sinn eines Leiters: Die Quelle der Entscheidungsfindung

Vor ein paar Jahren wurde der Film *The Sixth Sense* weltweit zu einem Kassenknüller. Es ging um einen kleinen Jungen, der die geheimnisvolle Fähigkeit hatte, Dinge zu sehen und wahrzunehmen, die anderen Menschen verborgen blieben. Der einprägsamste und heute bekannteste Satz des Jungen lautete: »Ich sehe tote Menschen herumlaufen.« Ein Pastor sagte zu mir: »Tolle Sache! So geht es mir bei jedem Treffen mit meinen Diakonen.« Aber im Film war es entschieden unheimlicher ...

Wenn man von einem sechsten Sinn spricht, meint man normalerweise eine Intuition und Wahrnehmung, die das normale Maß übersteigt.

Ich kenne eine Frau, deren »Kompass« oft besser zu arbeiten scheint als der aller anderen Personen im selben Raum. Von Zeit zu Zeit hat Ihr Team Probleme mit der Richtung, die die Organisation in der Zukunft einschlagen soll. Alles macht einen unklaren und chaotischen Eindruck. Dann schlägt dieser menschliche Kompass, der die ganze Zeit schweigend zugehört hat, eine bestimmte Vorgehensweise vor. Die anderen durchdenken den Vorschlag kurz, dann fangen sie an zu nicken: »Natürlich! Das ist es!« Und im Stillen denken sie: *Wie macht sie das bloß? Woher hat sie diese Ideen? Was hat sie, was wir anderen nicht haben?*

> Ich kenne Führungspersönlichkeiten, die in der Lage zu sein scheinen, in die Zukunft zu blicken. Es ist, als ob sie das Video vorspulen können, das der Rest von uns nur in normaler Geschwindigkeit sehen kann. Sie scheinen eine besondere Fähigkeit zu haben zu sehen, welche Folgen eine heute getroffene Entscheidung für die Zukunft hat.

Manche Leiter scheinen besonders begabt zu sein, den einzigen glitzernden Diamanten einer Chance in einer Kohlegrube voller Probleme zu erkennen. Alle anderen sind entmutigt und niedergeschlagen, aber diese Leiter lassen sich nicht dämpfen. Sie sehen, was andere nicht sehen können – Potenzial mitten in der Katastrophe.

Andere können Führungspotenzial in Personen erkennen, die die meisten von uns abschreiben würden. Man hat den Eindruck, sie setzen auf einen sicheren Verlierer, aber am Ende erweist sich, dass sie Recht hatten. Dann schauen wir alle staunend zu, wie diese Person in eine Führungsrolle hinein- und über sich hinauswächst.

Wie erklärt man diese geradezu unheimliche Fähigkeit mancher Menschen? Stellt sie sich automatisch mit der geistlichen Gabe der Leitung ein? Taucht sie einfach eines Tages aus dem Nichts auf? Haben manche Leiter einfach mehr Intuition? Oder haben sie alle Leiter gleichermaßen? Kann man sie erlernen?

Ich möchte Ihnen erklären, was mich dazu veranlasst hat, über die intuitive Seite des Leitens und Führens nachzudenken. Ich nahm an einer Mitarbeiterbesprechung teil, in der einige wichtige Entscheidungen getroffen werden mussten, auf die andere Mitarbeiter warteten, damit sie in ihren Bereichen konzentriert weiterarbeiten konnten. Termine standen an. Zeitpläne machten Druck.

Trotz der hohen Ansprüche, die mit manchen der Entscheidungen verbunden waren, schien mir keine sonderlich schwer zu fallen. Ich hörte mir einfach alle Anträge an und bat meine Berater und Kollegen, die mit mir am Tisch saßen, um ihre Stellungnahme. Während der Besprechung bat ich den Heiligen Geist im Stillen, mir Weisheit zu geben, wie Jakobus 1,5 uns auffordert. Gegen Ende der Sitzung traf ich dann die meiner Ansicht nach angemessenen Entscheidungen.

Nach der Besprechung rammte mir ein langjähriger Mitarbeiter den Ellbogen in die Seite und witzelte: »Das ist für dich die pure Entspannung, oder? Ich schaue dir seit Jahren dabei zu, und es ist einfach ungerecht. Bei dir sieht das alles so leicht aus.« Bereits im Gehen wandte er sich noch einmal um: »Und was mich wirklich irritiert, ist die Tatsache, dass du so oft richtig liegst.«

Ich sagte: »Das ist keine große Sache. Auch eine kaputte Uhr geht zweimal am Tag richtig.« Aber diese Unterhaltung brachte mich ins Nachdenken über den Entscheidungsfindungsprozess von Menschen in Führungspositionen. Wie intuitiv entscheiden sie wirklich?

Mein eigener Entscheidungsfindungsprozess

In den nächsten 30 Tagen machte ich ein Experiment. Jedes Mal, wenn ich eine Entscheidung als Leiter traf – egal, wie groß oder klein sie war, wie gut durchdacht oder spontan –, skizzierte ich diese Entscheidung kurz.

Am Ende der 30 Tage wertete ich alle Entscheidungen aus. Ich wollte wissen, welche Faktoren meinen Entscheidungsfindungsprozess beeinflussten. Ich wollte diesen berühmten sechsten Sinn von Führungskräften verstehen.

Ich möchte Ihnen zuerst vorstellen, zu welchem Schluss ich gekommen bin, bevor ich im Einzelnen auf Details eingehe.

> Ich bin überzeugt, dass von Gott begabte Leiter im Lauf der Zeit ein Wertesystem und eine Erfahrungsgrundlage aufbauen, die als Basis für jede nachfolgende Entscheidung dienen. Während sie Jahr für Jahr diese persönliche Datenbasis aufstocken, steigert sich automatisch ihre Trefferquote. Also ist es nicht ein geheimnisvoller sechster Sinn oder irgendein übernatürliches Phänomen, das effektiv arbeitenden Führungskräften außergewöhnliche Erkenntnisse und Weisheit verschafft. Vielmehr ist ihre Fähigkeit, Dinge zu sehen, die andere nicht wahrnehmen, das Ergebnis eines langen Prozesses:

Sie haben sich für die richtigen Werte entschieden, nehmen im Licht dieser Werte die Wirklichkeit wahr und lassen die Entscheidungen, die sie auf der Grundlage dieser Wahrnehmung treffen, ebenfalls durch diese Werte prägen.

Vor meinem 30-tägigen Experiment hatte ich nie sonderlich darüber nachgedacht, was meine Entscheidungsfindung prägte. Aber nachdem ich mir Gedanken gemacht hatte, was mich zu den Entscheidungen des vergangenen Monats geführt hatte, konnte ich erkennen, dass die meisten meiner Entscheidungen von vier klar erkennbaren Datenquellen beeinflusst waren.

Erste Datenquelle: Meine Überzeugungen

Ich möchte Ihnen ein Beispiel erzählen, um zu erklären, was mein Glaube und meine Überzeugungen mit Entscheidungen zu tun haben. Während der 30 Tage meines Experiments landete eine Frage auf meinem Tisch, die eines der internationalen Büros der *Willow Creek Association* betraf. Ein Leiter, der dieses Büro betreute, hatte uns gerade verlassen, um eine andere Tätigkeit aufzunehmen, aber bevor er ging, hatte er einige fragwürdige finanzielle Aktionen durchgeführt, bei denen es um genug Geld ging, dass die Sache schließlich meinen Schreibtisch erreichte.

Eine Reihe von Geschäftsleuten tauchten im Büro der WCA-Filiale auf und verlangten Bezahlung für Leistungen, die sie laut Vertrag erbracht hatten. Der Leiter, der vor kurzem gegangen war, gab an, diese Zahlungen geleistet zu haben, aber es fanden sich nirgendwo Aufzeichnungen, die seine Behauptung untermauerten. Ich sollte entscheiden, wie in dieser Situation verfahren werden sollte. Ich antwortete sofort: »Bezahlen Sie alles.« Ich dachte nicht einmal drei Sekunden über diese Entscheidung nach. Ich sprach nicht einmal ein Gebet. Diese Entscheidung kam völlig aus dem Bauch heraus.

Für mich als Menschen niederländischer Abstammung ist es eine sehr emotionale Erfahrung, sich von Geld zu trennen. Wenn es noch dazu um die Frage geht, ob ich mich von Geld trennen soll oder nicht, ist es noch viel schlimmer. Und trotzdem fiel mir diese Entscheidung leicht, weil ich ein paar feste Überzeugungen habe. Diese Überzeugungen operieren dicht unter der Oberfläche bei meinen Entscheidungen als Leiter. Sie beeinflussen Tag für Tag meinen Entscheidungsfindungsprozess.

Wollen Sie ein paar meiner Überzeugungen kennen lernen?

1. Wenn ich Gott in allem ehre, wird auch er meine Bemühungen honorieren

Wenn ich mein Bestes gebe, um Gott in allem, was ich tue, die Ehre zu geben, dann bin ich der Überzeugung, dass auch er meine Führungsaufgaben und den Dienst, den er mir anvertraut hat, honoriert. Das ist für mich nicht nur ein netter Wandspruch. Es ist nicht nur etwas, was geistlich korrekt in einem Buch ist, das sich an christliche Leiter und Führungskräfte richtet. Es ist eine Grundfeste, eine unverrückbare Überzeugung, die ich tief in mir trage.

Ich bin wirklich davon überzeugt, dass der souveräne Gott seinen göttlichen Segen ausgießen und jedem Leiter zur Hilfe kommen wird, der sich in allem darum bemüht, ihn zu ehren.

Ich glaube auch, dass der Umkehrschluss wahr ist. Ich bin überzeugt, dass wir, wenn wir Gott nicht ehren – sei es durch Abkürzungen in unserem Leben oder unserem Dienst, sei es indem wir faule Kompromisse eingehen, sei es durch unsere Weigerung, der Stimme des Heiligen Geistes zu folgen –, auch nicht erwarten dürfen, Hilfe vom Himmel zu bekommen. Gott in seiner Gnade mag uns immer noch seine Gunst erweisen, aber wir sollten nicht darauf zählen.

> Ich habe im Laufe der Jahre gelernt, dass ich bei dem, was ich mache, wirklich Hilfe vom Himmel brauche. Ich bin als Leiter nicht gut genug, um das, was mir anvertraut wurde, ohne göttliche Intervention zu führen. Ich brauche Gottes Segen unbedingt. Wenn ich also eine Entscheidung treffen muss, wähle ich immer den Weg, von dem ich überzeugt bin, dass er Gott am meisten ehrt.

Inwiefern beeinflusste diese Überzeugung meine Entscheidung, die Firmen zu bezahlen? Ich glaubte, dass Gottes Ruf davon abhing, wie wir auf diese Zahlungsansprüche reagierten. Es war besser für uns zu riskieren, die Rechnungen zweimal zu bezahlen, als zu riskieren, ihnen nicht das zu geben, was wir ihnen schuldig waren.

2. Menschen sind wichtig

Ich denke, ich kann mit Fug und Recht sagen, dass Gott nur einen einzig wahren Schatz in seinem ganzen Kosmos hat, und das sind Menschen. Meine zweite felsenfeste Überzeugung, die meine Entscheidungen beeinflusst, ist deshalb, dass Menschen Gott wichtig sind.

Die Bibel lehrt uns, dass Gott uns Erbarmen und Achtung schenken wird, wenn wir dem Achtung erweisen, was Gott am teuersten in dieser Welt ist – den Menschen (1 Samuel 2,30 b, Matthäus 22,37–39). Ich bin fest davon überzeugt, dass Gott mir und den Menschen, die ich führe, Gunst erweisen wird, wenn ich Menschen achte und liebenswürdig behandle.

Wenn in einer Entscheidung, die ich treffen muss, also eine menschliche Komponente enthalten ist, stellen sich meine Antennen auf Empfang. Wenn ich weiß, dass das Wohlergehen eines Menschen auf dem Spiel steht, lege ich Überstunden ein, um die richtige Entscheidung zu treffen. Ich habe unseren Ältesten und den Mitgliedern des Gemeindevorstandes erklärt, dass ich einem Menschen gegenüber lieber zu liebenswürdig bin, als hier einen Fehler zu machen. Ich stehe lieber eines Tages vor Gott und höre mir an, dass ich zu nett war, statt dafür verurteilt zu werden, zu hart gewesen zu sein.

3. Die Ortsgemeinde ist die Hoffnung der Welt

Wie Ihnen mittlerweile vermutlich klar ist, ist diese dritte Grundüberzeugung so etwas wie mein persönliches Mantra. Ich bin tief im Innersten davon überzeugt, dass die Gemeinde vor Ort die Hoffnung der Welt ist.

Die meisten Menschen gehen fälschlicherweise davon aus, dass mir alles ziemlich ernst ist. Aber das stimmt nicht, fragen Sie meine besten Freunde. Es gibt eine Menge Dinge, an die ich keinen Gedanken verschwende. Mir ist ziemlich egal, in welchen Restaurants ich esse oder was ich abends unternehme. Kleidung ist mir ziemlich unwichtig, ebenso Autos, Möbel oder die Frage, ob ich »politisch korrekt« bin. Ich denke nicht viel über Politik nach oder darüber, wer die Weltmeisterschaften in irgendeiner Sportart gewinnt.

Aber wenn Sie mir vorwerfen, mir sei es mit der Kirche sehr ernst, dann erkläre ich mich schuldig. Ich gebe offen zu, dass ich jede Entscheidung sehr ernst nehme, die größere Auswirkungen auf das zukünftige Wohlergehen, die Einheit oder die effektive Arbeit von *Willow Creek* und zunehmend auch der Kirche generell hat. Ich tue fast alles, um sicherzustellen, dass die Gemeinde gut geführt ist und die Entscheidungen, die sie betreffen, voller Weisheit und Sorgfalt getroffen werden.

Nebenbemerkung: Wenn Sie etwas vernachlässigen wollen ...

Gestatten Sie mir einen kleinen Exkurs.

Mir fällt es schwer nachzuvollziehen, wie manche christliche Geschäftsleute um Firmenentscheidungen ringen können – wie sie endlose Strategiesitzungen halten, teure Berater engagieren und mit Prognosen für die nächsten fünf Jahre schwanger gehen – , aber wenn es darum geht, Entscheidungen zu treffen, die ihre Gemeinde betreffen, verhalten sich dieselben Leute passiv und gleichgültig.

Sie könnten der Gemeinde ihre Erfahrung als Vorstandsmitglieder, Älteste oder Leiter bestimmter Projekte zur Verfügung stellen. In den meisten Gemeinden stehen ehrenamtlichen Mitarbeitern nahezu unbegrenzte Möglichkeiten zur Verfügung, sich wirkungsvoll einzubringen. Aber diese talentierten, begabten und kompetenten Männer und Frauen widmen lieber ihre gesamte Energie, Zeit und Erfahrung ihrer Firma. Ich begreife das einfach nicht, und werde es vermutlich auch nie begreifen.

Manchmal möchte ich diesen Christen sagen: »Warum müht ihr euch so mit eurer Arbeit, es geht doch nur um Geld. Es ist die ganze Angst nicht wert, die es in euch auslöst. Es ist nicht wert, dass ihr nachts wach liegt und Magengeschwüre bekommt. Es hat keinen Einfluss auf die Ewigkeit. Verliert doch nicht die richtige Perspektive aus dem Blick!«

Die Gemeinde vor Ort ist die Hoffnung der Welt, weil sie die einzige Botschaft verwaltet, die das ewige Schicksal eines Menschen beeinflussen kann. Wenn wir das wirklich glauben, können wir eigentlich nicht anders, als unsere besten Fähigkeiten in die Gemeinde einzubringen, in die Gott uns gestellt hat, egal, ob wir nun Pastoren oder Geschäftsleute sind, oder?

Manchmal ruft mich ein neueres Mitglied im Gemeindevorstand vor einer Vorstandssitzung an und fragt mich, was am Abend auf der Tagesordnung steht. Das ist in der Regel der Code für: »Ich habe wirklich viel Arbeit. Ich überlege mir, ob ich die Vorstandssitzung heute Abend nicht absage.«

Ich nehme immer Anteil an den beruflichen Anforderungen unserer Vorstandsmitglieder – schließlich bin ich in einem Geschäftshaushalt aufgewachsen und genieße auch die vielen Stunden, die ich mit berufsbezogenen Themen mit meinen Vorstandsmitgliedern verbracht habe –, aber die Veteranen im Vorstand kommen überhaupt nicht mehr auf den Gedanken, eine Vorstandssitzung aus beruflichen Gründen abzusagen. Sie wissen, dass meine Antwort irgendwie so lauten wird: »Es tut mir Leid, dass Sie gerade so viel Stress bei der Arbeit haben. Lassen Sie uns gleich dafür beten. Aber vergessen Sie nicht, dass es für Tausende von Menschen in *Willow Creek* wichtig ist, dass Sie heute Abend da sind, frisch und bereit, Ihre beste Energie und Kreativität für die Zukunft der Gemeinde einzusetzen.«

Ich glaube nicht, dass sich meine Haltung in dieser Sache jemals ändern wird. Wenn es um Entscheidungen geht, die die Gemeinde betreffen, steht zu viel auf dem Spiel, um es leicht zu nehmen.

Gut, und nun können wir uns wieder unserem Hauptthema zuwenden.

Wie lauten Ihre Grundüberzeugungen?

Wissen Sie, welche Grundüberzeugungen Ihre Entscheidungsfindung beeinflussen? Als ich versuchte, meinen Grundüberzeugungen auf die Spur zu kommen, ging ich davon aus, sie sofort formulieren zu können. Aber es gelang mir nicht. Ich musste erst viele Stunden Tagebuch schreiben und beten, bis ich an die tiefen Überzeugungen herankam, die meine Entscheidungen prägten. Hier sind sie noch einmal im Überblick:

1. Wenn Sie Gott in allem ehren, wird er Ihre Bemühungen ebenfalls honorieren.
2. Menschen sind Gott wichtig.
3. Die Ortsgemeinde ist die Hoffnung der Welt.

Ich könnte sicher noch weitere Überzeugungen anführen, wenn ich nur tief genug graben würde, aber für die meisten Leiter wird es ausreichen, ihre drei Hauptüberzeugungen zu finden.

Aber hüten Sie sich vor falschen Glaubenssystemen. Achten Sie darauf, dass Ihre Überzeugungen biblisch sind. Wenn nicht, können sie sich riskant auf Ihre Entscheidungsfindung auswirken.

Erinnern Sie sich an den Richter in Lukas 18? In diesem Gleichnis beschreibt Jesus einen ungerechten Richter, der eine Frau schikaniert. In Vers 2 erfahren wir, dass dieser Mann »keine Furcht vor Gott und keine Achtung für Menschen« hatte. In anderen Worten, er kümmerte sich nicht darum, Gott in seinem Alltag die Ehre zu geben. Er sagte sich einfach: »Ich treffe meine Entscheidungen nach Lust und Laune. Was Gott darüber denkt, ist mir völlig egal.« Darüber hinaus hatte er auch keine Achtung für Menschen. »Schön, wenn Menschen Gott wichtig sind. Mir sind sie nicht wichtig.«

Seine Entscheidungen wurden von einem falschen Überzeugungssystem gestützt, das Tür und Tor für Korruption öffnete. Wovon Sie tief in Ihrem Innersten überzeugt sind, wird alle Entscheidungen beeinflussen, die Sie als Leiter treffen.

Wenn Sie ein paar schlechte Entscheidungen getroffen haben, wenn Sie dadurch Chaos in Ihrer Gemeinde, am Arbeitsplatz oder in Ihrer Familie angerichtet haben, nehmen Sie sich Zeit und stellen Sie sich folgende Fragen: Was geht hier vor? Welche Überzeugungen haben mich bei diesen Entscheidungen geleitet? Vielleicht ist es an der Zeit, die Grundüberzeugungen, die Ihr Leben prägen, zu erneuern.

Zweite Datenquelle: Was andere Leiter tun würden

Ich war etwas überrascht, als ich feststellte, dass diese zweite Datenquelle meine Entscheidungen mit beeinflusst. Als ich die Entscheidungen auswertete, die ich während meines 30-Tage-Tests gefällt hatte, war ich fasziniert, wie oft ich mich an dem orientierte, was andere, von mir geschätzte Führungskräfte in einer ähnlichen Situation getan hätten.

Diese anderen Leiter sind Männer und Frauen, die ich für weiser, begabter und erfahrener halte als mich selbst. Manche von ihnen kenne ich persönlich gut; sie gehören zu meinen Freunden und Mentoren, mit denen ich viel Zeit verbracht habe. Aber interessanterweise habe ich einige der Leiter und Führungskräfte, die meine Entscheidungsfindung während dieser 30 Tage beeinflusst hatten, nie kennen gelernt. Sie waren für mich durch ihre Vorträge, durch Bücher oder Kassetten Mentoren aus der Ferne.

Bei meiner Auswertung sortierte ich die Entscheidungen, die ich getroffen hatte, nach Kategorien und ordnete sie dann jeweils dem Mentor zu, der zu dieser Art von Entscheidungsfindung passte. Es war eine faszinierende Übung.

Einen Mentor zu Rate ziehen, der Risiken einschätzen kann

Meine Kollegen bitten mich oft um Rat, wenn es um Entscheidungen geht, die ein gewisses Risiko in sich tragen. Da auf der anderen Seite aber auch die Chance eines großen Gewinns besteht, wollen sie die Idee nicht ganz aufgeben, aber das Risiko lähmt sie. Also kommen sie zu mir.

Der Mentor, der mich am stärksten beeinflusst, wenn ich versuche, Risiken einzuschätzen, ist mein Vater. Obwohl er nun seit fast 25 Jahren tot ist, prägt sein Führungsstil immer noch meine Entscheidungsprozesse. Mein Vater war jemand, der Risiken kalkuliert einging, und er war darin einer der begabtesten Menschen, die ich je kannte.

Es gibt alle möglichen Arten, wie man Risiken kalkuliert eingehen kann. Am einen Ende der Skala finden sich die extravaganten Leute. Sie verwetten mehrmals alles, was sie besitzen – und verlieren eigentlich immer. Am anderen Ende des Spektrums finden sich diejenigen, die eine Aversion gegen Risiken in sich tragen. Sie würden nicht einmal dann ein Risiko eingehen, wenn ihr Leben davon abhinge.

Mein Vater gehörte zu keinem dieser Extreme. Er behielt ständig den Überblick über sein Geschäft, aber er hatte nichts dagegen, gelegentlich ein Risiko einzugehen. Als ich noch ein Kind war, sagte er oft zu mir: »Bill, du musst gelegentlich etwas riskieren, sonst wirst du nichts Neues lernen, und das Leben wird irgendwann langweilig.«

Mein Vater war von solchen Versuchsballons überzeugt. Er riskierte etwas und er zahlte Lehrgeld. Er testete neue Geschäftsideen, experimentierte mit neuen Strategien und probierte neue Produkte aus. Er riskiert einiges mit Menschen und mit Investitionen.

Manche Dinge funktionierten gut und machten sich bezahlt. Aber wenn etwas schief ging, erzählte er mir immer, welche Lektionen er daraus gelernt hatte und wie viel Spaß ihm das Abenteuer gemacht hatte. »Es war ja nur Geld«, sagte er. »Davon geht die Welt nicht unter.«

Es kümmerte ihn nicht, wenn die Leute die Augen über seine Aktionen verdrehten. Er schien nahezu unbeeindruckt von Nein-Sagern. Wenn man ihm sagte, dass er verrückt sei, über ein bestimmtes Wagnis auch nur nachzudenken, lächelte er einfach breit und sagte: »Vermutlich haben Sie Recht. In ein paar Monaten werden wir es ja alle wissen.« Aber er ließ sich nie durch die Kommentare von anderen beeinflussen. Er ging weder gedankenlos Risiken ein, noch scheute er Risiken. Er war einfach davon überzeugt, dass ein kalkulierter Versuchsballon hier und da ihn auf der Wachstumsseite halten würde.

Vor ein paar Jahren entschloss sich *Willow Creek*, ein kalkuliertes Risiko einzugehen und eine Arbeit speziell für die Generation X, genannt *Axis*, zu schaffen. Wir hatten nicht viel Ahnung davon, aber wir stellten ein paar Mitarbeiter ein, sprachen ein paar Gebete und legten los. Mittlerweile besuchen fast 2.000 18- bis 28-Jährige unsere *Axis*-Gottesdienste. *Axis* ist einer der spannendsten Dienstbereiche in unserer Gemeinde. Ich bin wirklich froh, dass wir diesen Versuchsballon gestartet haben.

Wie ich in einem vorhergehenden Kapitel erwähnt habe, entschlossen wir uns vor nicht allzu langer Zeit zu einem weiteren Risiko. Wir wollten 70 Millionen Dollar aufbringen – 50 Millionen in Spenden plus 20 Millionen aus unseren Rücklagen –, um einige neue Bauvorhaben umzusetzen. Ja, es war etwas riskant. Aber Gott hat unsere Bemühungen in reichem Maß gesegnet. Ich bin froh, dass wir es versucht haben.

Seit kurzem lassen wir mit unseren »Regionalen Dienstzentren« einen weiteren Versuchsballon steigen. Wir wissen noch nicht, ob diese Zentren funktionieren werden; vielleicht scheitern wir auch damit. Aber da wir glauben, dass es sich dabei um vom Heiligen Geist geführte kalkulierte Risiken handelt, haben wir uns entschieden, Personal und Mittel in sie zu investieren.

Was ich damit sagen will: Manche Leiter und Führungskräfte gehören zu den Menschen, die extravagante Risiken eingehen und damit ihre Gemeinde ruinieren. Sie riskieren viel zu oft viel zu viel. Vielleicht werden sie in ihren Entscheidungen von jemandem beeinflusst, der bereitwillig alles aufs Spiel setzen würde, und sie davon überzeugt, dass eine Sache umso besser ist, je höher das Risiko ist.

Im Gegensatz dazu gibt es Leiter und Führungskräfte, die Risiken gegenüber geradezu eine Aversion haben. Sei sind noch nie im Leben ein Risiko eingegangen. Vermutlich haben sie ein kleines Männchen im Hinterkopf, das immer flüstert: »Es ist schlecht, etwas zu riskieren. Wenn du scheiterst, geht die Welt unter.«

Wer beeinflusst Sie bei der Beurteilung von Risiken? Wissen Sie es? Ist es vielleicht an der Zeit, sich in diesem Bereich einen neuen

Mentor zu suchen? Vielleicht brauchen Sie ein paar neue Berater, die Ihr Risikoprofil entsprechend senken oder erhöhen könnten?

Einen Mentor zu Rate ziehen, der Leistung bewerten kann

Eine der komplexesten Aufgaben, mit denen ich in *Willow* zu tun habe, ist die Frage, wie ich mit Mitarbeitern umgehe, die nicht die erwünschte Leistung bringen. In dem Augenblick, in dem mir bewusst wird, dass ich eine diesbezügliche Entscheidung treffen muss, bin ich in höchster Alarmbereitschaft. Warum? Weil es dabei um Menschen geht, und wie ich bereits erwähnt habe, gehört es zu meinen Grundüberzeugungen, dass Menschen Gottes größter Schatz sind. Folglich nehme ich solche Angelegenheiten nie auf die leichte Schulter. In Gesprächen über die Leistung von Mitarbeitern wäge ich in Gedanken immer ab, was ich von den zwei Männern gelernt habe, die meine Haltung in diesem Bereich besonders geprägt haben: Jesus und Peter Drucker – natürlich in dieser Reihenfolge.

In solchen Diskussionen höre ich im Geist die Aussage Jesu:

»Wer arbeitet, hat ein Recht auf seinen Lohn« (Lukas 10,7). Das bedeutet, dass ein Arbeitgeber, der gute, wertvolle und beständige Dienstleistungen von einem Angestellten erhält, diesem auch einen angemessenen Lohn schuldig ist. In diesem Satz schwingt implizit aber auch mit, dass jemand, der nicht gute, wertvolle und beständige Arbeit leistet, auch nicht mehr seinen vollen Lohn verdient.

Der Lohn sollte einbehalten oder zumindest gekürzt werden.

Peter Drucker erklärte mir einmal: »Wenn es um bezahlte Mitarbeiter und sogar Gemeindemitarbeiter, geht, dann ist Leistung, die hinter dem gewünschten Maß zurückbleibt, nicht akzeptabel.« Diesen Satz habe ich nie vergessen. Wenn ich also merke, dass wir einen Mitarbeiter haben, der hinter der erwarteten Leitung zurückbleibt, reagieren wir schnell. Wir nennen das Kind beim Namen: Es ist inakzeptabel.

Aber dann versuchen wir schnell herauszufinden, woran es liegt, dass die Leistung nicht dem gewünschten Maß entspricht. Passt die Person nicht zur Aufgabe oder ist sie unzureichend geschult? Haben wir unrealistische Ziele oder Erwartungen an diese Person? Wird sie nicht gut angeleitet? Wenn das der Fall ist, liegt die Schuld bei der Gemeinde, und die Gemeinde sollte zur Verantwortung gezogen werden. Es ist entsetzlich unfair, Mitarbeiter schlechter Leistung zu beschuldigen, wenn sie nicht das Coaching, Mentoring, die Schulung oder die Führung bekommen, die sie brauchen. Wenn es sich gleich um mehrere Mitarbeiter handelt, die durch ungenügende Leistung auffallen, kann es in der Tat klug sein, die Leistung ihres Vorgesetzten unter die Lupe zu nehmen. Unter Umständen handelt es sich dann nämlich um ein Führungs- und nicht um ein Leistungsproblem.

Wenn die schlechte Leistung eines Mitarbeiters aber aus mangelnder Beziehungsfähigkeit, Autoritätsproblemen, Unehrlichkeit oder schlichter altmodischer Faulheit herrührt, sollten wir das dem Mitarbeiter so schnell wie möglich bewusst machen und mit ihm zusammen einen Plan erstellen, mit dessen Hilfe sich seine Leistung steigern lässt.

Hoffentlich lässt sich so etwas ändern. Aber wenn der Mitarbeiter nach vielen Monaten beiderseitiger Bemühungen immer noch nicht in der Lage ist, gute, wertvolle und beständige Leistung für die Gemeinde zu bringen, werden deutlichere Gespräche folgen. Wenn diese Gespräche zu keiner Lösung führen, wird das Arbeitsverhältnis in den meisten Fällen beendet.

Wenn wir gezwungen sind, einem Mitarbeiter zu kündigen, bieten wir großzügige Hilfe und angemessene Unterstützung für eine Übergangszeit an. Aber in diesem Punkt großzügig zu sein bedeutet nicht, unsere Augen vor der Wahrheit zu verschließen oder unbequemen Gesprächen aus dem Weg zu gehen. Gnade fordert uns dazu auf, einen Mitarbeiter, der nicht die entsprechende Leistung bringt, mitzutragen. »Wer arbeitet, hat ein Recht auf seinen Lohn«, aber wenn wir keine entsprechende Leistung bekommen, ist der Vertrag gelöst. Schlechte Leistung ist unakzeptabel.

Ich brachte die Diskussion in einer Mentoring-Gruppe einmal auf Personalfragen. Irgendwann fing ein älterer Pastor aus einer großen Denomination an, den Kopf zu schütteln. Er sagte: »Bei Ihnen klingt das so, als ob Sie tatsächlich einen Mitarbeiter feuern, der Ihnen Probleme macht.«

»Nun«, sagte ich, »ich weiß nicht, ob ich das so knapp formulieren würde, aber ja, im Prinzip können wir das, und wir würden es auch tun.«

Er erwiderte: »Ich könnte das nie.«

»Warum nicht?«, fragte ich.

»Weil es meine Denomination nahezu unmöglich macht, einen hauptamtlichen Mitarbeiter zu entlassen. Ich könnte vermutlich nicht einmal meinen Mitpastor feuern, wenn er während des Zehn-Uhr-Gottesdienstes mitten auf der Orgel Sex mit der Organistin hätte!«

»Na ja ...«, erwiderte ich, »das ist wirklich ein Problem – und ich bin froh, dass es Ihres ist und nicht meines.« Ich schlug ihm vor, dass seine Kirche ihre Personalpolitik überdenken sollte.

Meiner Ansicht nach sollten dies viele Gemeinden und Gemeindeleiter tun. Fangen Sie an, indem Sie sich überlegen, wer Ihre Entscheidungen in Bezug auf die Einstellung und Kündigung bezahlter Mitarbeiter prägt. Wissen Sie es? Sind es die richtigen Berater? Ist es an der Zeit für einen Wechsel?

Einen Mentor zu Rate ziehen, der Wert auf Qualität legt

In der Bibel steht viel über Qualität, deshalb haben wir sie zu einem der 10 Grundwerte unserer Gemeinde gemacht. Wir formulieren ihn folgendermaßen: »Wir sind überzeugt, dass exzellente Qualität Gott ehrt und Menschen inspiriert.«

Wenn ich eine Entscheidung treffen muss, die das Thema Qualität berührt, denke ich an zwei Geschäftsleute aus Michigan. Einer ist Ed Prince. Bis zu seinem Tod vor einigen Jahren war er die treibende Kraft hinter der *Prince Corporation*, einem führenden Hersteller von Kfz-Teilen. Der andere ist Rich DeVos, Mitbegründer der *Amway Corporation.*

Das Qualitätsniveau, das diese beiden niederländischstämmigen, christlich reformierten Unternehmer in ihren Firmen und in ihrem persönlichen Leben erreicht haben, hat mich immer inspiriert. Wenn ich eine Entscheidung treffen muss, die das Qualitätsniveau betrifft, denke ich oft: *Ich wünschte, Eddie wäre noch hier. Oder wenn ich doch Rich jetzt anrufen und nach seiner Meinung fragen könnte.* Dann denke ich über die Entscheidungen nach, die ich diese beiden Männer im Lauf der Jahre in ähnlichen Situation habe treffen sehen. Wie sie sich damals entschieden haben, beeinflusst meine Entscheidungen noch heute. Wer spielt diese Rolle für Sie? Haben Sie jemanden, der Sie in Sachen Qualität berät?

Einen Mentor zu Rate ziehen, der in Sachen Motivation fit ist

Mein Freund John Maxwell, den ich im vorigen Kapitel erwähnt habe, kommt mir oft in den Sinn, wenn ich versuche, die Mitarbeitermoral in *Willow Creek* zu heben. Jedes Mal, wenn ich merke, dass die Schultern der Mitarbeiter herabsinken, stelle ich mir einfach die Frage: »Was würde John jetzt tun?« Dann versuche ich mich zu erinnern, was ich ihn in unzähligen Situationen habe tun sehen, wenn Menschen mit Mutlosigkeit kämpfen. Er legt seinen Arm um sie und dankt ihnen, dass sie zu seinem Team gehören. Er hört ihnen geduldig zu, wenn sie ihre Probleme beschreiben. Dann spricht er ein kurzes ermutigendes Gebet für sie.

Falls es Ihnen noch nicht bewusst ist:

> Motivation ist eine wichtige Sache. Meiner Meinung nach leiden Tausende von Gemeinden auf der ganzen Welt an »motivationsmäßiger Unterernährung«.

Bei Konferenzen frage ich ehrenamtliche Gemeindemitarbeiter oft, wann sie zum letzten Mal von ihrem Pastor oder ihrem Supervisor ein Wort der Ermutigung gehört haben. Meistens sagen sie etwas wie: »Noch nie. Ich engagiere mich schon seit 20 Jahren, habe aber noch nie persönliche Anerkennung von irgendjemandem aus dem Führungsteam der Gemeinde gehört. Ich bin mir sicher, dass sie meinen Einsatz schätzen, aber niemand hat mir das jemals gesagt.«

Leiter und Führungskräfte müssen in diesem Bereich besser werden. Unsere hingebungsvollen Mitarbeiter verdienen von Zeit zu Zeit ein »Gut gemacht«.

In den letzten Jahren sind wir in *Willow* in diesem Bereich deutlich besser geworden. Wir bemühen uns, regelmäßig persönlichen Dank auszusprechen, aber zusätzlich dazu ziehen wir einmal im Jahr alle Register bei unserer Feier für unsere ehrenamtlichen Mitarbeiter.

Bei unserer letzten Feier ließen wir einen kreativen Versuchsballon steigen. Während unseres Gemeindegottesdienstes unter der Woche stellten wir Hunderte von ehrenamtlichen Mitarbeitern auf die Bühne und ließen sie einen kleinen Umzug veranstalten. John

Ortberg und Nancy Beach moderierten das Ganze, und beschrieben die einzelnen Dienstgruppen, während sie über die Bühne zogen. Die Mitarbeiter schwenkten Schilder, Musik erschallte und Fotos der Mitarbeiter bei der Arbeit erschienen auf den Videoleinwänden.

Danach gab ich gegenüber einem der Teilnehmer zu, dass die Idee mit dem Umzug etwas blöd gewesen sei. Zu meiner Überraschung sagte er: »Ich arbeite hier seit 18 Jahren mit. Es macht mir Spaß und ich mache es, ob es jemand bemerkt oder nicht. Aber ich muss schon zugeben, wenn einem die ganze Gemeinde zujubelt, das hat schon was – na ja, also wegen mir könnt ihr noch mehr so blöde Ideen haben. Ich habe damit kein Problem.«

Motivation ist eine wichtige Angelegenheit. Wenn die Moral sinkt, ist es Aufgabe des Führungsteams, dies zu merken und gegenzusteuern. Wer fällt Ihnen als Vorbild in diesem Bereich ein? Wer, den Sie kennen, ermutigt Mitarbeiter und Ehrenamtliche? Lassen Sie solche Menschen Ihre Entscheidungen in Bezug auf die Motivation in der Gemeinde mitbestimmen. Ihre Mitarbeiter, egal ob bezahlt oder ehrenamtlich, werden es Ihnen danken.

Ich könnte über viele andere Führungspersönlichkeiten sprechen, die meine Entscheidungen beeinflussen. Für theologische Entscheidungen habe ich Dr. Bilezikian. Ich habe verschiedene andere Berater, die mich in den Bereichen Finanzen, Psychologie und Beziehungen unterstützen. Ich wäre verloren ohne die Weisheit dieser Menschen.

Was machen Sie, wenn Sie in manchen Bereichen keine Mentoren haben? Ich empfehle Ihnen, oft und viel zu lesen und viel Zeit mit anderen Leitern zu verbringen. Auf diese Weise treffen Sie mit Personen und Prinzipien zusammen, die Schritt für Schritt Ihre Alltagsentscheidungen prägen werden. Im Lauf der Zeit wird Gott Ihnen dabei helfen, einen inneren Zirkel von Mentoren zu finden, die Sie am besten darin unterstützen, Entscheidungen zu treffen, die Gott ehren.

Meine dritte Datenquelle: Schmerz

Oft kommen Mitarbeiter in mein Büro, um Pläne für irgendwelche Dienste vorzustellen, für die sie meine Unterstützung haben wollen. Zu ihrer großen Überraschung schneide ich ihnen das Wort manchmal mitten im Satz ab. »Ich habe genug gehört«, sage ich. »Zählen Sie dabei nicht auf mich.« Sie denken, ich mache Witze, und versuchen weiter, mich von ihren Plänen zu überzeugen. Also unterbreche ich sie noch einmal. »Nein. Nicht, solange ich lebe. Es wird nichts dergleichen geben.«

Dann wird ihnen klar, dass es mir ernst ist. Wenn sie nach den Gründen fragen, antworte ich etwa: »Wir haben genau das vor 15 Jahren versucht. Wir hielten uns für besonders clever, aber wir gingen damit baden. Wir versuchten es vor zehn Jahren noch einmal und gingen wieder baden. Vor drei Jahren starteten wir wieder einen Versuch, und diesmal gingen wir wirklich baden. Deshalb ist unsere Toleranz in diesem Bereich etwas überstrapaziert. Ich verstehe, warum Ihr Vorschlag für Sie gut klingt; er klang auch für uns gut. Aber er ist nicht gut. Deshalb meine ich es ernst, wenn ich sage, dass es eine Totgeburt ist. Es wird nichts mehr in dieser Richtung geben, also lassen Sie es bitte sein.«

Einer der Vorteile von Erfahrung ist, dass sie altgediente Leiter mit einem Fundus an eher schmerzlichen Erinnerungen an weniger geglückte Ereignisse versorgt. Die dabei gelernten Lektionen helfen einem Leiter, das Schmerzniveau abzuschätzen, das potenziell in einer neuen Idee enthalten sein könnte. Wenn das Schmerzniveau ihnen zu hoch erscheint, heulen ihre Sirenen und zeigen Gefahr an, und sie wissen, dass sie die Notbremse ziehen müssen.

Jüngere, weniger erfahrene Leiter lassen immer noch unkluge Versuchsballons fliegen und sammeln ihre Blessuren.

Vor ein paar Jahren stellte ich auf einer Leiterkonferenz der *Willow Creek Association* zum ersten Mal meine Auswahlkriterien für neue Mitarbeiter vor – Charakter, Kompetenz, Chemie. Ich sagte: »Machen Sie keine Kompromisse in Bezug auf den Charakter. Stellen Sie hohe Anforderungen, was die Kompetenz anbelangt; bemühen Sie sich um die besten Leute, die Sie finden können. Und was die Chemie betrifft, achten Sie darauf, dass der neue Mitarbeiter gut zu dem bereits bestehenden Team passt.« Ich schloss die Einheit mit den Worten: »Ich habe genug Schläge eingesteckt. Ich habe genug Blutvergießen erlebt und verursacht. Ich werde nie wieder wissentlich eines dieser drei Kriterien verletzen.«

Nach dieser Leiterkonferenz schrieben mir einige Pastoren und stellten meine Kriterien in Frage. Als ich ihre Briefe bekam, lächelte ich nur und heftete sie ab. Ich möchte nicht anmaßend erscheinen, aber ich wusste, was geschehen würde. Und so war es. Ein paar Monate später bekam ich einen weiteren Brief von einem dieser Pastoren. Beschämt gab er zu, dass Charakter vielleicht doch wichtiger sei, als er angenommen hatte. Er beschrieb die Horrorgeschichte, die sich unter den Mitarbeitern seiner Gemeinde abgespielt hatte und schloss seinen Brief mit den Worten: »Ich werde bei der Auswahl eines führenden Mitarbeiters nie wieder Kompromisse in Bezug auf den Charakter eingehen.«

Ein anderer Pastor schrieb: »Mir widerstrebte der Gedanke, jemanden auf Grund dessen zu qualifizieren oder zu disqualifizieren, wie gut er zu einem bereits bestehenden Team passt – die Sache mit der Chemie. Trotz einer offensichtlichen Macke in seiner Persönlichkeit nahm ich also einen sehr anerkannten ortsansässigen Bauunternehmer in unseren Bauausschuss auf. Innerhalb weniger Monate hatte er es geschafft, das ganze Team zu polarisieren und die Gruppendynamik völlig auszuhebeln. Nun habe ich ein ziemliches Chaos zu bewältigen. Ausgezeichnete ehrenamtliche Mitarbeiter steigen aus und das Gebäude steht erst zur Hälfte.«

Meine Antwortschreiben an diese Pastoren lauteten im Wesentlichen: »Ich spüre Ihren Schmerz. Ich habe davon genug selbst erlebt. Es gibt nur eines, was Sie in solchen Zeiten machen können: Lernen Sie aus Ihren Fehlern.«

Schmerz ist ein großer Lehrer und fantastisch darin, unseren Entscheidungsfindungsprozess zu beeinflussen.

Ich trage einen ganzen ungeschriebenen Ordner an Schmerzerfahrungen mit mir herum, wo immer ich auch bin. Wenn ich aus irgendeinem Grund in der Versuchung stehe, diesem Ordner ein neues Kapitel hinzuzufügen, frage ich mich, ob ich wirklich noch einen Schlag auf den Kopf haben will. *Brauche ich wirklich noch mehr Schmerz in meinem Leben?*

Haben Sie sich jemals die Zeit genommen, eine Top Ten-Liste Ihrer Schmerzerfahrungen zu erstellen? Wenn ich mit Pastoren in einer Mentoring-Runde zusammensitze, erzählen wir uns nach dem Abendessen von den Lektionen, die wir auf die harte Tour gelernt haben. Mit manchmal sehr lustigen Details beschreiben wir die Dinge, die wir nie wieder tun werden.

Einer sagte: »Ich werde nie wieder meine Schwiegermutter zur Vorsitzenden der Gemeindeältesten machen.« Ein anderer Pastor sagte: »Ich werde nie wieder einen Gast über Zeichen und Wunder im Gottesdienst predigen lassen, während ich im Urlaub bin.« Ein besonders gelassener Pastor sagte: »Ich werde dem Anbetungstänzer nie wieder sagen: ›Tragen Sie einfach was Sie wollen, wenn Sie im Vormittagsgottesdienst tanzen‹. Ein großer Fehler!«

Diese Geschichten sind alle wirklich passiert ... aber potenziell sehr wertvolle Datenquellen.

Leiter und Führungskräfte sollten sich solche Geschichten wirklich aufzeichnen und so oft rekapitulieren, dass sie sich und ihren Gemeinden keinen unnötigen Schmerz zufügen, indem sie Fehler aus der Vergangenheit wiederholen. Schmerz kann ein sehr effektvoller Lehrer sein, aber nur wenn wir aufmerksam sind und die harten Lektionen lernen.

Noch eine letzte Bemerkung zum Thema Schmerz. In Sprichwörter 13,20 heißt es: »Wer mit Weisen unterwegs ist, wird weise.« Mit anderen Worten:

> Wenn wir weise sind, lernen wir aus den Erfahrungen anderer Menschen, einschließlich der schmerzhaften Erfahrungen.
> Das ist ein weiterer Grund, warum Sie so viel Zeit wie möglich mit anderen Führungspersönlichkeiten verbringen und sie fragen sollten: »Was funktioniert bei Ihnen? Was nicht? Wo haben Sie Schläge einstecken müssen? Wie schlimm war es?«

Ich habe meine Fehler, die ich in meinem Dienst gemacht habe, nie versteckt, weil ich hoffe, dass andere Leiter von meinen Fehlern lernen und ihren Gemeindegliedern die Schmerzen ersparen können, die ich *Willow Creek* zugefügt habe.

Noch eine letzte Datenquelle: Der Heilige Geist

Der Heilige Geist ist bei weitem die wertvollste Datenquelle, die wir haben. Training und Mentoring von Leitern sind gut. Unsere Fähigkeiten zu verbessern ist bewundernswert. Weisen Rat zu suchen ist von Vorteil. Unseren Verstand weiterzuentwickeln ist wesentlich. Aber letztlich gehen wir im Glauben voran. Es gibt eine übernatürliche Dimension von Leitung und Führung, die wir nur erleben, wenn wir aufmerksam auf den Heiligen Geist hören.

Vor ein paar Jahren im Dezember bekniete mich das Programm-Team, endlich das Thema für die Predigtreihen im Januar festzulegen. Als es mein Terminkalender erlaubte, nahm ich mir einen Tag Zeit und zog mich zurück, um nachzudenken und Gott um seine Richtungsweisung zu bitten. So eindeutig wie selten zuvor hörte ich den Heiligen Geist flüstern: »Bill, in diesem Januar predige über Liebe.« Der große Mann des Glaubens, der ich nun einmal bin, erwiderte ich: »Du machst wohl Witze. Liebe ist viel zu schwammig für Januar. Die Leute brauchen ihren jährlichen Januar-Tiefschlag. Etwas wie: Gehen Sie dieses Jahr alles direkt an; nehmen Sie endlich ab; machen Sie langsamer; werden Sie Ihre Schulden los; sündigen Sie nicht mehr; wachsen Sie im Glauben. Es gibt eine Menge Themen, die sich gut im Januar predigen lassen – aber Liebe gehört nicht dazu.«

Aber der Heilige Geist rang mich schließlich nieder, und ich hisste die weiße Flagge, um meine Unterwerfung zu signalisieren. Ein paar Wochen später startete ich eine Predigtreihe zum Thema: »Liebe für Fortgeschrittene«. Von dem Augenblick an, in dem ich meinen Mund für die erste Folge in dieser Reihe öffnete, war es offensichtlich, dass der Geist Gottes Überstunden machte. *Wow*, dachte ich. *Hier passiert gerade irgendetwas Größeres.*

Sie wurde zu einer der Predigtreihen der letzten Jahre mit der stärksten Resonanz. Heute verwenden viele Gemeinden auf der ganzen Welt diese Predigten. Ich höre immer wieder, wie Gemeinden davon profitieren. Dann bin ich immer ganz klein mit Hut und erinnere mich daran, dass diese Ideen nicht dem gesunden Menschenverstand eines Pastors entsprungen sind, sondern dem Reden des Heiligen Geistes.

> Wenn ich auf meine fast 30 Jahre im Gemeindedienst zurückblicke, erinnere ich mich an unzählige Entscheidungen, die mich sehr schlau und clever aussehen ließen, aber fast nichts mit meiner Erkenntnis oder den weisen Machenschaften meines Verstandes zu tun hatten. Vielmehr hatten diese Entscheidungen alles mit der gnädigen Führung durch den Heiligen Geist zu tun.

Wollen Sie ein paar Beispiele? Die Entscheidung, *Willow Creek* zu gründen, kommt mir sofort in den Sinn. Die meisten Leute gehen davon aus, dass *Willow* die Erfüllung meines persönlichen Ehrgeizes oder eines sorgfältig kalkulierten Marketing-Plans war. In Wirklichkeit aber war es das sehr entschiedene Reden Gottes, eine Gemeinde zu gründen, mit der wir die Eltern der Jugendlichen erreichen konnten, die unsere Jugendarbeit besuchten. Dasselbe gilt für die Konzentration von *Willow Creek* auf Menschen, die auf der Suche nach Gott sind. Das war immer eine Wahl, zu der der Heilige Geist uns veranlasst hatte. Dasselbe lässt sich über unsere Entscheidung sagen, verschiedene künstlerische Ausdrucksformen einzusetzen, oder über unsere Entscheidung, unter der Woche Gemeindegottesdienste zu halten. Alle diese Dinge widersprachen zum Zeitpunkt der Entscheidung aller konventionellen Weisheit. Sie waren ganz klar die Folge davon, dass wir auf das Reden des Heiligen Geistes hörten.

Natürlich müssen wir Weisheit und gutes Urteilsvermögen einsetzen, wenn wir unsere Gemeinden führen. Aber genauso natürlich müssen wir jederzeit ein Ohr zum Himmel gerichtet haben. Wir müssen hören, wenn der Heilige Geist, unsere übernatürliche Datenquelle, in unsere Entscheidungen mit der Weisheit hineinspricht, die wir alle am meisten brauchen.

Ich ging eigentlich immer davon aus, dass alle christlichen Leiter und Führungskräfte den Heiligen Geist als die Datenquelle betrachteten, die alle anderen übertrumpfte. Aber im Laufe der Jahre merkte ich, dass das nicht der Realität entsprach. Deshalb möchte ich dieses Kapitel mit ein paar Fragen beschließen, die uns dabei helfen, unsere Aufmerksamkeit auf die absolute Datenquelle zu richten.

Gibt es in Ihrem Leben genug Ruhe, damit Sie das Flüstern des Heiligen Geistes hören können? Haben Sie den Mut, dem Reden des Heiligen Geistes selbst dann zu folgen, wenn Sie nicht alles verstehen, und selbst dann, wenn Ihr Team Ihre Weisheit in Frage stellt? Sind Sie bereit, im Glauben vorwärts zu gehen? Wollen Sie dem Heiligen Geist zugestehen, Ihre Entscheidungsfindung durch und durch zu beeinflussen?

Wenn ein Leiter das Reden des Heiligen Geistes mit den anderen Quellen kombiniert, die Daten zur Entscheidungsfindung beitragen – Grundüberzeugungen, einflussreiche Mentoren und schmerzhafte Lektionen –, dann wird dieser Leiter immer besser darin werden, die richtigen Entscheidungen zu treffen.

Wenn Sie es nicht besser wüssten, könnten Sie annehmen, dieser Leiter habe einen sechsten Sinn!

9

Die Kunst, sich selbst zu führen: Der 360-Grad-Leiter

Stellen Sie sich einen Kompass vor mit einem silbernen Gehäuse, einer runden weißen Kompassrose, einer schlanken schwarzen Nadel und vier Buchstaben, die jeweils im Abstand eines 90-Grad-Winkels platziert sind – N, S, O und W. In welche Richtung denken Leiter und Führungskräfte fast immer, wenn der Begriff Leiten oder Führen fällt?

Süden.

Die meisten Leiter denken unwillkürlich an die Menschen, die ihnen unterstellt sind. Wenn sie Konferenzen für Leiter und Führungskräfte besuchen, erwarten sie davon nur eines: ihre Fähigkeiten für die Führung der Menschen zu verbessern, die Gott ihnen anvertraut hat.

Süden. Der ausgeprägteste Instinkt eines Leiters.

Aber viele Menschen erkennen nicht, dass ein wirklicher Leiter in der Lage sein muss, in alle Richtungen zu führen – Norden, Süden, Osten und Westen.

Ein guter Leiter beispielsweise muss auch Richtung Norden Führungsqualitäten beweisen – das bedeutet, diejenigen zu führen, die über ihm stehen. Das geschieht durch Beziehung und Einfluss. Vieles von dem, was ich in *Willow* mache – durch Beziehungspflege, Gebet und Visionsvermittlung –, geschieht, um diejenigen sanft zu beeinflussen, die über mich Autorität haben. In meinem Fall sind das der Gemeindevorstand und die Ältesten.

Wirkungsvolle Leiter und Führungskräfte sollten auch lernen, in Richtung Osten und Westen zu leiten, also in Situationen, in denen sie mit gleichrangigen Personen zusammen sind. Wenn sie nicht lernen, wie man lateral führt und *Win-Win*-Situationen mit Kollegen schafft, kann sich das negativ auf die gesamte Gemeindekultur auswirken.

Eine Führungspersönlichkeit sollte also lernen, wie man nach unten, nach oben und zur Seite hin leitet. Aber die vielleicht am häufigsten übersehene Herausforderung für einen Leiter ist diejenige, die sich in der Mitte befindet.

Wer ist Ihre größte Herausforderung?

Sie selbst!

Denken Sie an 1 Samuel 30. David, der spätere König von Israel, ist ein junger Leiter, der gerade lernt, wie man Truppen in die Schlacht führt. Auch wenn David noch ein Neuling auf diesem Gebiet ist, schenkt Gott ihm seine Gunst und so enden die meisten Schlachten positiv für David. An einem scheinbar normalen Tag aber ändert sich alles. Nach einem Kampf machen David und seine Männer die Entdeckung, dass feindliche Truppen in ihr Lager eingedrungen sind, Frauen und Kinder verschleppt und alles niedergebrannt haben.

Das würde schon ausreichen, um den Tag zu einem schlechten Tag zu machen, aber es ist noch nicht alles. Davids Soldaten sind müde, wütend und krank vor Sorge um ihre Familien. Sie sind wütend auf Gott. Schließlich verbreitet ein Teil von ihnen, dass sie genug von Davids Führung haben. Ihrer Ansicht nach ist David an allem schuld, und so beschließen sie, ihn zu Tode zu steinigen.

Plötzlich steht David mitten in einer schweren Führungskrise. Er muss schnell entscheiden, in welche Richtung er seine Führungsenergie einsetzen will. Wer braucht sie am dringendsten? Seine Soldaten? Die Offiziere? Die Rebellen?

Seine Antwort? Niemand von den oben Genannten.

In diesem kritischen Augenblick wird David etwas sehr Grundsätzliches klar: Er muss sich selbst führen, bevor er andere Menschen führen kann. Solange er innerlich hin- und hergerissen ist, kann er seinem Team nichts bieten. Also zog er sich an einen ruhigen Ort zurück, und dort spürte er, »dass der Herr, sein Gott, ihm Kraft gab« (1 Samuel 30,6). Erst dann versuchte er, seine Leute dazu zu motivieren, ihre Familien und das, was von ihrem Besitz noch übrig war, zu retten.

David hatte erkannt, wie wichtig es ist, sich selbst zu führen. Auch wenn über dieses Thema nicht viel gesagt wird, sollten Sie sich davon nicht in die Irre führen lassen – es ist ein äußerst wichtiger Bereich des Leitens. Wie kann man effektiv andere anleiten, wenn der eigene Mut sinkt und die Zuversicht wankt?

Vor kurzem las ich einen Artikel, der mich ziemlich in Aufruhr brachte. Der anerkannte Führungsexperte Dee Hock forderte Führungskräfte dazu auf zu kalkulieren, wie viel Zeit und Energie sie in jede dieser Richtungen investierten: die ihnen unterstellten Menschen führen (S), die Menschen führen, die über ihnen stehen (N), Menschen auf gleicher Ebene führen (O–W), und sich selbst führen. Da er seit über zwanzig Jahren über das Thema Leitung und Führung nachdenkt und zu den prägendsten Köpfen auf diesem Gebiet zählt, war ich begierig darauf, von seiner Weisheit zu profitieren.

Seine Empfehlung?

> »Das Selbstmanagement sollte 50 Prozent Ihrer Zeit sowie Ihre besten Fähigkeiten einnehmen. Dabei sind die ethischen, moralischen und geistlichen Elemente unabdingbar.«*

Ich war schockiert. Meinte er das wirklich ernst? Dass wir die Hälfte unserer Zeit mit Selbstmanagement verbringen, und die verbleibende Hälfte für die Führung nach unten, nach oben und auf der gleichen Ebene aufteilen sollten? Seine vorgeschlagenen Prozentsätze machten mir so zu schaffen, dass ich den Artikel nicht zu Ende lesen konnte. Ich legte ihn in meine Schreibtischschublade, damit seine Vorschläge ein paar Stunden in meinem Gehirn auf kleiner Flamme köcheln konnten.

Während sie garten, las ich einen Artikel von Daniel Goleman, dem Autor des Bestsellers *Emotionale Intelligenz*. Seit Erscheinen dieses Buches hat Goleman viel Zeit damit verbracht zu analysieren, warum nur so wenige Leiter ihr volles Potenzial erreichen,

*Aus: »The Art of Chaordic Leadership«, *Leader to Leader*, Winter 2000, S. 22.

während die meisten nur ein Niveau erreichen, das weit hinter dem zurückbleibt, was man von ihnen erwarten könnte.

Zu welchem Schluss kommt er? Der Unterschied hat etwas mit (Sie werden es erraten) Selbstmanagement zu tun. Er nennt es »emotionale Selbstkontrolle«. Nach Goleman wird diese Art der Selbstkontrolle von Führungskräften ausgeübt, wenn sie in ihrer Führungsposition trotz überwältigender Opposition oder Entmutigung aushalten. Ebenso, wenn sie sich weigern, in Krisenzeiten aufzugeben, wenn es ihnen gelingt, ihr Ego abzustellen, und wenn sie sich auf ihre Mission konzentrieren, statt sich von den Vorstellungen anderer Leute ablenken zu lassen.

Goleman behauptet, dass sich außergewöhnliche Führungspersönlichkeiten von anderen abheben, weil sie »ihre Stärken, ihre Grenzen und ihre Schwächen kennen«*. Als ich die Daten las, die Golemans Behauptung stützten, dachte ich: *Vielleicht sind Dee Hocks Prozentangaben doch nicht so absurd!*

Rufen Sie sich die ersten 5 Kapitel des Markusevangeliums ins Gedächtnis. Erinnern Sie sich, wie sich bei Jesus Phasen intensiven Dienstes schnell mit Zeiten abwechselten, in denen Jesus sich zurückzog und nachdachte, betete, fastete und allein war? Jesus behielt dies während seines gesamten Dienstes bei.

Um bei unseren Begriffen zu bleiben, praktizierte Jesus die hohe Kunst des Selbstmanagements. Er wusste, dass er sich in regelmäßigen Abständen an einen ruhigen Ort zurückziehen und sich wieder neu ausrichten musste. Er wusste, dass er sich immer wieder darauf besinnen musste, wer er war und wie sehr der Vater ihn liebte. Selbst Jesus musste regelmäßig Zeit investieren, um seine Berufung klar vor Augen zu behalten, um sich nicht von seinem Auftrag abbringen zu lassen und alle Zerstreuung, Entmutigung und Versuchung von sich zu schieben.

*Aus: »The Emotional Intelligence of Leaders«, *Leader to Leader*, Herbst 1998, S. 22.

Das versteht man unter Selbstmanagement. Niemand – und ich meine wirklich *niemand* – kann uns diese Arbeit abnehmen. Jede Führungskraft muss sich dieser Mühe selbst unterziehen, und es ist nicht einfach. Dee Hock geht in der Tat davon aus, dass sich die meisten Führungskräfte davor drücken, weil es so anstrengend ist. Wir versuchen lieber, andere zu inspirieren oder zu kontrollieren, statt uns mit strenger Selbstreflexion und innerem Wachstum auseinander zu setzen.

Vor ein paar Jahren musste ein bekannter christlicher Leiter seinen Hut nehmen. Ein Artikel beschrieb sein Ende: »Er sank wie ein Stein, erschlagen, ausgebrannt, verbittert und depressiv, weder gut für sich noch gut für die Menschen, die er liebte.« Als dieser Pastor über seine Erfahrung schließlich öffentlich schrieb, äußerte es sich folgendermaßen: »Schließlich konnte ich nachts nicht mehr schlafen. Eine weitere Woge von Menschen mit zerbrochenen Leben würden an den Strand der Gemeinde geschwemmt werden, und ich merkte, ich konnte kein Mitleid mehr mit ihnen empfinden. Und innerlich wurde ich wütend, wütend, wütend. Viele Menschen fragen sich sicher immer noch, was mit mir los war. Sie denken, ich hatte eine Glaubenskrise. Tatsache ist, dass ich innerlich einfach zusammengebrochen bin.«

Dee Hock würde vermutlich sagen, dass er an mangelndem Selbstmanagement gescheitert war. Vor seinem Zusammenbruch hätte er eine Auszeit nehmen sollen, um sich wieder zu sammeln, nachzudenken und sich neu auszurichten. Er hätte eine Sabbatzeit nehmen oder eine Beratung in Anspruch nehmen sollen. Daniel Goleman hätte gesagt, dieser Mann habe seine emotionale Selbstkontrolle verloren. Und er musste einen hohen Preis dafür bezahlen.

Ich werde nie den Tag vergessen, an dem drei weise Berater in Gemeindeangelegenheiten in mein Büro kamen. Sie sagten: »Bill, in den ersten 20 Jahren von *Willow Creek* hattest du, wie du selbst zugibst, zwei Phasen, in denen du nicht auf der Höhe deiner Führungsqualitäten warst: Einmal gegen Ende der 1970er Jahre und einmal Anfang der 1990er Jahre. Die Zahlen belegen, dass *Willow Creek* bitter für deine Führungsfehler bezahlt hat. Sie haben uns alle mehr gekostet, als du jemals erfahren wirst.«

Und dann kamen die Worte, die ich nie vergessen werde: »Das schönste Geschenk, das du den Leuten, die du hier in *Willow* führst, machen kannst, ist deine gesunde, energiegeladene, Gott hingegebene und zielgerichtete Persönlichkeit. Niemand außer dir kann das in deinem Leben geschehen lassen. Es liegt also an dir, die richtigen Entscheidungen zu treffen, damit du in Höchstform bleibst.« Und während sie diese Worte aussprachen, sagte der Heilige Geist in mir: »Sie haben Recht, Bill. Sie haben Recht.«

Weil ich weiß, was auf dem Spiel steht, stelle ich mir nun regelmäßig selbst einige Fragen zum Selbstmanagement.

Ist meine Berufung klar?

Was diese Frage betrifft, gehöre ich zur alten Schule. Ich bin wirklich davon überzeugt, dass jeder Christ eine Berufung hat, egal, ob er Pastor oder Laie ist. Jeder von uns sollte sich Gott ganz hingeben und sich ihm völlig zur Verfügung stellen. Jeder von uns sollte fragen: »Was ist mein Auftrag, Gott? Wo soll ich mich nach deinem Willen einsetzen? Welche Rolle soll ich in deinem großen Schauspiel einnehmen?«

Erinnern Sie sich, was Paulus in Bezug auf seine Berufung sagte? »Aber ich will mit keinem Wort mein Leben wichtig nehmen, wenn ich nur meinen Lauf vollende und den Dienst erfülle, der mir von Jesus, dem Herrn, übertragen wurde« (Apostelgeschichte 20,24). Für Paulus gab es keine höhere Priorität als die Erfüllung des Dienstes, den Gott ihm anvertraut hatte.

Es ist ein großes Privileg und ein Segen, eine Berufung von dem heiligen Gott persönlich zu bekommen. Unser Leben gewinnt dadurch eine Richtung. Wir haben mehr Energie und ein stärkeres Selbstvertrauen. Das Wissen, dass wir einen Auftrag haben, der wirklich wichtig ist, lässt jeden Tag sinnvoll werden. Aber wir können diese Vorzüge nur genießen, wenn uns unsere Berufung ganz klar ist und klar bleibt.

In den letzten Jahren habe ich endlich verstanden, dass ich selbst dafür verantwortlich bin. Deshalb frage ich Gott regelmäßig: *Herr, berufst du mich immer noch dazu, dass ich Pastor von Willow Creek sein und Gemeinden auf der ganzen Welt unterstützen soll?* Wenn ich von Gott eine Bestätigung für diese Berufung bekomme, sage ich: »Dann los! Ich werde alle Ablenkungen und Versuchungen ignorieren. Ich werde Brücken hinter mir einreißen und vorwärts gehen!«

Wenn Sie zum Leiter berufen sind, liegt es in Ihrer Verantwortung, regelmäßig zu überprüfen, ob diese Berufung noch gilt.
Suchen Sie Gottes Bestätigung mit offenem Herzen.
Wenn Sie seine Bestätigung nicht erhalten, ziehen Sie die Bremse und versuchen Sie herauszufinden, was Gott Ihnen sagen möchte.
Wenn Sie Gottes Bestätigung aber bekommen, dann tun Sie alles, um sich weiterhin auf Ihre Berufung konzentrieren zu können.

Kleben Sie die Berufung als Zettel auf Ihren Kühlschrank. Rahmen Sie sie und stellen Sie sie auf Ihren Schreibtisch. Und tragen Sie sie vor allem in sich.

Ist meine Vision klar?

Wie kann ich Menschen in die Zukunft führen, wenn mein Bild von der Zukunft eher verschwommen ist? Wir haben in *Willow Creek* jedes Jahr einen Visionsabend. Wissen Sie, wer diesen Visionsabend ins Leben gerufen hat? Ich. Wissen Sie, für wen ich diesen Abend in erster Linie veranstalte? Für mich selbst. Und wissen Sie warum? Weil mich der Visionsabend dazu zwingt, mir über meine Vision von *Willow Creek* völlig im Klaren zu sein.

Ich bin der Überzeugung, dass jede Führungskraft einen regelmäßig angesetzten Visionsabend braucht. An diesem Abend erklären wir: »Das ist das Bild der Zukunft, das Gott uns unserer Ansicht nach gegeben hat; das werden wir machen; aus diesen Gründen werden wir es machen; und so werden wir es machen. Und wenn wir alle wie verrückt beten, gemeinsam anpacken und uns auf unseren Auftrag konzentrieren, werden wir in einem Jahr eine andere und bessere Gemeinde sein.«

Wir bereiten uns in *Willow* immer sehr gründlich auf diese Visionsabende vor. Schon Wochen vorher treffen sich die Gremien der Gemeindeleitung, um die Pläne für die Zukunft zu diskutieren. Wir schreiben die Ideen in groben Zügen auf Flipcharts und Laptops, überarbeiten sie und verteilen die Entwürfe. Jeder von uns verbringt Stunden damit, über diesen Entwürfen zu beten und in der Bibel nachzulesen. Schließlich fragen wir: »Gott, ist es das, was du mit uns vorhast?« Wenn der Visionsabend ansteht, haben wir die Vision wieder klar vor Augen. Ich bin derjenige, der vor allem darauf besteht, diesen Prozess jedes Jahr zu durchlaufen, weil ich als Pastor der Gemeinde absolut sicher im Hinblick auf die Vision sein muss.

Brennt meine Leidenschaft?

Haben Sie sich schon einmal gefragt, wer dafür zuständig ist, die Leidenschaft eines Pastors zu entfachen? Sie werden es erraten haben: Es gehört zu den Grundaufgaben des Selbstmanagements.

Letztes Jahr fragte mich bei einer Sitzung der Gemeindeältesten ein Ältester: »Sie sind doch sowieso so eingespannt. Warum fliegen Sie dann freitagsabends in irgendeine kleine Stadt, um in einer Mini-Gemeinde, die weit ab vom Schuss liegt, ein neues Gemeindehaus einzuweihen? Warum machen Sie das?«

Meine Antwort: »Weil es die Flamme meiner Leidenschaft lodern lässt.«

Ich erklärte, dass ich einige Zeit vorher einer Gemeinde geholfen hatte, ihr neues Gebäude einzuweihen. Als ich ihren neuen Gemeindesaal betrat, nahm mich ein Mann mit in eine Ecke des großzügig bemessenen Raumes. Er schlug den Teppichboden zurück und zeigte mir den Teil des Betonbodens, auf den jeder, der zum Kern der Gemeinde gehörte, die Namen der Familienangehörigen und Freunde geschrieben hatte, die noch fern von Gott waren. Als der nasse Zement getrocknet war, bedeckten sie die Stelle mit Teppichboden. Nun steht jeden Monat der Kern der Gemeinde auf den Namen der Menschen, die sie lieben, und betet glühend für ihre Errettung. Ich erklärte den Ältesten, dass ich auf dem ganzen Flug zurück nach Chicago sehr aufgeregt war.

Diese Gemeinde beflügelte mich. Sie inspirierte mich. Nach meinem Besuch dort am Freitag predigte ich am folgenden Samstag und Sonntag besser. Ich habe erkannt, dass meine Leidenschaft glühen muss, bevor ich erwarten kann, dass sie auf die Gemeinde überspringt. Wenn es mir hilft, eine glühende Leidenschaft zu bewahren, wenn ich Gemeinden am Freitagabend in irgendeiner Form helfe, Probleme zu bewältigen, dann sollte ich meine Freitagstermine dafür frei halten und dies zu einer Priorität machen.

Wir führen Hunderte von Konferenzen mit der *Willow Creek*-Association durch. Manchmal nehmen mich Pastoren blühender Gemeinden beiseite und flüstern mir ins Ohr: »Ich komme hier ein- oder zweimal im Jahr her, nur um meine Begeisterung wieder neu anzufachen.« Es scheint ihnen peinlich zu sein, so oft nach *Willow Creek* zu kommen, ganz als ob es ein Zeichen von Schwäche wäre.

Ich antworte ihnen dann:

»Sie sind ein Leiter. Es ist Ihr Job, eine glühende Leidenschaft zu bewahren. Tun, Sie was Sie dafür tun müssen. Lesen Sie, was Sie dafür lesen müssen. Gehen Sie dorthin, wo immer es Ihrer Begeisterung gut tut. Und vor allem: Entschuldigen Sie sich dafür bei niemandem.«

Fördere ich meine Gaben?

Machen wir schnell ein Quiz: Welche sind Ihre drei stärksten geistlichen Gaben? Wenn Sie sie nicht so schnell aufsagen können wie Ihren Namen, Ihre Adresse und Telefonnummer, dann bin ich versucht zu sagen: »Bei Ihnen stimmt etwas nicht!« Bevor Sie mir jetzt einen Brief schreiben, in dem Sie mir erklären, dass ich Ihnen Schuldgefühle verursache, möchte ich Ihnen noch sagen, dass ich bei diesem Thema eine »Verständnisstörung« habe. Vielleicht brauche ich Medikamente oder ein paar Sitzungen bei einem Psychiater auf der Couch. Aber ich habe nur wenig Sympathie für Leiter, die es mit ihren geistlichen Gaben nicht so genau nehmen.

Leiter müssen wissen, welche geistlichen Gaben sie bekommen haben und in welcher Reihenfolge. Die Bibel lehrt, dass alle Leiter vor Gott dafür verantwortlich sind, ihre Gaben wirklich ganz auszuschöpfen.

Gott hat mir drei Gaben anvertraut. Andere Menschen haben fünf, sechs oder sieben. Ich habe nur drei – Leitung, Evangelisation und Lehre –, aber ich weiß, dass Gott von mir erwartet, dass ich diese drei Gaben weiterentwickle und so weit ich kann ausbaue. Aus diesem Grund lese ich alles, was sich auf diese Gaben bezieht, und aus diesem Grund verbringe ich so viel Zeit wie möglich mit Menschen, die in diesen Bereichen besser als ich sind.

Ich vergesse nie, dass ich eines Tages vor Gott stehen werde und mich dafür verantworten muss, wie ich mit dem umgegangen bin, was er mir anvertraut hat. Wenn es so weit ist, möchte ich von ihm für meinen treuen Umgang mit allen meinen drei Gaben gelobt werden.

Achten Sie darauf, Ihre geistlichen Gaben weiterzuentwickeln? Gutes Selbstmanagement verlangt das!

Ist mein Charakter Jesus unterstellt?

Führungsqualitäten verlangen auch moralische Autorität. Menschen werden nur Führungspersönlichkeiten vertrauen, die absolut integer sind. Sie werden sich nicht von jemandem über einen längeren Zeitraum hinweg führen lassen, dessen Moral Unzulänglichkeiten erkennen lässt. Jedes Mal, wenn Sie Ihren Charakter kompromittieren, kompromittieren Sie Ihre Führungsqualität.

Vor einiger Zeit war einer unserer Mitarbeiter über seine Führungsrolle frustriert, weil ein paar Leute, die unter ihm arbeiteten, nicht mehr kooperativ zu sein schienen. Ich schaute mich ein bisschen in seiner Abteilung um, um herauszufinden, was los war. Dabei trat das wahre Bild zu Tage. Eine Person sagte: »Er setzt Termine für Besprechungen an, aber erscheint dann nicht.« Ein anderer sagte: »Er ruft nur selten zurück.« Ein dritter sagte: »Wir wissen oft nicht, wo er zu finden ist.«

Ich vereinbarte einen Termin mit diesem Leiter und stellte fest, dass die Aussagen seiner Mitarbeiter der Wahrheit entsprachen. Dann schaute ich ihn fest an und sagte: »Eines muss klar sein: Wenn Sie Ihren Mitarbeitern sagen, dass Sie zu einer bestimmten Zeit an einem bestimmten Ort sein werden, und Sie verspäten sich oder kommen überhaupt nicht, ist das ein Problem, das Ihren Charakter betrifft. Wenn Sie versprechen, jemanden zurückzurufen, und dies dann nicht tun, fühlen sich Menschen abgewertet. Wenn Ihre Mitarbeiter nicht wissen, wo Sie während Ihrer Arbeitszeiten zu finden sind, lässt ihr Vertrauen nach. Sie müssen diese Sachen bereinigen und in den Griff bekommen, oder wir müssen Sie ersetzen.« Im Lauf der Jahre habe ich wie gesagt festgestellt, dass ein ganzes Team Schaden nimmt, wenn man als Leiter im Bereich des Charakters Kompromisse eingeht.

Welche Führungskraft möchte ihre Truppen demoralisieren und der Sache schaden? Ich mit Sicherheit nicht. Deshalb singe ich regelmäßig Rory Nolands Lied, wenn ich mit Gott allein bin:

Heiliger Geist, übernimm die Kontrolle.
Nimm meinen Körper, nimm meine Seele.
Leg deinen Finger auf alles, was dir missfällt,
Auf alles, was dich traurig macht.
*Heiliger Geist, übernimm die Kontrolle.**

Wessen Aufgabe ist es, den Charakter eines Leiters zu pflegen? Natürlich ist es die Aufgabe des Leiters selbst.

Habe ich meinen Stolz im Griff?

In 1 Petrus 5,5 steht: »Gott tritt den Stolzen entgegen, den Demütigen aber schenkt er seine Gnade.« Wissen Sie, was Petrus hier schreibt? Als Leiter haben wir eine Wahl. Wir können entscheiden, ob wir bei der Ausübung unserer Leitungsfunktion gegen Gott kämpfen oder von Gottes Gnade und Gunst profitieren wollen.

Wenn Sie segeln, wissen Sie, wie schwierig es ist, gegen den Wind zu segeln. Sie wissen auch, wie schön und entspannend es ist, mit dem Wind zu segeln. Petrus fragt uns: »Wie wollen Sie es lieber haben? Wollen Sie mit dem Wind oder gegen den Wind segeln? Wenn Sie sich in Demut hüllen, wird die Gunst Gottes Sie tragen. Wenn Sie stolz sind, müssen Sie gegen den Wind segeln.«

---

*Rory Noland: *Holy Spirit Take Control,* Ever Devoted Music, 1984.

Wollen Sie wissen, wie Sie am besten herausfinden, ob Stolz Ihre Führungsqualitäten beeinträchtigt? Fragen Sie.

Fragen Sie die Leute in Ihrer Kleingruppe. Fragen Sie Ihren Ehepartner. Fragen Sie Ihre Ältesten oder den Gemeindevorstand. Fragen Sie Ihre Freunde, ob Sie bei Ihnen Stolz oder Arroganz spüren. Wenn Sie es nicht einmal schaffen, diese Frage zu stellen, dann haben Sie vermutlich ein Stolz-Problem. Es ist kein Problem für Sie, wenn Sie gern gegen eine steife Brise ansegeln. Aber es ist viel besser, demütig zu sein und sich von Gott tragen zu lassen.

Wenn Sie ein Problem mit Stolz haben, sollten Sie es nicht ignorieren. Bitten Sie den Heiligen Geist um Hilfe. Sprechen Sie mit weisen Mentoren. Nehmen Sie Beratung in Anspruch. Tun Sie alles, um Ihren Stolz in den Griff zubekommen. Es liegt in Ihrer Verantwortung.

Kann ich Angst überwinden?

Angst kann lähmen. Manchmal frage ich Pastoren, die um ihre sterbenden Gemeinden trauern: »Warum haben Sie nichts verändert?« Ich frage Führungskräfte in der Wirtschaft, die zögern, ein neues Produkt einzuführen: »Warum gehen Sie nicht den nächsten Schritt?« Ich frage Politiker, die sich bei Themen bedeckt halten, die ihnen nach ihren Aussagen eigentlich am Herzen liegen: »Warum nehmen Sie nicht öffentlich Stellung?« Die Antwort lautet oft (direkt oder indirekt): »Weil ich Angst habe.« Angst lähmt und macht Führungskräfte machtlos.

Glauben Sie mir, auch bei mir mischen sich Ängste in meinen Entscheidungsfindungsprozess ein. Ich erinnere mich genau an den Morgen im Jahr 2000, als mir klar wurde, dass wir ein 70 Millionen Dollar schweres Bauprojekt starten mussten. Unsere Vision für die Zukunft war klar. Die Ältesten, der Gemeindevorstand und das Managementteam hatten ihre Zustimmung gegeben. Der letzte Schritt bestand darin, den Mut aufzubringen und die öffentliche Phase des Projekts einzuläuten. Aber wissen Sie, welche Gedanken mir durch den Kopf schwirrten? *In dem Augenblick, in dem ich die Öffentlichkeit über dieses 70-Millionen-Projekt informiere, gibt es kein Zurück mehr. Dann gilt es.* Ich erkannte, dass alles auf dem Spiel stand, wofür wir in den vergangenen 25 Jahren gearbeitet hatten. Die Glaubwürdigkeit, die unsere Gemeinde in unserem Umfeld und auf der ganzen Welt errungen hatte, stand in Frage. Die Angst steigerte sich. *Was ist, wenn wir 20 Millionen zu wenig haben? Warum sollen wir die Gemeinde dieser Enttäuschung aussetzen? Wir kommen doch gut klar. Wir wachsen und taufen jedes Jahr 1.000 Menschen. Ein falscher Schritt in dieser Größenordnung kann das alles zunichte machen. Warum sollen wir das riskieren?*

Aber schließlich kam ich an den Punkt, an dem mir klar wurde, was ich gerade tat: Ich ließ zu, dass die Angst meine Führungsqualitäten sabotierte. Ich erinnerte mich an den kleinen Vers in 1 Johannes 4,4: »Er, der in euch ist, ist größer als jener, der in der Welt ist.« Ich stellte mir selbst die Frage:

Hat Gott zu mir gesprochen? Hat er die Richtung klar vorgegeben? Wird er mich immer noch lieben, selbst wenn ich hier versage? Werde ich immer noch in den Himmel kommen, selbst wenn sich diese ganze Sache als Fehler entpuppt?

Ich kämpfte mit mir, aber schließlich fand ich den Mut, im Glauben vorwärts zu gehen.

Eine Führungskraft ist dafür verantwortlich, so mit Angst umzugehen, dass ihr Auftrag dadurch nicht sabotiert wird.

Beeinträchtigt meine innere Verfassung meine Führungsqualitäten?

Jeder von uns musste in der Vergangenheit Wunden, Verluste und Enttäuschungen einstecken. Diese Erfahrungen trugen dazu bei, uns so zu gestalten – oder misszugestalten –, wie wir jetzt sind. Ich lache Leute aus, die sagen: »Die Probleme meiner Herkunftsfamilie haben mich nicht beeinträchtigt.« Oder: »Nichts aus meiner Vergangenheit hat Einfluss auf mein heutiges Leben.«

Führungskräfte, die ihre innere Realität ignorieren, treffen oft unweise Entscheidungen, die ernsthafte Konsequenzen für die Menschen unter ihrer Führung haben. Oft sind sie sich überhaupt nicht bewusst, was die Triebkraft für solche Entscheidungen war. Manche Pastoren realisieren nicht, dass ihr persönliches Problem, wie beispielsweise ihre Selbstüberschätzung, ihre ganze Gemeinde in ein Konzept zwingt, das nicht Gottes Vorstellungen entspricht. Es ist ein Konzept, das direkt ihrem Bedürfnis entspringt, größer, besser und großartiger als andere zu sein.

Andere Führungskräfte sind unheilbar davon besessen, Menschen gefallen zu wollen. Sie machen jede Woche eine Meinungsumfrage, um zu sehen, wie ihre Beliebtheit eingeschätzt wird. Dann handeln sie entsprechend.

Wer ist dafür verantwortlich, unsere innere Verfassung und unsere Vergangenheit aufzuarbeiten, damit unsere Gemeinden davon nicht negativ beeinträchtigt werden? Sie. Ich.

Ich habe viel Zeit im Sprechzimmer eines christlichen Therapeuten verbracht. Ich stehe immer noch in Kontakt mit zwei Beratern. Bis heute trage ich eine Liste mit Fragen mit mir herum, die Aspekte meines Wesens betreffen, die mir Kopfzerbrechen bereiten. Fragen wie: *Warum habe ich das gesagt? Warum habe ich meine Macht gegenüber dieser Person ausgespielt? Warum habe ich in dieser Situation klein beigegeben, als doch Stärke gefordert war?* Ich bin dafür verantwortlich, solche Fragen mit einem Freund, einem Seelsorger oder einem Therapeuten zu lösen. Gutes Selbstmanagement erfordert dies.

Ist mein Tempo auf Dauer aufrechtzuerhalten?

Wie bereits erwähnt, stand ich zu Beginn der 1990er Jahre kurz vor einem völligen emotionalen Zusammenbruch. Es ist überflüssig zu sagen, dass in meinem Leben keine Spur von Selbstmanagement zu finden war. Ich verstand das Prinzip der Selbsterhaltung nicht. Also nahm ich keine Rücksicht auf meine Gefühle. Ich missbrauchte meine geistlichen Gaben. Ich ruinierte meinen Körper. Ich vernachlässigte meine Familie und meine Freunde. Und ich kam nur knapp daran vorbei, zu einem Fall aus der Statistik zu werden.

Ich weiß noch, wie ich in einem Restaurant saß und schrieb: »Das Tempo, in dem ich für Gott arbeite, zerstört das Arbeiten Gottes in mir.« Dann, immer noch in diesem Restaurant, ließ ich den Kopf auf mein Notizbuch sinken und fing an zu weinen.

Nachdem ich mich wieder gefasst hatte, sagte ich: *Gott, was ist hier los?*

Ich spürte, wie der Heilige Geist antwortete:

Bill, wer hält dir ein Gewehr an den Kopf? Wer zwingt dich, mehr abzubeißen, als du kauen kannst? Wer macht dir solche Angst, dass du mehr Leistung bringst, als gefordert ist? Von wem – abgesehen von Gott – suchst du Beifall, Anerkennung und Zustimmung? Was bringt dich dazu, so zu leben?

Die Antworten auf diese Fragen waren mehr als ernüchternd. Sie waren verheerend. Die Ältesten, denen gegenüber ich Rechenschaft schuldig bin, waren nicht für mein Problem verantwortlich. Auch nicht der Gemeindevorstand, die Mitarbeiter, meine Familie oder Freunde. Mein ganzes Problem war hausgemacht.

Ich saß allein in diesem billigen Restaurant und war sauer, dass ich mit dem Finger nur auf mich selbst als Verursacher meiner Erschöpfung und emotionalen Abgestumpftheit zeigen konnte. Es ist ein schrecklich einsames Gefühl, wenn man niemanden hat, auf den man die Schuld schieben kann. Es ist scheußlich zu realisieren, dass man nur in den Spiegel schauen muss, um den Übeltäter zu finden.

Wir müssen akzeptieren, dass nur wir selbst ein Programm aufstellen können, das uns bei Kräften hält. 15 Jahre meines Lebens hatte ich Monat für Monat viel zu viele Termine, und mein Leben geriet nun völlig außer Kontrolle. Tief in mir fragte ich mich: *Warum haben mich die Ältesten nicht gerettet? Warum haben mich meine Freunde nicht davor bewahrt? Sehen die Leute nicht, dass ich kaputtgehe?*

Schließlich flüsterte mir die Stimme des Selbstmanagements die Wahrheit ins Ohr: *Du bist selbst dafür verantwortlich, einen Plan aufzustellen, der dich bei Kräften hält, und ihn auch Tag für Tag umzusetzen.* Durch Gottes Gnade gelang es mir schließlich herauszufinden, wie das geht, und heute, 12 Jahre später, kann ich aufrichtig sagen, dass das Tempo meines Lebens und meiner Arbeit erträglich ist und ich mehr Freude am Leben habe als je zuvor.

Ich bin für mein realistisches Tempo nicht nur um meinetwillen dankbar, sondern auch wegen meiner Frau. Führungskräfte sind naiv, wenn sie denken, sie können ein ungesundes Tempo auf Dauer beibehalten, ohne den Menschen, die ihnen nahe stehen, Schmerz zuzufügen. Da Lynne von ganzem Herzen von dem wichtigen Dienst der Gemeinde überzeugt ist, hat sie immer ihr Bestes getan, um meine Arbeit in *Willow Creek* und meine Reisen zu unterstützen. Die Unausgewogenheit meines Lebens aber führte dazu, dass sie mich weit mehr unterstützen musste, als es der Fall hätte sein sollen. Am Ende übernahm sie zu Hause und in der Familie so viele Verpflichtungen, dass sie fast keine Zeit und Energie mehr hatte, ihre eigenen Gaben und ihre Mitarbeit in der Gemeinde auszubauen.

Ich widmete meinen Kindern gewissenhaft Zeit, weil ich wusste, dass ich ihnen keinen abwesenden Vater antun konnte. Aber wie zu viele andere Pastoren erwartete ich von meiner Frau, dass sie meine extreme Hingabe an die Gemeindearbeit verstand und akzeptierte. Das war ein Fehler, ein Problem meines Selbstmanagements. Unsere Ehe litt darunter, wie jede andere Ehe, die unter dem Druck eines zu hohen Lebenstempos steht.

Gott sei Dank liegt diese Zeit hinter uns. Wir genießen die enge Bindung, die wir zu unseren fast erwachsenen Kindern haben, und freuen uns über die echte Erneuerung unserer Beziehung. Für uns ist »die gute alte Zeit« heute, und die Zukunft sieht viel versprechend aus.

Aber wir wären nicht an diesen Punkt gelangt, hätte ich mein Leben nicht in den Griff bekommen. Sie müssen sich von der Illusion verabschieden, dass »da draußen« jemand ist, der Sie retten wird. Sie sind allein dafür verantwortlich, Ihr Leben in einem Tempo zu leben, das Sie auf Dauer durchhalten lässt. Ihr Leben, Ihr Dienst, Ihre Ehe, Ihre Familie – alles hängt davon ab.

Nimmt meine Liebe für Gott und Menschen zu?

Haben Sie sich mal wieder gefragt, wessen Aufgabe es ist, die Flamme Ihrer Liebe am Brennen zu halten? Ist es Aufgabe Ihrer Gemeinde? Ihres Ehepartners? Ihrer Kleingruppe? Nein. Es ist Ihre Aufgabe und meine Aufgabe, sicherzustellen, dass unsere Liebe für Gott und für andere Menschen ständig zunimmt. Niemand kann uns das abnehmen.

In Kapitel 11 geht es darum, unsere Liebe zu Gott zu vertiefen, deshalb konzentriere ich mich in den letzten Seiten dieses Kapitels auf den zweiten Teil der Herausforderung: Andere Menschen lieben.

Wenn es, wie ich in Kapitel 8 gesagt habe, wahr ist, dass Menschen Gottes größter Schatz sind, dann sollten sie auch unser größter Schatz sein. Wenn sie unser größter Schatz sind, sollte unser Herz vor Liebe für sie überfließen.

> Gemeindearbeit sollte im Wesentlichen darin bestehen, Menschen so zu lieben, wie Gott sie liebt. Doch kam ich in meinem Leben an einen Punkt, an dem ich realisierte, dass mein Herz für Menschen nicht größer, sondern immer kleiner wurde. Ich liebte die Menschen nicht mehr, sondern weniger.

So seltsam es klingen mag – ich messe die Größe meines Herzens oft an dem, was am ersten Tag meiner jährlichen Studiensommerpause passiert. Wenn ich mein anstrengendes Arbeitsjahr in *Willow* beendet hatte und mit meiner Familie in die kleine Stadt fuhr, in der wir unsere Sommer verbringen, verschwendete ich viele

Jahre lang keinen Gedanken an die Menschen, die in dieser Stadt lebten. Meine Einstellung war: »Ich bin für meine Leute in Chicago zuständig. Ihr seid nicht mein Problem.« Es ist traurig, dies zuzugeben, aber mein Herz war in jenen Jahren ziemlich klein.

Ich versuchte meine Gleichgültigkeit zu rechtfertigen, aber ich wusste, dass es falsch war. Also entschloss ich mich, einige Veränderungen während meines Arbeitsjahres vorzunehmen, die mein Herz davor bewahrten zu schrumpfen, und meinen Geist davor bewahrten abzustumpfen. Ich fing an, mir regelmäßige freie Tage zuzugestehen, plante während der Woche mehr Zeiten der Stille ein und las mehr Bücher, die mich auf einer tiefen geistlichen Ebene herausforderten.

Vor ein paar Jahren sprach mich am Anfang meiner Sommerpause am Hafen bei der Anlegestelle meines Bootes ein junger Mann an, der gehört hatte, dass ich Pastor war. Er war 25 Jahre alt, frisch aus dem Gefängnis entlassen und hatte eine Menge Probleme. Nachdem er mir sein Leid geklagt hatte, bat er mich um Rat, um Geld und um alles andere, was ich zu geben hatte.

Ich spürte, dass es ihm wirklich ernst war und er in seinem Leben etwas ändern wollte. Deshalb hörte ich ihm geduldig zu und sagte schließlich: »Lassen Sie mich darüber schlafen, dann komme ich wieder auf Sie zu.« Am Abend versuchte ich Lynne zu erklären, was in mir vorging. »Alles scheint gegen diesen jungen Mann zu stehen. Er wird den Rest seines Lebens vermutlich Probleme wegen seiner Fehler in der Vergangenheit haben. Und vielleicht macht er mit seinen Fehlern einfach weiter. Aber vielleicht hilft es auch, wenn ihm einfach irgendjemand ein bisschen Hilfe anbietet. Vielleicht könnte er dann ein paar Fortschritte machen. Lass uns doch versuchen, etwas für ihn zu tun.«

Ich war nicht überrascht, als Lynne meine Idee unterstützte. Was mich eher überraschte, war die Tatsache, dass *ich* meine Idee unterstützte. Ich muss leider zugeben, wie erstaunt ich über das Mitgefühl war, das sich in mir für diesen jungen Mann regte. Es war schon sehr lange her, dass ich ein Arbeitsjahr mit genug Energie beendet hatte, um mich noch aufrichtig um einen anderen Menschen sorgen zu können.

Also gaben wir ihm ein bisschen Geld, um ihm durch seine akute Krise zu helfen. Dann halfen wir ihm bei der Suche nach ein paar Gelegenheitsjobs, die ihm so etwas wie ein geregeltes Einkommen verschafften. Während des Sommers traf ich mich ziemlich oft mit ihm, und wir wurden Freunde. Mich in diesem Sommer mit ihm abzugeben, bedeutete für mich eine Art Sieg meines Selbstmanagements. Der Heilige Geist flüsterte mir immer wieder zu: »Du wächst, Bill! Dein Herz wird größer. Weiter so!«

Ich möchte nicht mehr zulassen, dass mein Herz schrumpft. Mehr als je zuvor bin ich entschlossen, mein Herz während meiner verbleibenden Zeit als Gemeindeleiter im Wachstum zu unterstützen. Was nützt es, eine tolle Führungskraft zu sein, wenn meine Fähigkeiten, meine Erkenntnisse, meine Entscheidungen und meine Energie nicht einer tiefen Liebe zu Gott und zu anderen Menschen entspringen?

Wie steht es um Ihr Herz? Wenn Sie so weitermachen wie bisher, wird Ihr Herz im Lauf Ihrer Dienstjahre dann größer werden? Oder ist Ihr Trainingsplan verkehrt? Laufen Sie so schnell, dass Sie schon auf halber Strecke völlig erschöpft sind? Schauen Sie den Tatsachen ins Auge. Verändern Sie, was Sie verändern müssen. Experimentieren Sie mit Selbstmanagement-Praktiken, die dazu beitragen, dass Sie sowohl ausgezeichnet führen als auch ausgezeichnet lieben können.

Norden, Süden, Westen, Osten – ein Leiter muss lernen, in allen diesen Richtungen zu führen. Aber es ist egal, wie viele Punkte Sie rund um den Kompass treffen, solange Sie nicht in der Mitte stark sind. Wenn Sie sich beim Lesen dieses Kapitels unwohl gefühlt haben, dann lesen Sie es noch einmal. Stellen Sie sich die Fragen, die ich in diesem Kapitel gestellt habe. Legen Sie Ihre Berufung, Ihre Vision, Ihre Leidenschaft, Ihre Gaben, Ihren Charakter, Ihren Stolz, Ihre Ängste, Ihre innere Verfassung, Ihr Lebenstempo und Ihr Herz vor Gott. Lassen Sie sich von Gott die Wahrheit über Ihr Leben zeigen. Und dann unternehmen Sie die notwendigen Schritte und werden Sie fit im wichtigsten Aspekt von Leiten und Führen: dem Selbstmanagement.

10

Das Gebet eines Leiters: »Gott, forme mich so, dass sich mein volles Potenzial entfalten kann«

Meine wertvollsten Zeiten mit Gott habe ich oft erlebt, wenn ich allein auf einem Boot war. Eines Tages lag ich am Ufer des Michigan-Sees vor Anker und notierte in meinem Tagebuch einige Gedanken über mein Führungspotenzial. Ich schrieb: »Gott, ich möchte ein besserer Leiter sein, als ich es bin. Ich möchte nicht eines Tages vor dir stehen und zugeben müssen, dass ich Möglichkeiten, die du mir gegeben hast, vergeudet habe. Ich möchte meine Fähigkeiten zu ihrem vollen Potenzial entfalten. Aber ich brauche dazu deine Hilfe. Bitte steuere meine Entwicklung und zeige mir die Richtung, die ich einschlagen soll.«

Als ich dieses Gebet niederschrieb, fühlte ich mich vom Heiligen Geist dazu aufgefordert, mir die Lebensläufe einiger alt- und neutestamentlicher Leiter und Führungspersönlichkeiten näher anzuschauen. Nachdem ich über das Leben verschiedener Männer und Frauen nachgedacht und die besten Elemente ihres Leitungsstils identifiziert hatte, begann ich zu beten, dass sich ihre Stärken auch in meinem Leben stärker zeigten.

»Gott, mach mich wie David«

Der erste Leiter, der mir in den Sinn kam, war König David. Sein Optimismus hat ihn schon immer zu einer meiner Lieblingspersonen gemacht. An dem Tag auf dem Boot betete ich: »Gott, gib mir Davids Optimismus. Ich brauche Davids Fähigkeit, alles anzunehmen, was auch geschieht, solange du dabei bist.«

Von dem Tag an, an dem David eine Führungsrolle übernahm, brachte ihn sein auf seinen Glauben gegründeter Optimismus dazu, Heldentaten für Gott zu vollbringen, die vorsichtigere Leiter nicht einmal in Erwägung gezogen hätten. David glaubte so fest an die Macht Gottes, dass ihn ein Riese, ein mordlustiger König und völkermordende Feinde nicht von seinem Weg abbringen konnten.

David ging voller Vertrauen in jede Richtung, die Gott ihm zeigte, immer in der Erwartung, dass sich Gottes Gnade und Macht unterwegs zeigen würden.

Gott, dachte ich, *ich brauche mehr davon.*

Selbst an seinem absoluten Tiefpunkt war Davids auf Glauben gegründeter Optimismus stark. Als er mit Bathseba sündigte und Gott ihren erstgeborenen Sohn erkranken ließ, gab David seinen Optimismus nicht auf. Selbst als Gott ihm erklärte, dass er das Leben des Sohnes für die Sünden des Vaters forderte, hielt David an der Hoffnung fest. Er fastete und betete sechs Tage und Nächte. Er konnte die leise Hoffnung nicht loslassen, dass Gott seinen neugeborenen Sohn doch noch verschonen würde.

Aber wie Sie wissen, verschonte Gott seinen Sohn nicht. Das Baby starb.

Als David später gefragt wurde, warum er gefastet und gebetet habe, sagte er: »Als das Kind noch am Leben war, habe ich gefastet und geweint; denn ich dachte: Wer weiß, vielleicht ist der Herr mir gnädig, und das Kind bleibt am Leben« (2 Samuel 12,22). In diesen Worten ist Davids optimistische Haltung sehr stark zu spüren.

»Wer weiß? Vielleicht ist der Herr mir gnädig?«

»Wer weiß? Vielleicht setzt Gott seine Macht für mich ein?«

»Wer weiß? Vielleicht überrascht Gott mich mit etwas Übernatürlichem?«

Glaubens-Optimisten erwarten, Gottes Größe und Liebe zu erleben, selbst wenn die ganze Situation dagegen spricht. Ich brauche diese Art von Optimismus in meiner Führungsposition. Sie nicht auch?

Die Menschen, die wir führen, müssen diesen Optimismus ebenfalls in uns sehen. Sie sind Tag für Tag einem ständigen Pessimismus-Strom ausgesetzt. Egal ob im Fernsehen, in der Zeitung, in Zeitschriften, in Berichten von Verbrechen – sie hören immer den selben Kehrreim: »Wir leben in düsteren Zeiten, und sie werden nicht besser werden. Am Horizont ist kein Lichtstreif zu sehen. Es gibt keinen Grund zur Hoffnung.«

Menschen müssen eine Führungspersönlichkeit mit auf den Glauben gegründeter Hoffnung sagen hören: »Moment mal! Es kann sehr wohl besser werden. Leben können sich durch die Macht Jesu Christi verändern. Gottes Barmherzigkeit kann Leid lindern. Unterdrückung kann aufgehoben werden. Sünde lässt sich besiegen. Die Kirche kann die Pforten der Hölle überwinden.«

In den Nachwehen des 11. September und der nachfolgenden Rezession betete ich jeden Tag: »Gott, gib mir Davids Optimismus. Hilf mir, mich daran zu erinnern, dass du ein lebendiger, mächtiger, gnädiger und barmherziger Gott bist. Hilf mir, ohne einen Schatten des Zweifels zu glauben, dass du bereit und in der Lage bist, ganz neu in meinem Leben, in deiner Gemeinde und in der Welt zu wirken. Mach mich wie David, damit ich ein Leiter sein kann, der Hoffnung verbreitet. Hilf mir, andere Menschen mit in diesen auf Glauben gestützten Optimismus hineinzunehmen. Wenn ich und die Menschen, die ich führe, jemals diesen positiven Geist Davids gebraucht haben, dann ist es jetzt.«

Sollten auch Sie dieses Gebet sprechen?

»Gott, mach mich wie Jonathan«

Nachdem ich über David nachgedacht hatte, war es ganz natürlich, in der Bibel weiter zu Davids gutem Freund Jonathan zu gehen. Da Jonathans Vater König Saul war, war Jonathan der rechtmäßige Thronfolger. Außerdem war er sehr klug und eine begabte junge Führungspersönlichkeit. Aber noch eindrucksvoller war das Wesen seines Herzens. Als ich über Jonathan nachdachte, betete ich: »Gott, gib mir Jonathans Fähigkeit zu lieben.«

Jonathan hatte eine riesige Kapazität, andere Menschen zu lieben. In seiner Jugend liebte Jonathan David aufrichtig, obwohl er ihn als Bedrohung für sein eigenes Erbe hätte betrachten können. Aber Jonathan opferte seine Freundschaft zu David nie, um seine eigene Zukunft zu schützen. Ganz im Gegenteil, er legte sein Herz offen und schenkte es David.

An jenem Tag in meinem Boot betete ich: »Gott, ich möchte keine Führungspersönlichkeit sein, die Gemeinschaft auf dem Altar des Reiches Gottes opfert. Ich möchte Menschen nicht benutzen. Ich möchte Menschen nicht als Mittel zum Zweck sehen. Ich möchte ein Herz wie Jonathan mit einer enormen Fähigkeit zu lieben haben.« Mit einem Herz wie dem von Jonathan müsste ich mir nie mehr Sorgen um schrumpfende Liebesfähigkeit machen, wie ich sie im vorhergehenden Kapitel beschrieben habe.

Von Zeit zu Zeit muss ich mich daran erinnern, dass der Härtetest für unseren Glauben der Liebestest ist. Mein Leben und meine Arbeit als Gemeindeleiter werden letztlich mit dem Maß der Liebe beurteilt. Ich möchte eher als ein Mann der Liebe als ein Mann der Vision bekannt sein. Ich möchte, dass man an mich lieber als einen liebevollen Menschen als an einen Strategen denkt. Ich möchte lieber als ein Mann in Erinnerung bleiben, der geliebt hat, als einer, der viele Ziele erreicht hat.

An diesem Tag begann ich ernsthaft darum zu beten: »Gott, gib mir Jonathans Fähigkeit zu lieben.«

»Gott, mach mich wie Josef«

Als ich weiter betete, schweiften meine Gedanken zu Josef. Josef ist für mich ein Held wegen seiner Integrität. Ich betete: »Gott, gib mir Josefs persönliche Heiligkeit.«

Josefs Aufstieg zu Macht und Einfluss lässt sich nur mit dem Bild eines Meteors beschreiben. So ein Aufstieg führt normalerweise zu Stolz und der Annahme, dass so ein Mensch eine Ausnahme der Regel darstellt. Jeder weiß, dass Macht einen Hang zur Korruption hat. Als Führungskraft haben Sie die Klauen der Korruption vielleicht schon im eigenen Fleisch gespürt.

Aber Josef lässt sich nicht korrumpieren durch seine Macht. Wir erfahren aus der Bibel nichts über finanzielle Ungereimtheiten, politische Skandale oder sexuelle Vergehen. Er blieb bis zum Ende makellos.

Was war der Schlüssel für Josefs Integrität? Ich glaube, er sah seine Führungsaufgabe als heiliges Verwalteramt, für das er eines Tages Rechenschaft vor Gott würde ablegen müssen. Ich glaube, Josef lebte in dem täglichen Bewusstsein, dass Führungspersönlichkeiten ein hohes Maß an moralischer Integrität beweisen müssen, wenn sie gut führen wollen. Josef hatte die Art von Integrität, die zu moralischer Autorität führt, und er behielt sie sein ganzes Leben lang. Moralische Autorität kommt aus einem Herzen voller Hingabe, einem unbefleckten Geist und einem reinen Gewissen vor Gott.

Ich brauche diese Art von Integrität. Menschen, die meiner Führung folgen, müssen darauf bauen können, dass ich sie nicht im Regen stehen lasse, dass ich kein Doppelleben führe, dass ich mich nicht an ihrem Geld vergreife, dass ich mich nicht für falsche Werte hingebe, dass ich mich nicht von Versuchungen verführen lasse. Menschen brauchen Vertrauen in meine Integrität.

Aber ich weiß, dass ich mich nur vor dem Abgleiten in einen unlauteren Lebenswandel bewahren kann, indem ich Tag für Tag Gott mein Herz hinlege und um seine Kraft bete.

Ich werde dann an einen alten Choral erinnert, der mein Leben treffender beschreibt, als mir lieb ist:

Ich neige dazu, abzuwandern, Herr, ich spüre es.
*Ich neige dazu, den Gott zu verlassen, den ich liebe.**

Ich hasse diesen umherwandernden, rebellischen Geist, der in mir von Zeit zu Zeit an die Oberfläche bricht. Aber ich kann ihn nicht ignorieren oder mich weigern, ihn wahrzunehmen. Er ist da, er ist real und ich muss mich damit auseinander setzen. Dann muss ich

*»*Come, Thou Fount of Every Blessing*«, von John Wyeth and Robert Robinson.

dagegen mit einer ganzen Armee geistlicher Übungen ankämpfen. Diese Übungen können, ich gebe es zu, zu einer Last werden. Aber ich kenne ihren Wert, deshalb hänge ich an ihnen wie ein ertrinkender Mann an einem Rettungsring hängt.

Ich brauche die tägliche Übung, meine Gebete ausformuliert in mein Tagebuch zu schreiben, um mich konzentrieren zu können. Seien Sie froh, wenn Sie das nicht brauchen, aber ich kann nicht darauf verzichten.

Ich brauche die tägliche Übung des Alleinseins, damit ich Gott hören kann, auch wenn die Anforderungen meines Tages nach mir schreien wie verwundete Tiere.

Ich brauche die Übung, den Menschen in meinem Leben gegenüber Rechenschaft abzulegen, die den Mut haben, mir die harten Dinge zu sagen, die ich hören muss.

Weil ich so viel Zeit meines Lebens vor Kameras und im Rampenlicht verbringe, muss ich regelmäßig kleine Dienste im Verborgenen leisten und Gott und mir selbst versprechen, dass diese guten Taten ihren Weg nicht in Predigtillustrationen finden.

Jede Führungskraft muss für sich herausfinden, welche Konsequenz, welche Praktiken und geistlichen Übungen für sie notwendig sind, um ihren Hang zum Umherwandern in den Griff zu bekommen. Und es ist reine Zeitverschwendung, die persönliche geistliche Kur mit der einer anderen Person zu vergleichen. Jeder muss seine eigene maßgeschneiderte Lösung finden.

An jenem Tag betete ich dann: »Gott, ich möchte meine Aufgabe so beenden, wie Josef seine beenden konnte, ohne dir Schande zu machen. Bitte gib mir die Integrität von Josef.«

Ich bin überzeugt, dass sehr viele Leiter und Führungskräfte dieses Gebet sprechen sollten. Sie auch?

»Gott, mach mich wie Josua«

Als Nächstes betete ich: »Gott, gib mir Josuas Entschiedenheit.« Meiner Ansicht nach war Josuas bester Augenblick der, als er vor seinem Volk stand und ausrief: »Entscheidet euch heute, wem ihr dienen wollt. (...) Ich aber und mein Haus, wir wollen dem Herrn dienen« (Josua 24,15).

Der Großteil einer Leitungsaufgabe besteht darin, die richtigen Entscheidungen zu treffen und andere dazu zu bringen, ebenfalls die richtigen Entscheidungen zu treffen. Leiter und Führungskräfte müssen absolute Sicherheit in den wesentlichen Dingen des Lebens bekommen und dann die Menschen, die sie führen, an denselben Punkt bringen.

Josua gelang dies.

Wenn Josua Ihre Gemeinde oder meine führen würde, würde er eine Vision für die Zukunft vermitteln, die Gott ehrt, und dann würde er sagen: »Okay, Sie haben den Plan gehört. Nun ist es an der Zeit für die Entscheidung. Entweder kommen Sie mit an Bord oder Sie treten zurück, weil der Zug jetzt abfährt.«

Wenn Josua Ihre Gemeinde oder meine führen würde, würde er am Ende jeder Predigt zum Thema Errettung sagen: »Wenn Sie auf der Suche sind: Früher oder später müssen Sie sich entscheiden. Geben Sie Ihre Sünde zu und empfangen Sie Gnade? Oder gehen Sie lieber von dem größten Akt der Liebe, der jemals erwiesen wurde, weg in diese gefallene Welt? Es liegt an Ihnen. Sie müssen entscheiden.«

Josua würde unsere Gemeindeglieder bitten, klare Entscheidungen im Hinblick auf Gemeindemitgliedschaft, ehrenamtliche Mitarbeit, Beteiligung an einer Kleingruppe, den Umgang mit Zeit und Geld und Konfliktlösung zu treffen. Josua glaubte, dass niemand zufällig in eine Richtung getrieben wird, die Gott ehrt. Man muss sich bewusst entscheiden, Gott zu folgen. Man muss kalkulierte Entscheidungen treffen, die oft hart und kostspielig sind. Und Führungspersönlichkeiten sind oft die Katalysatoren für solche heldenhaften Entscheidungen.

Wir müssen mehr und mehr Verantwortung dafür übernehmen, Menschen an den Punkt zu führen, an dem sie Entscheidungen in Bezug auf wichtige Lebensfragen treffen. Wir müssen Menschen daran erinnern, dass das Leben kein Spiel und geistliches Wachstum nichts ist, was man auf die leichte Schulter nehmen kann. Unser Leben und unser Dienst dreht sich um etwas, was ewig ist und deshalb einiger mutiger Entscheidungen bedarf.

Als ich an jenem Tag auf dem Boot über Josua nachdachte, betete ich: »Gott, gib mir Josuas Entschiedenheit. Ich brauche sie!« Vielleicht brauchen Sie sie ja auch.

»Gott, mach mich wie Esther«

Erinnern Sie sich an diese bemerkenswerte junge Frau? Nachdem ich über ihre Geschichte nachgedacht hatte, betete ich: »Gott, gib mir Esthers Mut.«

In ihre Führungsrolle war sie mehr wegen ihrer Schönheit als wegen ihrer Fähigkeiten gelangt, und doch gewann sie am Scheideweg für das Schicksal ihres Volkes – und ihres eigenen Lebens – an Größe. Sie konnte entweder ihr Leben riskieren und vor einem gefährlichen König für ihr Volk bitten, oder sie konnte ihre Position schützen und sich der Krise vor ihren Augen verschließen.

Erinnern Sie sich, wie sie handelte? Nachdem sie die gesamte jüdische Gemeinde vor Ort darum gebeten hatte, drei Tage und Nächte lang für sie zu fasten und zu beten, sagte sie: »Dann will ich zum König gehen, obwohl es gegen das Gesetz verstößt. Wenn ich umkomme, komme ich eben um« (Esther 4,16).

»Ich werde tun, was richtig ist ... Und wenn ich umkomme, komme ich eben um.« Esther setzte alles aufs Spiel. Sie war bereit, ihren Status, ihre Stellung, ihre Vergünstigungen, ihre Sicherheit und sogar ihr Leben zu verlieren, um das zu tun, was Gott ihr aufgetragen hatte.

»Wenn ich umkomme, dann komme ich eben um.«

Ihr Mut war kein Ausdruck von Verrücktheit und ganz offensichtlich auch nicht die Folge eines erhöhten Testosteronspiegels. Esther war einfach davon überzeugt, dass bestimmte Werte es wert waren, dafür zu leben – und dafür zu sterben.

Wenn ich manchmal über die geschwächte Position der Kirche weltweit nachdenke, ertappe ich mich bei dem Gedanken, dass es für eine grundlegende Gemeindeerneuerung notwendig wäre, dass eine ganze Generation von Gemeindeleitern den Mut Esthers zeigt. Sie müssten sagen: »Genug. Heute fängt etwas Neues an. Die Realität hat sich verändert. Kirche muss ganz neu werden – biblischer, relevanter, durchdachter und kreativer als je zuvor. Sollten wir dabei unseren Ruf, unseren Status oder unsere Sicherheit verlieren, dann soll es so sein. Wir müssen tun, wozu Gott uns berufen hat. Und wenn wir dabei umkommen, dann kommen wir eben um.«

Manchmal empfinde ich fast körperlichen Schmerz, wenn ich das enorme Potenzial für Gemeindeerneuerung sehe, das wegen fehlendem Mut der Verantwortlichen nicht realisiert wird. Manchmal muss ich den Impuls unterdrücken, gemeindliche Führungskräfte am Kragen zu packen und sie zu fragen: »Wann werden Sie endlich aktiv werden? Worauf warten Sie? In welcher Reinkarnation werden Sie endlich tun, wozu Gott Sie berufen hat? Wann werden Sie anfangen, couragiert und mutig zu führen?«

Manchmal habe ich auch den Wunsch, Pastoren anzuflehen: »Würden Sie bitte endlich entschieden handeln oder Ihren Platz für jemand anderen frei machen? Tun Sie das eine oder das andere. Aber irgendjemand muss in der Führung dieser Gemeinde Mut beweisen.«

Ich hoffe, ich klinge nicht überheblich, wenn ich so etwas sage. Sie wären schockiert, wenn Sie wüssten, wie oft ich in meinen Gebeten altmodische Feigheit bekennen muss. Ich schaudere bei dem Gedanken, wie viel ich *Willow Creek* zugemutet habe, nur weil mir das fehlte, was eine jugendliche Schönheitskönigin zur Genüge hat – Mut!

Auch ich zögere viel zu oft, weil ich nicht jahrzehntelange Arbeit aufs Spiel setzen möchte. Ich sage mir dann: »Ich habe genügend Schläge eingesteckt. Ich will keine Risiken mehr eingehen. Ich will nicht mehr bis an die absoluten Grenzen gehen.«

Aber dann versuche ich mich an Esther zu erinnern, die sagte: »Ich werde tun, was richtig ist ... Und wenn ich umkomme, komme ich eben um.«

Ich brauche Esthers Mut. Viele von uns Leitern und Führungskräften brauchen ihn.

»Gott, mach mich wie Salomo«

Als ich weiter über verschiedene Führungspersönlichkeiten der Bibel nachdachte, kam ich zu Salomo und seiner legendären Weisheit, und ich betete: »Gott, wenn du mir nur ein bisschen von Salomos Weisheit schenken könntest.«

Wenn man die zuversichtliche Fassade bei vielen Leitern und Führungskräften wegnehmen könnte, würde man vermutlich Menschen finden, die nachts schlaflos im Bett liegen und sich vor lauter Unsicherheit hin und her werfen. Fragen quälen sie, auf die es keine einfachen Antworten gibt: *Ist es an der Zeit für etwas Neues oder ist es Zeit für eine Konsolidierungsphase? Ist es Zeit, die Gemeinde neu zu inspirieren oder ist es Zeit für ein paar klare Worte? Ist es Zeit, einem neuen Mitarbeiter die Chance zu geben, sich zu bewähren, oder ist es Zeit, ihm bei der Suche nach einem neuen Arbeitsplatz zu helfen?*

Gelegentlich fragen mich Menschen, wie sie für mich beten sollen. Ich gebe immer dieselbe Antwort: »Bitte beten Sie, dass ich Weisheit habe. Bitte beten Sie, dass mein Führungsstil durch eine gottesfürchtige, nüchterne Weisheit gekennzeichnet ist. Bitte beten Sie, dass ich in allem Gottes Willen erkennen kann.«

Jahr für Jahr wird mir stärker bewusst, welche Auswirkungen es haben kann, wenn ich *Willow Creek* oder die *Willow Creek Association* auf einen falschen Kurs führe. Menschen erwarten Richtungsweisung von denen, die sie führen. Wie können wir ohne Gottes Weisheit den richtigen Weg wählen?

Ich brauche Salomos Weisheit unbedingt. Sie auch.

»Gott, mach mich wie Jeremia«

Danach dachte ich an Jeremias emotionale Authentizität. Als es in seinem Dienst nicht gut lief, schüttete Jeremia Gott sein Herz aus und verbarg ihm seine Enttäuschung nicht. Als sein Stern bei den Meinungsumfragen sank, als die Leute nicht auf seine Lehren reagierten, als der Teufel die Oberhand zu bekommen schien, wurde Jeremia nicht zynisch oder bitter.

Mit ausnehmender Ehrlichkeit legte er vor Gott seine wahren Gefühle offen. Er gab zu, dass er sich überflüssig fühlte und Angst vor der Zukunft hatte. Dann ließ er von Gott sein gebrochenes Herz wieder heilen.

Nach menschlichen Maßstäben lief Jeremias Dienst zu seinen Lebzeiten nie wirklich gut. Aber er hielt treu an seiner Berufung fest. Er leugnete seine Enttäuschung nicht, aber da er sich mitten in der Enttäuschung an Gott wandte und sich neu Stärke und Mut schenken ließ, konnte er von der Verzweiflung zu neuer Hoffnung finden. Trotz seiner Enttäuschungen und nicht erfüllten Erwartungen in seinem Leben und seinem Dienst verlor er nie das Vertrauen in die Treue Gottes. In Klagelieder 3,22–23 schrieb er etwas Unvergessliches über Gott: »Die Huld des Herrn ist nicht erschöpft, sein Erbarmen ist nicht zu Ende. Neu ist es an jedem Morgen; groß ist deine Treue.«

Ich war immer sehr gut darin, ein Pokerface aufzusetzen. Wenn die Arbeit schwer war oder das Leben mich enttäuschte, wusste ich, was ich zu sagen und wie breit ich lächeln musste, um die Leute davon zu überzeugen, dass alles in Ordnung war. Aber im Lauf der Zeit wurde mir klar, dass es manchmal einfacher ist, andere Menschen davon zu überzeugen, dass alles in Ordnung ist, als mich selbst davon zu überzeugen. Ich lernte, dass die Art der Hoffnung und des Vertrauens in Gott, die Jeremia charakterisierte, nichts damit zu tun hat, eine lächelnde Fassade darzustellen. Diese Hoffnung und dieses Vertrauen bekommt nur, wer Gott sein zerbrochenes Herz zeigt und sich von ihm mit heilendem Balsam berühren lässt.

Ich frage mich, wie viele von uns beten müssen: »Herr, schenk mir die emotionale Authentizität Jeremias«, damit wir auch die echte Treue Gottes erleben können.

»Gott, mach mich wie Nehemia«

Nehemia ist eine der großartigsten Führungspersönlichkeiten des Alten Testaments. Man kann von ihm in Bezug auf Führungsqualitäten zwar viel lernen, aber was ich mir von ihm besonders abschauen musste, war seine Bereitwilligkeit zu feiern.

Sie kennen die Geschichte. Nachdem 42 Tage lang ohne Unterbrechung am Aufbau der Mauern von Jerusalem gearbeitet worden war, arrangierte Nehemia ein riesiges Fest für alle seine treuen Arbeiter. Er wollte ihnen den schweren Einsatz versüßen. Er wollte mit ihnen gemeinsam ihre harte Arbeit würdigen und Gott dafür loben, dass er ihnen die Kraft für ihre heldenhaften Baufortschritte gegeben hatte. In der Bibel können Sie sehr detailliert alles über diese große Party nachlesen.

> Nehemia setzte in Bezug auf Feiern einen neuen Standard für mich. Er erinnerte mich daran, dass Arbeit ohne Spiel eine Garantie für lustlose Menschen und lustlose Gemeinden ist. Nur arbeiten, ohne jemals zu feiern, führt dazu, dass Menschen ausbrennen und die Freude verlieren. Deshalb müssen wir genauso akribisch unsere Siegesfeiern planen, wie wir unsere Ziele setzen und an ihrer Umsetzung arbeiten.

Führungskräfte können mit rauschenden Feiern, die der Seele gut tun und Gott ehren, viel dazu beitragen, die Arbeitsmoral ihrer Mitarbeiter aufrechtzuerhalten. An jenem Tag auf dem Boot betete ich: »Gott, lass mich nie vergessen, wie wichtig Feiern sind. Hilf mir daran zu denken, wie Jeremia zu feiern.«

Seit dem Tag auf dem Wasser hatten wir in *Willow* ein paar schöne Partys. Inzwischen ist es Brauch bei uns, jede größere Konferenz mit einer Feier abzuschließen, bei der wir uns bewusst machen, was für ein Privileg es ist, das zu tun, was wir tun, gemeinsam mit den Menschen, die wir lieben. Manchmal mieten wir ganze Restaurants und genießen bis spät in die Nacht wundervolles Essen und gute Getränke. Wir lachen gemeinsam über die Geschichten und Pannen, die passiert sind. Wir erinnern uns gegenseitig an

Gottes Gnade, mit der er uns bei größeren Herausforderungen und unerwartet aufgetretenen Problemen geholfen hat. Wir ermutigen einander und danken uns gegenseitig für unseren Beitrag. Wenn man dann diesen wunderbaren Gemeinschaftsgeist spürt, erscheinen die Anforderungen der Gemeindearbeit auf einmal sehr leicht.

Wann haben Sie Ihre letzte Party geplant?

»Gott, mach mich wie Petrus«

Nachdem ich über Nehemia nachgedacht hatte, wanderten meine Gedanken ins Neue Testament zu Petrus. In der Bibel finden wir die guten, die schlechten und die hässlichen Seiten von Petrus' Führungspersönlichkeit. Es gibt zwar vieles an Petrus, was wir nicht nachmachen sollten, aber auch vieles, was zu bewundern ist. Wenn ich an Petrus' Bereitschaft denke, loszugehen und zu handeln, dann bete ich: »Gott, mach mich zu einer Führungspersönlichkeit, die weiß, wie wichtig es ist, Initiative zu ergreifen.«

> Auch wenn Petrus Angst bekam und sank, als er versuchte, auf dem Wasser zu gehen – sollte man nicht wenigstens würdigen, dass er der einzige der Jünger war, der überhaupt aus dem Boot stieg? Dazu musste man initiativ sein.

Und ja, es stimmt auch, dass Petrus viel versprach, was er nicht halten konnte. Aber manchmal war er der einzige der zwölf Jünger, der überhaupt etwas sagte. Er war der Erste, der Jesus öffentlich als den lange erwarteten Messias identifizierte. Er ergriff Initiative, indem er ihm mit diesem Titel die Ehre erwies.

Und natürlich wissen wir auch, dass er sich in Getsemane ein bisschen hinreißen ließ und einem Soldaten das Ohr abschlug. Aber Petrus konnte einfach nicht still daneben stehen und nichts tun, während sein Erlöser und Freund fälschlicherweise verhaftet wurde. Er musste doch irgendetwas tun!

Ich bin zwar ein sehr aktiver Mensch, aber auch ich zögere von Zeit zu Zeit, initiativ zu werden. Und ich beobachte andere Gemeindeleiter dabei. Wir verstecken uns in unseren Büros, während unsere Gemeinden vom Kurs abkommen oder untergehen. Oder wir sitzen in Cafés und analysieren und kritisieren andere Gemeindeleiter, die an vorderster Front kämpfen und bereit sind, Risiken einzugehen. Sicher unterläuft ihnen von Zeit zu Zeit ein Fehler, aber zumindest versuchen sie, etwas zu verändern. Wie viel besser wäre es, wenn wir wie Petrus zu denen gehörten, die Dinge im Reich Gottes initiieren, etwas Neues versuchen und dem Teufel auf diese Weise Paroli bieten.

Wie viel besser wäre es, wenn wir alle um den Mut beten würden, wie Petrus Initiative ergreifen zu können.

»Gott, mach mich wie Paulus«

Schließlich gelangte ich an jenem Tag zu Paulus. Als ich an ihn dachte, betete ich: »Gott, gib mir die Intensität von Paulus.«

Chicagoer haben einen großen Vorteil, wenn es darum geht, den Begriff der Intensität zu erfassen. Jahrelang konnten wir von der ersten Reihe aus einen der bemerkenswertesten Athleten in der Geschichte des Profisports beobachten: Michael Jordan. Das Vermächtnis, das er Chicago hinterließ, geht weit über sein außergewöhnliches Talent hinaus. Was ihn weit von anderen talentierten Profisportlern unterschied, war seine unglaubliche Intensität. Seine Konzentration auf ein Ziel. Seine Arbeitsethik. Sein Wettkampfgeist. Sein Wille zum Sieg.

Michaels Intensität war so stark, dass sie alle seine Teamkollegen auf ein höheres Niveau hob. Im Verlauf eines Spieles konnte man oft beobachten, wie das gegnerische Team anfing, unter dem Druck von Michaels unablässigen Offensiven zu wanken. Im vierten Viertel übernahm Michael das Spiel einfach. Seine Botschaft war klar: »An mir kommt keiner vorbei. Dieses Team wird den Sieg nicht fahren lassen.« In der Regel waren die anderen Teams am Ende nicht nur besiegt, sondern auch total demoralisiert.

Der Apostel Paulus ist der einzige Nachfolger Jesu, den ich je kennen gelernt habe, dessen Intensität in Bezug auf Jesus mit der Michael Jordans in Bezug auf Basketball vergleichbar ist. Wenn Sie die Geschichte des Apostels Paulus lesen, springt Ihnen die Intensität seiner Hingabe richtig ins Auge:

- »Aber ich will mit keinem Wort mein Leben wichtig nehmen, wenn ich nur meinen Lauf vollende und den Dienst erfülle, der mir von Jesus, dem Herrn, übertragen wurde« (Apostelgeschichte 20,24).
- »Eines aber tue ich: (...) Das Ziel vor Augen, jage ich nach dem Siegespreis: der himmlischen Berufung, die Gott uns in Christus Jesus schenkt« (Philipper13–14).
- »Ich aber will sehr gern alles aufwenden und mich für euch aufreiben« (2 Korinther 12,15).
- »Denn für mich ist Christus das Leben, und Sterben Gewinn« (Philipper 1,21).
- »Wisst ihr nicht, dass die Läufer im Stadion zwar alle laufen, aber dass nur einer den Siegespreis gewinnt? Lauft so, dass ihr ihn gewinnt« (1 Korinther 9,24).
- »Ich habe den guten Kampf gekämpft, den Lauf vollendet, die Treue gehalten« (2 Timotheus 4,7).
- Und schließlich die Worte, die er an die Christen in den nachfolgenden Jahrhunderten richtet: »Schon jetzt liegt für mich der Kranz der Gerechtigkeit bereit, (...) aber nicht nur für mich, sondern für alle, die sehnsüchtig auf sein Erscheinen warten« (2 Korinther 4,8).

Kämpft! Steht im Glauben! Gewinnt! Wenn ich diese Worte von Paulus höre, kann ich meine Gefühle kaum zurückhalten. Ich möchte mehr von dieser Intensität in meinem Leben sehen. An jenem Tag auf dem Boot betete ich: »Gott, hilf mir, meine Augen auf den Preis der hohen Berufung Gottes in Jesus Christus zu richten. Hilf mir, das wichtigste Rennen der Welt mit aller Energie zu bestreiten, die ich aufbringen kann. Hilf mir, zur Ehre des Einen zu siegen, den ich im Himmel anbeten werde. Hilf mir in dem Wissen ans Ende meines Lebens zu gelangen, dass ich den guten Kampf mit aller mir zur Verfügung stehenden Kraft gekämpft habe, dass ich den Dienst vollendet habe, der mir anvertraut wurde, und dass ich die Treue gehalten habe und keine faulen Kompromisse eingegangen bin.«

Mein Herzenswunsch ist, einen unvergänglichen Siegeskranz mit derselben Intensität zu erringen, mit der Michael Jordan seine Pokale errungen hat. Im Reich Gottes geht es um unermesslich viel mehr als im Profisport. Das Ergebnis unseres Spiels hat Bedeutung für die Ewigkeit. Der Gewinn gilt ewig.

Ich denke, es ist an der Zeit für uns alle, Gott um größere Intensität zu bitten. Ich spreche hier nicht von hysterischer Geschäftigkeit, sondern von einer intelligenten, Christus ehrenden Intensität, wie Paulus sie lebte. Wie wäre es, wenn Sie jetzt gleich damit anfingen und die Worte Paulus' beteten? Wiederholen Sie sie mit der Entschlossenheit einer Führungspersönlichkeit. Sagen Sie sie so lange auf, bis sie in Ihr Herz einzementiert sind.

- »Aber ich will mit keinem Wort mein Leben wichtig nehmen, wenn ich nur meinen Lauf vollende und den Dienst erfülle, der mir von Jesus, dem Herrn, übertragen wurde.«
- »Eines aber tue ich: (...) Das Ziel vor Augen, jage ich nach dem Siegespreis: der himmlischen Berufung, die Gott uns in Christus Jesus schenkt.«
- »Ich aber will sehr gern alles aufwenden und mich für euch aufreiben.«
- »Denn für mich ist Christus das Leben, und Sterben Gewinn.«
- »Wisst ihr nicht, dass die Läufer im Stadion zwar alle laufen, aber dass nur einer den Siegespreis gewinnt? Lauft so, dass ihr ihn gewinnt.«
- »Ich habe den guten Kampf gekämpft, den Lauf vollendet, die Treue gehalten.«
- »Gott, mache mich wie Paulus. Gib mir seine Intensität, damit ich die Vollmacht deines Heiligen Geistes, Kraft mitten im Kampf und Mut zur Ausdauer habe.«

Mögen unsere Gebete uns formen und möge Gottes Gnade in uns unser volles Führungspotenzial zum Tragen kommen lassen.

11

Der Zugang eines Leiters zu Gott: Leben in Gemeinschaft mit Gott

Wie wichtig ist die übernatürliche Komponente von Leiten und Führen, der »fromme Teil«? Gibt es über die geistliche Gabe der Leitung, über die erforderlichen Fähigkeiten und Talente, über die Jahrzehnte an Erfahrung hinaus noch etwas, das man als Führungspersönlichkeit braucht? Ist es für eine Führungskraft wirklich so wichtig, in lebendiger Gemeinschaft mit Jesus Christus zu leben?

Wenn man 1 Korinther 13 vor dem Hintergrund dieser Fragen liest, eröffnet sich eine interessante Perspektive:

Wenn ich meine Vision in der Sprache der Menschen und der Engel vermittle,

aber ohne die Liebe Gottes in meinem Herzen leite,

bin ich ein klingelndes Handy oder, noch schlimmer, eine lärmende, aber nicht angeschlossene Computertastatur.

Wenn ich die Gabe der Leitung hätte und eine Richtung vorgeben, Teams aufbauen und Ziele setzen könnte,

aber die Freundlichkeit Jesu nicht hätte oder Gott nicht die Ehre für meine Leistungen geben würde,

dann wären in den Augen Gottes alle meine Leistungen absolut nichts wert.

Wenn ich mein Gehalt den Armen gäbe, meinen reservierten Parkplatz einem Sommerpraktikanten oder auch als Grabstelle für meine Diakone zur Verfügung stellen würde,

aber nicht so arbeitete, dass es dem würdig wäre, dessen Namen ich trage,

dann zählte in der Endabrechnung das alles nichts.

Ein Leben in Demut und enger Beziehung zu Christus hat immer Erfolg. Es kräftigt das Herz, lenkt den Willen in die richtige Richtung, zügelt das Ego und reinigt die Motive.

Es hat immer Erfolg.

Als ich ein junger Leiter war, unabhängig und zu beschäftigt, um zu beten,

setzte ich Dinge in den Sand und fügte jedem Dritten unter meiner Führung Verletzungen zu.

Aber heute, da ich reif bin und meine kindischen Verhaltensweisen abgelegt habe ... mache ich dasselbe, nur etwas seltener.

Und nun bleiben diese drei:

Der Glaube, Gott mutig nachzufolgen,

Die Hoffnung, vorwärts zu gehen, selbst wenn mein Herz dabei brechen sollte,

Und die Liebe, die die Herzen derer reich macht, die unter meiner Führung stehen.

Aber am größten unter ihnen ist die Liebe – die Liebe, die nur aus einer ruhigen, engen und täglich gepflegten Beziehung zu Christus kommt.

Das größte Geschenk eines Leiters: Ein ganz hingegebenes Herz

Wir kennen alle die Worte Jesu aus Johannes 15,5: »Ich bin der Weinstock, ihr seid die Reben. Wer in mir bleibt und in wem ich bleibe, der bringt reiche Frucht; denn getrennt von mir könnt ihr nichts vollbringen.«

Seine Verheißung erinnert uns daran, dass er unsere Führungsfähigkeiten mit Vollmacht, Kreativität und allem anderen unterstützen wird, was wir brauchen, um Frucht zur Ehre Gottes zu bringen – aber unter der Bedingung, dass wir in enger Verbindung zu ihm bleiben. Ich begegne aber auf der ganzen Welt immer wieder Gemeindeleitern, die mir ganz unter uns gestehen, dass sie es nie geschafft haben, eine enge, beständige und lebendige Beziehung zu Gott aufzubauen und zu erhalten.

Sie erzählen mir, wie sehr sie sich schämen, wenn andere Leiter beschreiben, wie sie regelmäßig geistliche Übungen wie Stille Zeit, Fasten, Beten, Tagebuch schreiben oder Bibelverse auswendig lernen praktizieren. Oft enden diese privaten Geständnisse mit der Frage: »Was läuft bei mir falsch? Ist das ein Charakterfehler oder ein geistlicher Defekt? Warum kann ich keine lebendige Beziehung zu Christus aufbauen und erhalten?«

Oft vermute ich, dass es einfach daran liegt, dass sie nie ihren persönlichen Zugang zu Gott gefunden haben – ihren ganz speziellen Weg, in lebendige Gemeinschaft mit Christus zu finden.

Vor Jahren schon fiel mir auf, dass verschiedene Führungspersönlichkeiten, die ich sehr schätze, ihre Beziehung zu Gott auf sehr unterschiedliche Weise auslebten. Die Vielfalt der Möglichkeiten erstaunte mich. Ich begann, in Gedanken eine Liste der verschiedenen Ansätze zu erstellen. Dann stieß ich auf ein Buch von Gary Thomas mit dem Titel *Sacred Pathways*, das meine Gedanken zu diesem Thema vertiefte.

»Geheiligte Pfade« sind wie Türen, die sich in einen Raum öffnen, in dem man Gott ganz besonders nahe sein kann. Wie unterschiedliche Führungskräfte unterschiedliche Persönlichkeiten und Gabenkombinationen haben, so wählen sie auch unterschiedliche Zugangsmöglichkeiten zu Gott. In diesem Kapitel möchte ich eine Reihe dieser Möglichkeiten vorstellen, in der Hoffnung, dass Leiter ihren eigenen Zugang finden und auf diese Weise ihre persönliche Beziehung zu Gott intensivieren können.

Der beziehungsorientierte Zugang

Ist Ihnen schon einmal aufgefallen, wie schwer es manchen Menschen fällt, ihren Glauben zu leben, wenn sie es allein versuchen?

Für solche Menschen fühlt sich Alleinsein wie Einzelhaft an. Es frustriert sie. Es erdrückt sie. Die Bibel für sich allein zu lesen ist für sie ungefähr so reizvoll wie Hausaufgaben machen und führt bei ihnen zu keinem oder nur ganz geringem persönlichen Wachstum. Allein in einem Gottesdienst zu sitzen reicht für sie aus, um die ganze Gottesdiensterfahrung zu ruinieren, und allein in der Gemeinde mitzuarbeiten, ist für sie ein schlimmeres Schicksal als der Tod.

Menschen, die am besten über den beziehungsorientierten Zugang zu Gott kommen, erleben eine Art geistiger Taubheit, wenn sie versuchen, ihren Glauben mit Gott allein zu leben.

Aber mischen Sie ihrem Versuch, Gott nahe zu kommen, eine gute Portion an Beziehungen zu und passen Sie auf, was geschieht! Gemeinschaftsorientierte Menschen fangen beinahe sofort an, geistlich zu wachsen, wenn sie es zusammen mit anderen tun. Wenn sie mit anderen in einer Gruppe beten, können sie die Anwesenheit Gottes fast körperlich spüren. Wenn sie mit anderen begeisterten Christen in der Bibel lesen, sind sie jedes Mal bereichert und voller Leidenschaft. Wenn sie in einem Team in der Gemeinde mitarbeiten, ist ihr Engagement die größte Freude für sie. Wenn sie Gott gemeinsam mit anderen Christen anbeten, wird ihr Lob gleich doppelt so bedeutungsvoll.

Es ist ganz offensichtlich. Ihr wesentlicher Zugang zu Gott ist beziehungsorientiert. Wer diesen Zugang hat, ihn erkennt und bewusst pflegt, beginnt geistlich in einem Maß aufzublühen, wie es im Alleingang niemals möglich gewesen wäre.

Ich denke, dass viele christliche Leiter zu diesem Profil passen. Was würde geschehen, wenn solche Leiter ihr persönliches geistliches Wachstum um diesen Ansatz herum planen würden?

Ich kenne einen Pastor, der sich selbst zu verachten pflegte, wenn es ihm nicht gelang, genug Zeit allein mit Gott zu verbringen. Seltsam war nur: Jedes Mal, wenn er es schaffte, eine längere Zeitspanne allein zu sein, wurde er grüblerisch und missmutig. Dunkle Gedanken erfüllten ihn. Auch wenn er sich in die Einsamkeit zurückzog, um Gott Gelegenheit zu geben, zu ihm zu sprechen, garantierte ihm diese Erfahrung immer einen geistlichen Rückschlag.

Vor einiger Zeit schlug ich ihm vor, sein Problem zu lösen, indem er zwei oder drei andere Personen mitnahm, wenn er sich zurückzog. Sein Blick sprach Bände. War das legal? Würde es noch als geistlich gelten? Er war irgendwann zu der Überzeugung gelangt, dass den wahren »Spiritualitätstest« nur bestand, wer es schaffte, sich längere Zeit ganz allein mit seinen Probleme herumzuschlagen. Aber in seinem Fall war dieses Rezept eine Garant für geistliche Frustration, weil sein Zugang zu Gott in erster Linie beziehungsorientiert war. Heute lädt dieser Pastor andere ein, sich mit ihm zusammen in die Einsamkeit zurückzuziehen. Und nun wächst er wie Unkraut und kann auch andere zu geistlichem Wachstum ermutigen.

Welchen Segen hätte er verpasst, wenn er sich weiterhin geschämt hätte, weil er nicht gut darin war, die Einsamkeit zu suchen und auszuhalten. Auf dem beziehungsorientierten Weg entdeckt er nun die enge Beziehung zu Gott, nach der er sich immer gesehnt hatte.

Der intellektuelle Zugang

Menschen, die einen intellektuellen Zugang zu Gott haben, können nur auf der Verstandesebene zu geistlichem Wachstum angeregt werden. Wenn sie in einem Gottesdienst sitzen, in dem jemand leidenschaftlich beschreibt, was Gott in seinem Leben verändert hat, denken sie sich: *Und wo bleibt das Fleisch? Diese herzerwärmenden Geschichten sind ja schön und gut, aber wo ist die Substanz? Wo sind die theologischen Fakten? Ich brauche etwas Handfestes. Das hier reicht mir nicht aus!*

Solche Menschen können ihre morgendliche Stille Zeit nicht ohne zwei oder drei parallel aufgeschlagene Bibelkommentare halten. Sie tragen auf Schritt und Tritt immer ein paar intellektuell anspruchsvolle Bücher mit sich herum.

Sie fühlen sich stark von Seminaren, Kursen und sonstigen Veranstaltungen angezogen, in denen ihr Verstand herausgefordert wird. Warum? Weil sie wissen, dass ihr Herz erst dann richtig mitgehen kann, wenn ihr Verstand etwas begriffen hat.

Aber wenn dieser Rahmen gegeben ist, kann sie nichts mehr aufhalten. Als Martin Luther das Evangelium begriff, als Johannes Calvin die Lehre von der Souveränität Gottes verstand, als Chuck Colson die intellektuelle Unanfechtbarkeit eines christlichen Weltbildes voll und ganz verinnerlicht hatte, gab es für sie kein Halten mehr!

Wenn der Verstand von Menschen, die so gestrickt sind, erst einmal überzeugt ist, folgt ihr Herz schnell nach, und ihre Überzeugungen sind durch nichts mehr zu erschüttern. Ich halte es für ziemlich wahrscheinlich, dass Paulus einen intellektuellen Zugang zum Evangelium hatte. Für ihn hing die Veränderung der Welt von der »Erneuerung des Denkens« ab (Römer 12,1). Paulus sprach immer schnell die rationale Seite des Menschen an, weil er offenbar der Überzeugung war, dass alles andere folgen würde, wenn der Verstand eines Menschen erst einmal Gott gehörte. Gewinnen Sie auf der intellektuellen Ebene, und es heißt schnell Spiel, Satz, Match. Sieg!

Mir sind viele christliche Leiter und Führungskräfte begegnet, die sich wegen ihres intellektuellen Ansatzes schuldig fühlen. Sie wollen andere nicht wissen lassen, dass sie ab und zu verstohlen den Dingen auf den Grund gehen. Sie haben das Gefühl, sich nicht »wie eine richtige Führungspersönlichkeit« zu verhalten, wenn sie zu viel Zeit mit Forschung und Studium verbringen. Tatsächlich aber werden sie vermutlich geistlich vertrocknen, wenn sie ihren Verstand nicht regelmäßig fordern.

Wenn ich über Führungskräfte mit intellektuellem Zugang zu Gott nachdenke, fällt mir sofort der Autor Lee Strobel ein. Er nahm den christlichen Glauben zwei Jahre lang gründlich unter die Lupe, bevor er eine persönliche Entscheidung treffen konnte. Sein Verstand musste überzeugt sein, bevor er sein Herz öffnen konnte. Jahre nach seiner Bekehrung liest er zur Entspannung Bücher über Theologie, Archäologie, Philosophie und Geschichte. Diese Bücher sind für ihn Nahrung für die Seele.

Als Lee in meinem Mitarbeiterteam war, platzte er manchmal überschäumend vor Begeisterung in mein Büro, weil irgendein Archäologe irgendwo im Nahen Osten einen Fund gemacht hatte, der nach Lees Ansicht jeden Skeptiker auf die Knie zwingen musste: »Der Beweis ist überwältigend!«, rief er dann. »Wie kann jemand mit Verstand im Kopf etwas anderes glauben?«

Ich lächelte dann nur. Aber ich denke, dass es mit Lees geistlichem Leben von dem Tag an bergab gehen würde, an dem er aufhört, seinen Verstand zu fordern. Das ist ein Gesetz des intellektuellen Zugangs.

Wenn Sie wie Lee eher verstandesorientiert sind, hören Sie auf, sich dafür zu entschuldigen, und stellen Sie ein Konzept für Ihre geistliche Entwicklung auf, das sich auf die Förderung Ihres Intellekts konzentriert. Lieben Sie Gott mit Ihrem ganzen *Verstand* und achten Sie darauf, wie sich das auf Ihre tägliche Gemeinschaft mit ihm auswirkt.

Der dienende Zugang

Manche Menschen scheinen keine geistlichen Fortschritte machen und sich Gott nahe fühlen zu können, wenn sie nicht ruhig und beständig in Gottes Weinbergen arbeiten. Sie sind weniger Denker als Handelnde.

Sie lesen in ihrer Bibel, beten und besuchen Gottesdienste wie wir alle. Aber wenn man sie fragt, wann sie sich Gott am nächsten fühlen oder am meisten Freude verspüren, sollte man nicht erwarten, dass sie antworten: »Wenn ich bete«, oder: »Wenn ich mich mit theologischen Fragen beschäftige«, oder: »Wenn ich ein Anbetungslied singe«. Wenn sie ehrlich sind, antworten sie: »Wenn ich diene. Wenn ich ehrenamtlich in der Gemeinde mitarbeite. Wenn ich mithelfen kann, das Reich Gottes voranzubringen.«

Eines unserer Mitglieder des Gemeindevorstands hat einen solchen dienenden Zugang zu Gott. Der Dienst ist so zentral für seine persönliche Beziehung zu Gott, dass er den vorzeitigen Ruhestand wählte und ganz in die Nähe der Gemeinde zog. Jede Woche verbringt er mehrere Tage mit ehrenamtlicher Arbeit in der Gemeinde. Wenn Sie ihn fragen, warum er das macht, lächelt er nur und sagt: »Weil ich mich Gott nie so nahe fühle, wie in den Augenblicken, in denen ich ein Instrument in seiner Hand bin, das anderen Menschen im Reich Gottes weiterhilft.«

Bei einem Taufgottesdienst sah ich ihn in der Menge sitzen und sich die Augen beim Anblick der Hunderte von eben Getauften vor Rührung und Freude ausweinen. Er wusste, dass sein Engagement eine wichtige Rolle dabei gespielt hatte. Wenn man ihn nicht mehr mitarbeiten ließe, würde man die Tür zu seinem Zugang zu Gott schließen.

Wenn Sie jemand sind, der sich Gott dann am nächsten fühlt, wenn Sie etwas für ihn tun, dann konzentrieren Sie sich auf diesen dienenden Zugang. Stellen Sie sich ein Konzept für Ihr geistliches Wachstum auf, das sich auf den Dienst konzentriert. Ich vermute sehr stark, dass Sie Gottes Gegenwart dann viel stärker als je zuvor wahrnehmen werden.

Der kontemplative Zugang

In der Kirchengeschichte gab und gibt es immer ein paar Christen, die das Gefühl haben, nach einem anderen Takt zu leben. Während andere ihre Kalender begeistert mit Terminen füllen – sei es zur Beziehungspflege oder zur Mitarbeit in der Gemeinde –, hüten diese aufrichtigen Christen ihren Terminplan wie ihren Augapfel und vermeiden um jeden Preis, in dieselbe Geschäftigkeit zu verfallen wie die Welt um sie herum. Aus Gründen, die sie vielleicht selbst nicht ganz verstehen, rauben Beziehungen und Aktivitäten ihnen Energie. Sie können jedoch nahezu unbeschränkt viel Zeit allein verbringen. Geben Sie ihnen eine Bibel, ein gutes Buch, ein Gedicht und ein Tagebuch, und sie können sich damit tagelang zurückziehen.

Solche Menschen haben einen kontemplativen Zugang zu Gott. Für sie reicht es völlig aus, mit Gott allein zu sein. Sie verbringen Stunden damit, über die Güte Gottes nachzudenken und haben eine enorme Kapazität für Gebet und persönliche Anbetung. Sie verfügen über empfindliche geistliche Antennen und können das Wirken Gottes spüren, egal, wo sie sind.

Aber die Kehrseite dieses wunderbaren Zugangsweges zu Gott ist, dass sich kontemplative Menschen manchmal nicht im Einklang mit dem Rest der Gemeinde fühlen. Ihre Sensibilität lässt sie Dinge ernster nehmen als andere Christen. Sie sehen die Schönheit der Natur und fragen sich, wie andere daran vorbeigehen können, ohne all das auch nur eines Blickes zu würdigen. Sie dienen oft als Gewissen der Gemeinde und fordern uns auf, barmherziger zu sein oder andere Menschen in unseren Kreis aufzunehmen. Sie machen sich Gedanken über die vielen Menschen, die auf der Welt leiden, und fragen sich, warum das nur so wenige Menschen kümmert. Sie sind oft idealistisch, helfen uns aber, uns auf die Dinge zu konzentrieren, die das Reich Gottes ausmachen.

Kontemplative Menschen leben in der Regel in einer reichen inneren Welt. Manchmal wirken sie zerstreut, aber in Wirklichkeit brüten sie über kreativen Einfällen. Auch wenn sie oft etwas abwesend scheinen, sind es doch sie, die die Lieder komponieren, die unser Herz berühren, oder die die Bücher schreiben, die uns ganz neu über Gott nachdenken lassen.

Wenn Sie kontemplative Menschen kennen, sollten Sie sehr vorsichtig auf sie zugehen. Unreife Leiter und Führungskräfte denken oft, dass kontemplative Menschen zu viel Zeit mit dem ganzen tiefen Nachdenken verschwenden. Sie möchten sie immer anschubsen. Aber reife Leiter verstehen, dass kontemplative Menschen sehr viel Zeit abseits der Massen verbringen müssen. Sie müssen ihre Gedankenwelten schützen. Schließlich aber wird ihr Nachdenken zu einem Ergebnis führen, das die ganze Gemeinde weiterbringen wird.

Leiter, die in erster Linie auf dem kontemplativen Zugang zu Gott finden, sollten sich selbst eine Extraportion Gnade zugestehen. Sie sollten sich die Erlaubnis geben, lange Stunden mit ruhigem Nachdenken zu verbringen, selbst wenn andere dies als unangemessen oder seltsam ansehen. Aber für sie ist dies die Tür, die sich in die Gegenwart Gottes öffnet.

Der aktive Zugang

Ganz anders als kontemplative Menschen sind aktive Menschen in Höchstform bei einer Geschwindigkeit von zwei Mach. Sie sind dann am glücklichsten, wenn die Knöchel weiß werden und sie nach Luft schnappen. Sie brauchen ein Umfeld, das sie bis an die Grenzen ihrer Möglichkeiten bringt. Und genau an diesem Punkt fühlen sie sich Gott am nächsten. Sie fühlen sich ihm tatsächlich so nahe, dass sie seinen Namen mit großer Intensität anrufen: »Oh, Gott! Oh, Gott! Oh, Gott!«

Andere haben Angst um solche Menschen. Es hat für sie den Anschein, als ob solche Aktivisten immer mehr Arbeit in der Gemeinde an sich reißen, als sie bewältigen können. Außenstehende

Zuschauer fangen an, Mitleid für sie zu empfinden. Sie versuchen manchmal sogar, sie von der Arbeit zu entbinden, bis sie realisieren, dass aktive Menschen *gern* so leben.

Aktive Christen schlagen ein hohes Tempo ein. Niemand hält ihnen ein Gewehr an den Kopf. Niemand hat ihnen eine Rakete unterm Hintern gezündet. Sie sind keine Opfer. Sie lieben es, auf Raketen zu reiten. Setzen Sie sie in einen Zug, und sie werden schnell herausfinden, wie sich seine Geschwindigkeit verdoppeln lässt.

Denken Sie, Gott hat einen Fehler gemacht, als er manche Leiter so schuf? Wohl kaum. Die Kirche wäre nicht so, wie sie heute ist, hätten nicht solche Menschen in ihrer Vergangenheit eine wichtige Rolle gespielt. Lesen Sie etwas über John Wesley. Er war ein besessener Arbeiter. Lesen Sie etwas über George Whitefield. Er predigte sein Leben lang bis an den Rand der Erschöpfung. Und Dwight L. Moody erstaunte alle Menschen in seinem Umfeld damit, dass eine einzige Person all das tun konnte, was er schaffte.

Eine ganze Reihe von Männern und Frauen wurden von Gott dazu berufen, aus den Startblöcken zu stürmen und in vollem Tempo von dem Tag, an dem sie ihren Auftrag bekamen, bis zu ihrem Todestag zu laufen. Auf ihrem Weg setzen sie alle möglichen Aktionen im Reich Gottes in Gang.

Fragen Sie Aktivisten, wann sie sich Gott am nächsten fühlen, und Sie werden zu hören bekommen: »Wenn ich auf einem Zipfelchen Glauben stehe und im Wind flattere. Wenn der Kampf gegen den Teufel am erbittertsten ist und die einzige Hoffnung auf einen Sieg das Eingreifen Gottes ist.« Aktivisten sind stolz, wenn sie sagen können: »Ich fühle mich Gott dann am nächsten, wenn ich den letzten Tropfen meiner emotionalen, körperlichen und geistlichen Kraft für das Reich Gottes gegeben habe. Oder wenn ich abends auf meinem Kopfkissen zusammenbreche und sagen kann: ›Gott – ich habe dir alles, mein Bestes, meinen letzten Blutstropfen gegeben.‹«

Wenn es so läuft, sind Aktivisten in Höchstform. Ich kenne mich damit ein bisschen aus, weil es sich hier um meinen bevorzugten

Zugang zu Gott handelt (welche Überraschung!). Glauben Sie mir, ich verteidige hier keinen ungesunden Lebensstil. Ich habe ungesund gelebt – es wird bei weitem überschätzt. Aber manche Aktivisten fühlen sich schuldig, weil sie an ihren Dienst mit so außergewöhnlich großer Energie herangehen können. Ich rate Ihnen zu akzeptieren, dass Gott Sie so geschaffen hat, und sich auf Ihren Zugangsweg zu Gott zu konzentrieren. Kommen Sie in die Gegenwart Gottes – auch wenn Sie dabei in Flammen aufgehen. Er kennt Menschen wie Sie und mich und freut sich daran. Wirklich!

Der Zugang über die Schöpfung

Nun möchte ich mich noch den Menschen zuwenden, die am besten im Glauben wachsen und Gott am nächsten sind, wenn sie von Natur umgeben sind. Solche Menschen sind Tierfreunde, umarmen Bäume und lieben Grün um sich herum. Sie werden lebendig, wenn sie von der Großartigkeit der Schöpfung umgeben sind, sei es in den Bergen, in der Wüste, im Wald oder am Strand.

Solche Menschen nehmen in einer naturbelassenen Umgebung Gott viel bewusster wahr. Sie können oft geistliche Erkenntnisse direkt aus der Natur ableiten. Menschen, die die Berge lieben, sehen beispielsweise in massiven Felsformationen ein Abbild der felsenfesten Treue Gottes oder ein Zeichen für seinen unveränderlichen Charakter. Menschen, die die Wüste lieben, wandern vielleicht in der Mittagshitze zu einer Oase, die ihnen Schatten, Wasser und Kühle bietet. Dort finden sie geistlichen Trost und Erfrischung, weil sie sich an die Verheißungen Gottes erinnert sehen, unsere trockenen und durstigen Seelen zu erfrischen. Wie in den Psalmen drängen sich ihnen Bilder und Vergleiche beim Anblick der Schöpfung förmlich auf.

Fragen Sie Menschen mit einem starken Zugang zu Gott über die Schöpfung, wann sie sich Gott am nächsten fühlen, müssen sie nicht lange nachdenken. Fragen Sie sie, wo sie am liebsten ihre Stille Zeit halten oder über ihr Leben nachdenken, und sie werden antworten: »In der Natur.« Das sollte uns nicht allzu sehr überraschen, wenn man bedenkt, dass Gott Mann und Frau geschaffen und in einen Garten gesetzt hat. Solche Menschen gehen einfach zurück zu ihren ursprünglichen Wurzeln.

Stellen Sie sich vor, was geschehen würde, wenn jemand mit diesem Zugang zu Gott seine Zeit so einteilen würde, dass er dreimal so viel Zeit wie bisher in der Natur verbringen könnte. Was wäre, wenn er an einen Ort ziehen würde, an dem er näher an der Natur leben könnte, die Gott geschaffen hat? Was wäre, wenn er die Natur bewusst in seine Urlaubspläne einbeziehen würde, in dem Wissen, dass auf diese Weise Körper und Seele gleichermaßen Erfrischung finden können? Ich bin überzeugt, dass Menschen mit diesem Zugang zu Gott auf diese Weise die Gegenwart Gottes in ihrem Leben viel stärker als bisher spüren könnten.

Der Zugang über die Anbetung

Ich habe mich in den letzten Jahren mit einer Führungskraft aus der Wirtschaft aus einem anderen Bundesland angefreundet. Auch wenn er seit seiner Kindheit Christ ist, war ihm das Konzept von Anbetung bis vor ein paar Jahren unbekannt. Er besuchte als Erwachsener fast immer dieselbe Gemeinde, aber diese ganzen 20 Jahre hatten ihm nichts gegeben. Er hatte sein Wissen durch die Predigten in seiner Gemeinde erweitert, aber obwohl er einen vollen Kopf hatte, war sein Herz leer geblieben.

An einem Sonntag lud ihn ein Freund ein, mit ihm eine Gemeinde in einem anderen Stadtteil zu besuchen. In dieser Gemeinde betete man »im Geist« an. Tatsächlich betete man dort mit einer ganzen Menge Geist an. Mein hartgesottener Geschäftsmann erlebte in dieser Gemeinde ein seltsames Phänomen. In den ersten paar Wochen weinte er während des gesamten Gottesdienstes wie ein kleines Baby. Er hatte keine Ahnung, was da mit ihm geschah. Er dachte, es hätte ihn vielleicht die Midlifecrisis erwischt.

Aber schließlich verstand er es doch. Es kam zu dem Schluss, dass sein Herz sich so nach Anbetung gesehnt hatte, die Gott wirklich die Ehre gab, dass in ihm alle Dämme brachen, als er sie erlebte und der Heilige Geist ihn neu erfüllte.

Schließlich schloss er sich einer Gemeinde an, in der lebendige Anbetung praktiziert wurde. Er musste es tun. Wenn er sich heute danach sehnt, die Gegenwart Gottes zu spüren, wenn er eine geschäftliche Entscheidung treffen muss und keinen Fehler machen will, wenn sein Herz voll ist und er es in der Anbetung Gottes überfließen lassen möchte, dann nimmt er sich ein paar CDs mit Anbetungsliedern und setzt sich für eine längere Fahrt in sein Auto. Manchmal muss er anhalten, weil die Gegenwart Gottes ihn so sehr überwältigt, dass er nicht mehr fahren kann. Anbetung ist zweifellos sein wichtigster Zugangsweg zu Gott.

König David, der Autor von vielen Psalmen, war mit Sicherheit jemand, dessen Zugang zu Gott über die Anbetung führte. Erinnern Sie sich, was er schrieb?

> *Lobe den Herrn, meine Seele, und alles in mir seinen heiligen Namen!*
> *Lobe den Herrn, meine Seele, und vergiss nicht, was er dir Gutes getan hat:*
> *der dir all deine Schuld vergibt und all deine Gebrechen heilt,*
> *der dein Leben vor dem Untergang rettet und dich mit Huld und Erbarmen krönt.*
> *Lobt den Herrn, ihr seine Engel,*
> *ihr starken Helden!*
> *Lobt den Herrn, all seine Scharen!*
> *Lobt den Herrn, all seine Werke!*
> *Alles, was atmet, lobe den Herrn! Halleluja!*
> (Psalm 103,1–6. 20–22; 150,6)

David fühlte sich vermutlich am lebendigsten und Gott am nächsten, wenn er anbetete. Viele Gemeindeleiter finden wie David den Zugang zu Gott über die Anbetung. Wenn sie weise sind, entwerfen sie für sich ein Konzept zum geistlichen Wachstum, das ihnen ermöglicht, oft in den Lobpreis einzutauchen.

Nun haben Sie einige Vorstellungen bekommen, welche Formen der persönliche Zugang zu Gott annehmen kann. Wie können Sie diesen Zugang zu Gott regelmäßig für sich pflegen?

1. Identifizieren Sie Ihren persönlichen Zugang zu Gott

Ich habe sieben Zugangsmöglichkeiten beschrieben, aber diese Liste ist eher repräsentativ als erschöpfend. Gary Thomas stellt in seinem Buch *Sacred Pathways* (»Heilige Pfade«) einige weitere Möglichkeiten vor und erläutert auch noch Abstufungen der von mir beschriebenen Wege. Ich vermute, dass Sie sich bereits Gedanken darüber gemacht haben, welche dieser Zugangsmöglichkeiten Ihnen am ehesten entspricht. Es ist sicher möglich, sich zu mehr als einer Form hingezogen zu fühlen, aber die meisten Menschen haben einen bevorzugten Zugangsweg zu Gott. Noch ein Wort der Warnung: Widerstehen Sie der Versuchung, Ihren Weg mit dem anderer Menschen zu vergleichen. Widerstehen Sie auch der Versuchung, den Zugang als den Ihren zu identifizieren, den Sie gerne hätten. Ich nenne das »Zugangsneid«.

Als ich Thomas' Buch zum ersten Mal las, wusste ich sofort, dass mich der aktive Zugang eindeutig beschrieb. Aber statt begeistert zu sein, war ich enttäuscht.

Wie viele andere Menschen im Lauf der Jahrhunderte hielt ich kontemplative Menschen für die wahren geistlichen Schwergewichte – diejenigen, die die richtig tiefen Sachen denken und schreiben.

Ich dachte mir: *Ich werde den Rest meines Lebens damit verbringen müssen, in einen Topf mit den Verrückten im Reich Gottes geworfen zu werden. Warum kann ich nicht mehr wie die* wirklich *geistlichen Leute sein – wie Henri Nouwen, Thomas Merton, Johannes vom Kreuz?* (Ich weiß von diesen Leuten, weil meine kontemplativ veranlagte Frau ihre Werke liest.)

Je mehr ich aber darüber nachdachte, desto mehr spürte ich, wie Gott zu mir sagte: »Hör auf so zu denken, Bill. Wenn ich dich als klassischen kontemplativen Menschen hätte haben wollen, hätte ich dich zu einem gemacht. Aber ich wollte nicht.«

Tief in mir wusste ich das. Ich bin kein Mönch. Ich werde nie ein Eremit werden. Ich fliege lieber im Düsenjet über die Wüste, komme in Überschallgeschwindigkeit an meinem Bestimmungsort an und fordere Gemeindeleiter dazu auf, endlich ihren Hintern hochzubekommen und ihre Führungsverantwortung wahrzunehmen. Dann möchte ich zurück nach *Willow Creek* fliegen und Menschen auf der Suche nach Gott auffordern, endlich ihren Hintern hochzubekommen und sich für Gott zu entscheiden. Und dann möchte ich Christen auffordern, endlich ihren Hintern hochzubekommen und zu handeln.

Ich muss es wohl akzeptieren: Ich bin kein kontemplativer Mensch. Wahre Wüsteneremiten würden vermutlich nicht einmal den Begriff »Hintern« verwenden. Vermutlich haben sie überhaupt keinen Hintern, weil sie zu allem Überfluss noch ständig fasten.

So bin ich einfach. Und Sie sind einfach so, wie Sie sind. Deshalb sollten wir uns einfach darauf einigen, uns nicht mit anderen zu vergleichen oder uns in vorgefasste Formen pressen zu wollen. Nehmen wir jeder den besonderen Zugang an, der uns Gott nahe bringt, und danken wir Gott dafür.

2. Konzentrieren Sie sich auf Ihren Zugang zu Gott

Experimentieren Sie damit. Erwarten Sie Größeres. Wenn Sie der beziehungsorientierte Zugang in neue Dimensionen geistlichen Wachstums führt, leben Sie sie aus. Füllen Sie Ihr Leben mit allen möglichen Freundschaften und Aktivitäten, die Ihr Wachstum unterstützen.

Wenn Ihr Dienst Ihnen hilft, Gott nahe zu kommen, wenn intellektuelle Reize Ihre Seele nähren, oder wenn irgendein anderer Zugangsweg zu Gott Ihnen dabei hilft, sich mehr auf Gott zu konzentrieren, dann praktizieren Sie ihn um Himmels willen! Dabei werden Sie feststellen, dass Sie eine tiefere Beziehung zu Gott aufbauen und erhalten können, wie Sie es nie zuvor erlebt haben.

3. Schätzen Sie alle Zugangsmöglichkeiten

Experimentieren Sie ab und zu mit allen unterschiedlichen Zugangswegen, selbst wenn manche für Sie eine echte Herausforderung darstellen. Warum? Weil Sie alle die Möglichkeit zum Wachstum in sich tragen. Menschen mit einem dienenden Zugang sollten von Zeit zu Zeit intellektuell anregende Lektüre lesen, weil sie auf diese Weise mehr von Gott verstehen. Aktive Menschen sollten manchmal zur Ruhe kommen und den kontemplativen Ansatz versuchen. So befremdlich er mir zunächst schien, habe ich doch sehr von diesem Zugang zu Gott profitiert. Kontemplative Menschen sollten ab und zu aus ihren abgeschiedenen Ecken kommen und mit beziehungsorientierten Menschen Gemeinschaft pflegen oder mit ihnen gemeinsam in der Gemeinde mitarbeiten. Sie werden Sie mit offenen Armen empfangen. Um Ihr geistliches Wachstum zu optimieren sollten Sie sich in erster Linie auf den Zugangsweg konzentrieren, auf dem Sie Gott besonders nahe kommen können, aber dann fangen Sie an, mit anderen Möglichkeiten zu experimentieren.

Und letztens: Helfen Sie anderen dabei, ihren persönlichen Zugangsweg zu Gott zu finden

Leiter können eine wichtige Rolle dabei spielen, den Menschen in ihrer Gemeinde und ihrem Team dabei zu helfen, einen persönlichen Zugang zu Gott zu finden. Wenn die Menschen unter Ihrer Führung verstehen, dass es mindestens eine Möglichkeit gibt, wie sie in eine tiefere Beziehung zu Jesus gelangen können, werde sie es Ihnen für den Rest ihres Lebens danken.

Und stellen Sie sich vor, welchen Unterschied es machen könnte, wenn alle unsere haupt- und ehrenamtlichen Mitarbeiter von Menschen geführt würden, die eine ständig wachsende, enge Beziehung mit Jesus Christus pflegen. Stellen Sie sich vor, welche Frucht entstehen könnte, welche Kreativität fließen könnte, welche Kraft freigesetzt würde, wenn wir alle regelmäßig Zugang zur Gegenwart und Macht Gottes auf dem Zugangsweg hätten, den er für uns bestimmt hat. Die Kirche könnte dann wirklich zu einer Kraft werden, die die Pforten der Hölle überwinden kann!

12

Einen ausdauernden Geist entwickeln: Auf Kurs bleiben

»Wenn Sie die Frage stellen könnten, die Ihnen am meisten am Herzen liegt und Ihnen umgehend eine fundierte Antwort garantiert wäre, welche Frage würden Sie stellen?«

So leitete ich kürzlich eine Mentoring-Sitzung mit fünf sehr effektiv arbeitenden Pastoren ein. Ich war von ihren Antworten überrascht. Ich hatte von diesen erfahrenen Gemeindeleitern Fragen nach dem Umgang mit Mitarbeitern, der Verbesserung von Predigt und Lehre, der Klärung von Missionsauftrag und Werten oder der Spendenerhebung erwartet.

Aber die Fragen, die alle diese Pastoren stellten, hingen mit dem Thema Ausdauer zusammen. Einer fragte: »Wie finde ich die Kraft weiterzugehen, trotz des extremen Drucks, den die Gemeindearbeit mit sich bringt?« Ein anderer fragte: »Kann ich auf lange Sicht im Gemeindedienst überleben? Kann ich das, was ich jetzt mache, auch in 20 Jahren noch machen?« Und ein Dritter fragte im Scherz, wie er seinen Burnout so timen könnte, dass er direkt vor seinem totalen Zusammenbruch läge.

> Diese Leiter haben den Gipfel ihrer Laufbahn im Gemeindedienst erreicht. Hinter ihnen liegen Jahre erfolgreicher Gemeindearbeit. Und doch stellen Sie sich alle dieselbe Frage: Werde ich meine Berufung überleben? Werde ich es über die Ziellinie schaffen?

Eigentlich hätte mich ihre gemeinsame Sorge nicht überraschen sollen. In den ersten 18 oder 19 Jahren von *Willow Creek* war Durchhalten auch in meinem Leben das beherrschende Thema. Ich kam oft an den Punkt, an dem ich mich am liebsten von der Gemeindearbeit abseilen wollte, weil mir tief im Herzen klar war, dass ich auf lange Sicht nicht so leben konnte. Was die ganze Sache noch schlimmer machte: Ich wusste nicht, wie ich meine Arbeit verändern könnte, um dies zu bewerkstelligen. Ich konnte mir nicht vorstellen, dass es überhaupt funktionieren würde.

Ich weiß noch, wie ich dachte: *Warum mache ich damit weiter? Wenn ich eines Tages sowieso zusammenbrechen werde, warum nicht jetzt? Wenn ich noch warte, wird der Zusammenbruch nur spektakulärer. Und je spektakulärer er wird, desto mehr Menschen werden dadurch am Ende Schaden nehmen. Warum behalte ich diesen ungesunden Zustand also bei?*

»Besser geht's nicht« oder »Drohendes Unheil«?

Als ich noch ein Kind war, bauten meine Freunde und ich die Räder ausrangierter Rollerskates ab und befestigten sie an dünnen Sperrholzplatten. Dann schulterten wir diese selbst gemachten Skateboards, stiegen auf den höchsten Hügel unserer Stadt, holten tief Luft und stürzten uns hinunter.

Die ersten hundert Meter hügelabwärts waren für Kinder in unserem Alter das Größte überhaupt. Unsere Juchzer hallten in der ganzen Nachbarschaft wider. Aber dann nahmen wir Geschwindigkeit auf und wurden plötzlich sehr still. Wir konnten die erschreckende Wahrheit nicht ignorieren: Skateboards haben keine Bremsen. Was auf uns zukam, war unausweichlich, und wir alle wussten es. Wenn wir uns nicht selbst umbringen wollten, mussten wir in voller Fahrt abspringen. Die große Frage war nur, wo wir landen würden – auf einem Stück Rasen oder einem Stück Asphalt?

Können Sie unser jugendliches Dilemma nachfühlen?

Wir sehnten uns nach dem Adrenalinkick, schneller und immer schneller den Hügel hinunterzurasen, aber uns verfolgte auch das Wissen, dass der Sturz umso schmerzhafter war, je höher die Geschwindigkeit war. Den ganzen Weg den Hügel hinunter waren wir hin- und hergerissen zwischen zwei widerstreitenden Realitäten: *Geschwindigkeit ist gut! Gebrochene Knochen sind schlecht!*

Manche von uns trafen weisere Entscheidungen als andere.

Gemeindeleiter kennen sich mit widersprechenden Realitäten aus. Ein Pastor krempelt die Ärmel hoch und fängt mit der Gemeindearbeit an. Außenstehende kommen zum Glauben und werden bald zu »erwachsenen« Christen. Menschen treffen sich in Kleingruppen, entdecken ihre geistlichen Gaben und fangen an, sich zu engagieren. Die Kurven auf allen Diagrammen führen nach oben, und das ist gut, begeisternd und inspirierend. Aber dann fangen auch die Budgets an zu wachsen, die Gemeinderäume vergrößern sich, das Tempo steigt, und damit auch der Druck, die Verantwortung und der Stress.

Und dann fürchten sie allmählich, ihr Leben könnte außer Kontrolle geraten. Wenn das Tempo weiter steigt, werden sie springen müssen, und die Landung wird vermutlich nicht sehr sanft sein. Die Formel für Absturz und Zusammenbruch wird ihnen immer verständlicher: Je schneller man sich bewegt, desto spektakulärer der Absturz. Und je spektakulärer der Absturz, desto höher der Personenschaden.

Wenn das Tempo Ihres Lebens sich bis zu dem Punkt gesteigert hat, dass ein Gefühl drohenden Unheils Ihre Begeisterung ersetzt, dann sind Sie keine Ausnahme. Fast jeder Gemeindeleiter, den ich kenne, der mit Gott wirklich ernst gemacht hat, der sich der Realität von Himmel und Hölle wirklich bewusst ist, der eine echte Liebe für die Braut Christi hat und voll und ganz davon überzeugt ist, dass die Ortsgemeinde die Hoffnung der Welt ist, kam irgendwann an den Punkt, an dem er sich fragte, wie lange es noch dauern würde, bis unausweichlich »irgendetwas Schreckliches« passieren würde.

Manche Gemeindeleiter machen sich deswegen solche Sorgen, dass sie schließlich die zentrale Frage stellen: *Kann man es überleben, eine Gemeinde aufzubauen, die standhält?*

Meine Antwort an jeden Gemeindeleiter, der diese Frage stellt, ist ein überzeugtes Ja! Wenn Sie es richtig machen, können Sie bestehen. Es kann Ihnen dabei sogar gut gehen. Sogar Ihnen. Sogar in Ihrer Situation.

Ein Ausdauerprogramm für Fortgeschrittene

Ich hätte diese Frage nach der Ausdauer vor zehn oder auch noch vor fünf Jahren nicht so selbstbewusst beantworten können. Aber heute bin ich voll und ganz davon überzeugt, dass Gott sehr wohl in der Lage ist, jedem von uns dabei zu helfen, das zu vollenden, wozu er uns berufen hat. Und ich glaube fest daran, dass ihm daran gelegen ist, dass wir nicht nur aushalten, sondern Spaß daran haben, dass wir nicht nur überleben, sondern standhalten – wenn wir nur bereit sind, ein klein wenig zu lernen.

Ich lade Sie also zu einem Ausdauerprogramm für Fortgeschrittene ein.

Erste Lektion: Erkennen Sie Ihre Berufung und konzentrieren Sie sich darauf

Ihre Berufung zu erkennen gehört eher in den Grundkurs, aber wenn Sie es bis ans Ziel schaffen wollen, müssen Sie diese Lektion im Fortgeschrittenenkurs wirklich beherrschen. Ziel des Kurses ist es, Ihnen dabei zu helfen, ganz genau zu erkennen, wozu Gott Sie in dieser Welt berufen hat. Dabei orientieren wir uns an 2 Timotheus 4,5, wo der Apostel Paulus schreibt: »Erfülle treu deinen Dienst.«

Erfülle deinen Dienst – nicht mehr und nicht weniger.

Was meint Paulus damit? Er meint damit, dass Sie genau den Dienst erfüllen sollen, den Gott Ihnen gegeben hat. Nicht den Dienst, von dem Sie in einem Anflug von Größenwahn geträumt haben. Nicht den Dienst, bei dem Sie sich persönlich für die Rettung der ganzen Welt verantwortlich fühlen. Nicht den Dienst, der Sie dazu zwingt, sich von der Persönlichkeit wegzubewegen, die Gott Ihnen gegeben hat. Nicht den Dienst, der Ihren Glauben so sehr strapaziert, dass Ihr Alltag nur noch von Angst dominiert wird.

Erfüllen Sie Ihren Dienst. Den Dienst, der aus einer aufrichtigen Haltung von Demut und Unterordnung fließt. Den Dienst, der genau zu der Rolle passt, die Gott Ihnen im weltweiten Erlösungsdrama zugewiesen hat. Den Dienst, der Ihren geistlichen Gaben, Ihrer Neigung und Ihren Fähigkeiten entspricht. Den Dienst, der dem Maß an Glauben entspricht, das Gott Ihnen gegeben hat.

Erfüllen Sie Ihren Dienst.

Christliche Leiter, die auf 20, 30 und manchmal sogar 40 Jahre treue Gemeindearbeit zurückblicken können, schreiben ihre Ausdauer in der Regel nicht irgendwelchen speziellen Dingen zu, die sie getan haben, sondern den vielen Dingen, die sie *nicht* getan haben. Wenn ich ihnen dazu gratuliere, wie viel sie geleistet haben, verweisen sie mich schnell auf all das, was sie nicht getan haben. »Wenn Sie wüssten«, sagen sie dann, »wie viele Angebote und Möglichkeiten ich abgelehnt habe, würden Sie mir vermutlich nicht gratulieren.«

Aber diese Leiter zählen zu den weisesten Leitern, die ich kenne.

Sie haben begriffen, dass der Schlüssel zum Überleben als Leiter darin liegt, sich auf eine Sache zu konzentrieren. Sie wissen, dass der wertvollste Aktivposten eines Leiters ein starker »Nein«-Muskel ist. Und sie wissen, dass dieser Muskel jedes Mal betätigt werden muss, wenn ein noch so verlockendes Angebot sie von der Aufgabe abzubringen droht, die Gott ihnen gegeben hat. Sie haben gelernt zu sagen: »Nein, das entspricht nicht meiner Berufung. Das ist nicht meine Aufgabe. Ich bin sicher, der Himmel hat jemanden dafür beauftragt, aber diese Person bin nicht ich.«

In einer Zeit, zu der ich übermäßig stark in Anspruch genommen wurde, klebte ich ein bekanntes Zitat an meine Bürotür: »Welchen Teil des Wortes NEIN verstehen Sie nicht?« Ein ganzes Jahr lang deutete ich immer nur auf meine Tür und verwies auf dieses Schild, wenn jemand hereinkam und sagte: »Bill, du musst dieses oder jenes tun«. Ich sagte: »Sehen Sie dieses Schild? Lesen Sie es. Meine Berufung besteht darin, Pastor dieser Gemeinde zu sein. Wenn Sie mich fragen, ob ich mich dafür einsetzen will, hier vor Ort eine an biblischen Maßstäben orientierte Gemeinde aufzubauen, dann lautet meine Antwort Ja. Auf jede andere Frage lautet meine Antwort Nein.«

In den letzten Jahren fühlte ich mich dazu berufen, anderen Gemeinden zu helfen. Meine Berufung erweiterte sich also um den Zusatz, die *Willow Creek Association* zu unterstützen. Aber ansonsten lautet meine Standardantwort auf die meisten Einladungen: »Nein.« Ich spreche nicht vor Geschäftsleuten. Ich halte keine Vorträge in Firmen. Ich leite keine Freizeiten für Männer, keine Wochenenden für Ehepaare, keine christlichen Kreuzfahrten und keine Reisen ins Heilige Land.

Ich lehne bis auf einen kleinen Bruchteil höflich alle Angebote ab, die mir begegnen. So rücksichtsvoll wie möglich erkläre ich den Menschen, die solche Anfragen an mich richten, dass dies nicht im Einklang mit meiner Berufung steht. Wenn ich meine Energie in die Dinge investieren würde, um die sie mich bitten, könnte ich weniger Energie für das aufwenden, was Gott mich tatsächlich zu tun beauftragt hat. Und dazu bin ich nicht bereit.

Wir Leiter müssen uns fest auf Gottes Zusage stützen, dass er uns die Kraft zum Durchhalten geben wird, wenn wir uns nur darauf konzentrieren, seine Berufung zu erfüllen. In 2 Chronik 16,9 lesen wir: »Denn die Augen des Herrn schweifen über die ganze Erde (wozu?), um denen ein starker Helfer zu sein, die mit ungeteiltem Herzen zu ihm halten.« Für mich bedeutet dieser Vers, dass Leiter auf Gottes starke Unterstützung bei der Erfüllung ihrer Berufung zählen können, wenn sie diese Berufung gehorsam verfolgen.

In meinen dunkelsten Stunden, als ich sehr versucht war aufzugeben, zog ich mich immer wieder auf meine starke Überzeugung zurück, dass die Aufgabe, die Gott mir gegeben hat, machbar war – wenn ich nur richtig an sie heranging. Ich war immer absolut davon überzeugt, dass Gott weiß, was er tut, und dass er mit meinem Leben keine blöden Spielchen spielt. Als sich mein Leben also unerträglich anfühlte, konzentrierte ich mich darauf herauszufinden, was ich möglicherweise falsch machte. Natürlich gab es immer Raum für Verbesserungen.

Ein weiterer Grund, warum ich meinen Dienst doch nicht aufgab – selbst nicht in den schwierigsten Zeiten –, war, dass ich den Einen, der mir Leben, Erlösung und die Hoffnung auf die Ewigkeit gab, nicht enttäuschen wollte. Die Worte von Paulus verfolgten mich fast die ganzen 30 Jahre meines Dienstes. »Erfülle deinen Dienst. Lauf nicht davon. Gib nicht auf. Finde heraus, was du tun musst, um dir dein Leben im Rahmen deines Dienstes zu bewahren. Aufgeben ist keine Option.«

Im Lauf der Jahre haben mir Hunderte von Leitern und Führungskräften Fragen in Bezug auf ihre Berufung gestellt: *Bin ich am richtigen Ort? Denken Sie, ich mache das Richtige? Hat Gott mich dafür geschaffen? Denken Sie, Gott beruft mich zu einer neuen Herausforderung?*

Meine Standardantwort lautet in diesen Fällen: »Warum fragen Sie mich das? Das ist eine Frage, die Sie dem Heiligen Geist stellen müssen. Sie müssen das tun, was auch ich getan habe, um Klarheit in Sachen Berufung zu bekommen: Öffnen Sie dem Heiligen Geist Ihr Herz und bitten Sie ihn: ›Gott, lenke mein Leben. Du bist der Töpfer, ich der Ton. Zeig mir den Weg. Sprich, und ich höre.‹«

Jeder Leiter muss diese Art der Abhängigkeit vom Heiligen Geist lernen. Wenn Sie das schaffen, wird Gott Ihnen Sicherheit in Bezug auf Ihre Berufung geben. Und diese Sicherheit wird Ihnen die Kraft und Ausdauer geben, die Sie brauchen.

Zweite Lektion: Haben Sie den Mut zur Veränderung

In dieser Lektion werden Sie in einer Richtung herausgefordert, die Sie sich normalerweise nicht freiwillig aussuchen würden. Sie werden sich auch mit Anteilen von sich auseinander setzen müssen, die Sie normalerweise schlummern lassen würden. Die Grundlage für diese Lektion findet sich in 1 Timotheus 4,16, wo Paulus schreibt: »Achte auf dich selbst und auf die Lehre; halte daran fest.« Ich umschreibe diesen Vers folgendermaßen:

> »Nehmen Sie sich und Ihr Leben unter die Lupe. Dann verändern Sie alles, was Ihnen Ihre Bürde leichter machen und dazu beitragen wird, Ihre Berufung ausdauernd erfüllen zu können.«

Klingt nach einer Binsenweisheit, oder?

Wenn Sie mit Leitern und Führungskräften sprechen, die aufgegeben haben, geben überraschend viele schüchtern zu: »Ich hätte mir mehr Zeit für mich nehmen sollen. Ich hätte mich beim Predigen mit anderen abwechseln sollen. Ich hätte Teams zu meiner Unterstützung aufbauen sollen. Ich hätte um eine Gehaltserhöhung bitten sollen. Ich hätte mehr Fortbildungen besuchen sollen. Ich hätte mein Tagespensum reduzieren sollen. Ich hätte mir einen Mentor suchen sollen. Ich hätte eine Gruppe finden sollen, in der wir alle voreinander Rechenschaft abgelegt hätten. Ich hätte christliche Beratung und Seelsorge in Anspruch nehmen sollen. Ich hätte Golf spielen lernen sollen.«

Geschichten von Menschen, die nichts veränderten

Ich werde nie das Frühstück vergessen, das ich einmal mit einem berühmten Pastor einnahm, der in einem moralischen Sumpf gelandet war. Ich hatte einzig und allein vor, ihm ein Bruder zu sein und ihn wissen zu lassen, dass er Gott immer noch wichtig war.

Als wir uns an diesem Morgen in einem Restaurant gegenübersaßen, fragte ich ihn: »Wie verdienen Sie den Lebensunterhalt für Ihre Familie?«

»Nun«, er zuckte die Schultern, »meine Familie hat mich verlassen.«

»Oh, das tut mir Leid. Das wusste ich nicht«, sagte ich. »Wie verdienen Sie dann also jetzt den Lebensunterhalt für sich?«

Er versuchte, Worte zu formulieren, aber sie blieben ihm im Hals stecken. Schließlich seufzte er und sagte: »Ich verkaufe Schuhe«, woraufhin er das Gesicht in den Händen vergrub und zu weinen anfing.

Ich möchte damit nichts gegen irgendjemanden sagen, der im Einzelhandel beschäftigt ist. Aber dieser Mann war nicht dazu berufen, Schuhe zu verkaufen. Viele Jahre lang hatte er die Herausforderung, die Begeisterung und die Erfüllung genossen, die die Aufgabe eines Gemeindeleiters mit sich bringt. Aber an diesem Morgen am Frühstückstisch war ihm klar, dass er nie wieder diese Aufgabe würde erfüllen dürfen. Nachdem er seine Gefühle wieder unter Kontrolle hatte, zählte er mir eine ganze Liste von Änderungen auf, die er rechtzeitig in seinem Leben hätte vornehmen sollen und die zu einem völlig anderen Ergebnis geführt hätten. Was den Schmerz für ihn noch verstärkte, war das Bewusstsein, dass er vor Jahren über einige dieser Punkte konkret nachgedacht, aber letztlich doch nichts davon umgesetzt hatte.

Frage ich Leiter, die sich selbst vom Gemeindedienst disqualifiziert haben, warum sie die Veränderungen, die ihr Leben erträglicher gemacht hätten, nicht vorgenommen haben, lautet die häufigste Antwort: »Ich hatte nicht genug Mut. Ich wollte niemandem die Flügel stutzen. Ich wusste, dass meine Beliebtheit darunter leiden würde. Ich hatte Angst, die Leute würden an meiner Hingabe oder an meiner Opferbereitschaft zweifeln. Ich wollte ihnen nicht das Gefühl geben, kein Teamspieler zu sein.«

Wenn ich dann nachfrage, was sie anders machen würden, wenn sie die Zeit zurückdrehen könnten, höre ich immer wieder dieselbe Antwort:

»Ich würde mein Leben unter die Lupe nehmen und alles ändern, was mein Leben erträglicher machen würde. Dann könnten, wenn nötig, auch Späne fliegen. Vermutlich würde ich einige Leute enttäuschen und vielleicht würde es auch mal richtig krachen. Aber wenigstens würde ich dann heute noch meine Berufung leben.«

Ohne Ausnahme wünschten sich alle, sie hätten vieles anders gemacht.

Ich weiß nicht, welchen Eindruck ich auf Sie mache. Aus der Ferne betrachtet scheint es vermutlich so, dass Kritik mich nicht sonderlich berührt. Aber das stimmt nicht. Ich bin tatsächlich sehr empfindlich, wenn jemand mir gegenüber seine Missbilligung ausdrückt. Ich hätte früher eher mein Leben, meine Ehe, meinen Dienst und meine Gesundheit aufs Spiel gesetzt, als zu riskieren, dass jemand mit mir nicht einverstanden ist. Und ich werde Ihnen sogar sagen, an welchem Punkt ich am empfindlichsten bin: Ich würde alles tun, um zu vermeiden, dass irgendjemand meine Bereitschaft in Frage stellt, Jesus wirklich voller Hingabe zu folgen.

Diese Empfindlichkeit in Bezug auf meine von außen wahrgenommene Hingabe machte jede Entscheidung, die ich treffen musste, um auf lange Sicht auszuhalten, extrem schmerzhaft für mich.

Das Tempo Ihres Lebens ändern

In den 1980er Jahren nahm sich kein Pastor, den ich kannte, den Sommer über zu Studienzwecken frei. Es gab dafür in den Kreisen, in denen ich verkehrte, nicht einmal einen Begriff. Aber ich wusste, ich brauchte eine Pause. Ich weiß noch, wie ich zu den Ältesten ging und ihnen erklärte, dass die ersten 7 Jahre *Willow Creek* einen hohen Tribut von mir gefordert hatten. Wir waren von einer Hand voll Jugendlichen auf mehrere tausend Menschen angewachsen, hatten dabei ein Minibudget, nur angemietete Gemeinderäume und überwiegend ehrenamtliche Mitarbeiter. Die damit verbundenen Schwierigkeiten führten dazu, dass ich emotional und körperlich völlig erschöpft war. Die einzige Möglichkeit, die ich sah, um mich wieder zu erholen, war ein Rückzugsort, der ein paar Stunden von der Gemeinde entfernt war, an den ich mit meiner Familie fahren konnte, um wieder Kräfte zu sammeln.

Ich erwartete umgehend Unterstützung für meine Pläne, aber ich bekam sie nicht. Ich werde nie diesen zögerlichen Blick in den Augen der Ältesten vergessen. Sie machten sich zwar aufrichtig Sorgen um mich und meine Familie, wussten aber auch, wie wichtig meine Anwesenheit zu dieser Zeit war. Wir standen mitten in einem millionenschweren Bauprojekt, das Geld war knapp, und die Gemeinde fühlte sich schon an die Grenzen gebracht. Meine Abwesenheit konnte alles nur noch schlimmer machen. Aber die Ältesten wussten, dass ich am Ende war, und so hatten sie die Weisheit (und Gnade) mir eine dreiwöchige Pause zuzugestehen.

Nachdem ich die Gemeinde von meinen Plänen in Kenntnis gesetzt hatte, bekam ich von einem Mann aus der Gemeinde einen vernichtenden Brief: *»Wer glauben Sie eigentlich, dass Sie sind? Sie stehen vor der Gemeinde und fordern uns auf, Opfer zu bringen, uns einzusetzen und zu spenden – und dann legen Sie sich an den nächsten Strand. Sind Sie eine Ausnahme von der allgemein geforderten Einsatzbereitschaft? Ich arbeite seit 15 Jahren für meine Firma, und wissen Sie, wie viele Urlaubstage im Jahr ich bekomme? Zehn. Das ist alles! Sie sind ein Pastor, der noch grün hinter den Ohren ist, und Sie wollen drei Wochen lang Sommerpause machen? Ich fasse es nicht!«* Und so weiter und so fort.

Ich war am Boden zerstört. Ich lehnte mich in meinem quietschenden Bürostuhl aus dritter Hand zurück und fühlte mich grässlich.

Ich begann mit dem Gedanken zu spielen, auf meine dringend benötigte Pause zu verzichten. Fleischlicher Machostolz steigerte sich in mir bis zu dem Punkt, an dem ich darüber nachdachte, mich absichtlich zu Tode zu arbeiten.

Ich werde es ihnen zeigen! dachte ich. Ich zeige ihnen meine Einsatzbereitschaft. Ich werde mich ins Grab oder ins Irrenhaus predigen, je nachdem, was ich zuerst schaffe. Das wird ein für alle Mal klar stellen, wer hier einsatzbereit ist!

Aber Stunden später gewannen sinnvollere Gedanken die Oberhand. Ich zerriss diesen Brief und ging nach Hause, um meiner Familie beim Packen für die Sommerstudienpause zu helfen.

Ohne melodramatisch sein zu wollen – dieser Urlaub hat vermutlich meine Familie und meinen Dienst gerettet. Diese drei Wochen ebneten den Weg für eine jährliche Studienpause mit meiner Frau und meinen Kindern, die uns über 20 Jahre lang neue Kräfte gab. Ich kann ehrlich sagen, dass ich ohne diese Sommerpausen nicht so lange im Gemeindedienst durchgehalten hätte. Meine Familie auch nicht. Doch den Mut für den ersten Urlaub dieser Art aufzubringen war eines der schwersten Dinge, die ich je getan hatte.

Zufällig begegnete mir einige Wochen nach dieser ersten Studienpause der Mann, der mir diesen Brief geschrieben hatte. Er kam nach dem Gottesdienst auf mich zu, um mit mir zu sprechen. Er sagte: »Erinnern Sie sich an den gemeinen Brief, den ich Ihnen geschrieben habe? Ich war an diesem Tag absolut schlechter Laune. Ich brauchte ein Ventil, um Dampf abzulassen. Ich hoffe, Sie haben den Brief nicht ernst genommen. Und ich hoffe, Sie hatten einen wunderschönen Urlaub.«

Als ich an diesem Tag von der Gemeinde nach Hause fuhr, dachte ich: *Ich hätte mein Leben fast wegen einem einzigen Brief von einem Mann ruiniert, der nicht einmal meinte, was er da schrieb! Schrecklich!*

Jahre später traf ich mich zum Essen mit einem ehemaligen Pastor und international bekannten Autor, dessen unmoralischer Lebenswandel ihn vom Dienst disqualifiziert hatte. Seine

Geschichte hatte viele Parallelen zu meiner, außer dass die Person, die ihm ausredete, eine Auszeit zu nehmen, ein Diakon aus seiner Gemeinde gewesen war. Als sein Urlaubsgesuch abgelehnt wurde, schaltete er in den Ich-werde-euch-schon-zeigen-wie-viel-Einsatz-ich-bringen-kann-Modus, mit dem ich in Gedanken auch gespielt hatte, und legte ein Tempo an den Tag, das seine Seele zerrüttete. Schließlich predigte er sich selbst in die Art von Erschöpfung, die fast unausweichlich einen moralischen Zusammenbruch zur Folge hat.

Was für eine Tragödie für das gesamte Reich Gottes.

Aber die Geschichte hätte so nicht ausgehen müssen. Ja, es kostet viel Mut, die harten Entscheidungen zu treffen, die unser Durchhaltevermögen in der Gemeindearbeit stärken. Aber wir können – und müssen – diese Entscheidungen treffen.

Den Arbeitsstil ändern

Anfang der 1990er Jahre erreichte ich einen weiteren Wendepunkt. Die Predigtlast in *Willow* zermürbte mich allmählich. Ich predigte in zwei Gottesdiensten unter der Woche und in vier Gottesdiensten am Wochenende, dazu an Feiertagen, Mitarbeitertreffen, Leiterfreizeiten und Konferenzen für Gemeindeleiter. Fast jeden wachen Augenblick meines Tages verbrachte ich damit, mich auf Predigten vorzubereiten, Predigten zu schreiben, für Predigten zu beten, Predigten zu halten und mich davon zu erholen, gepredigt zu haben. Ich hielt mich allmählich für eine Art Predigtmaschine. Ich machte Witzchen mit meinen Kindern: »Ich brauche noch ein paar Beispiele. Macht doch irgendwas, was sich als Illustration für eine Predigt eignet. Lasst euch aus der Schule werfen, stellt irgendwas an – egal, was es kostet. Ich brauche Material!«

Aber schließlich wurde mir klar, dass die Predigt-Tretmühle von mir einen Tribut forderte, der nicht mehr zum Spaßen war. Die Predigten zehrten an meinen emotionalen und geistlichen Kräften. Mir graute allmählich vor dem bloßen Gedanken an einen weiteren Predigttermin. Ich spielte mit dem Gedanken, wieder zurück in die Wirtschaft zu gehen und hatte sogar ein paar Angebote von Geschäftsfreunden, bevor ich erkannte, was die Ursache für die ganze Situation war.

Gott hatte meine Berufung nicht geändert. Ich hatte noch immer eine enorme Leidenschaft für die Gemeinde. Ich war immer noch der Überzeugung, dass sie die Hoffnung der Welt ist. Ich konnte nur den Gedanken nicht ertragen, dass ich für den Rest meines Lebens immer nur drei Tage – allerhöchstens! – bis zur nächsten, brandaktuellen Predigt haben würde, die ich halten musste.

Eines Tages entschied ich mich, eine Lösung für diese Situation zu finden, und betete um Kreativität. Innerhalb weniger Stunden hatte ich in groben Zügen das Konzept eines Predigt-Teams konzipiert. Mein Gedanke war, ein Team von Männern und Frauen mit der geistlichen Gabe der Lehre aufzubauen. Dann wollte ich sie bis zu dem Punkt coachen, bis es der Gemeinde egal war, wer in welchem beliebigen Gottesdienst predigte. Ich wollte das Team führen, den Predigtplan einteilen und immer noch einen Teil der Predigten übernehmen. Aber die Last zu teilen war für mich die einzige Möglichkeit, die ich sah, um diesen Dienst weiter ausüben zu können.

Ich stellte meine Idee einigen befreundeten Pastoren und Gemeindeberatern vor. Zu meiner großen Bestürzung fanden fast alle die Vorstellung schrecklich. »Es wird nie funktionieren. Gemeinden brauchen einen einzigen Prediger, vor allem große Gemeinden«, warnten sie mich. Andere sagten: »Nur der Hauptpastor sollte auf der Kanzel stehen. Die Kanzel zu teilen wird in einer Katastrophe enden.« Ich erhielt von jeder anerkannten Autorität, mit der ich sprach, negatives Feedback. Als unsere Ältesten das Konzept diskutierten, waren sie sehr entmutigt, als sie dazu die Expertenmeinungen hörten. Aber sie waren auch durch das Wissen ernüchtert, dass meine Kräfte schnell nachließen und wir keine anderen Optionen auf dem Tisch hatten. Also flehten wir Gott um Hilfe an, als wir uns an die Umsetzung des Konzeptes machten.

Als wir ein Predigtteam aufbauten und anfingen, die Last aufzuteilen, war die Reaktion vorhersehbar: »Ich habe seit 15 Jahren nur Predigten von Bill gehört. Ich will niemand anderen predigen hören. Wer ist dieser Neue überhaupt? Warum steht er auf der Kanzel, während Bill in der ersten Reihe sitzt?« Die unvermeidlichen Vergleiche wurden angestellt, und die Besucherzahlen sanken sogar, wenn manche Prediger eine sich über mehrere Wochen erstreckende Predigtreihe hielten. Aber wir hielten an dem Konzept fest, coachten die neuen Prediger weiterhin und beteten, dass Gott unserer Gemeinde Reife schenken würde.

Ein Jahrzehnt später bedauern wir das Konzept des Predigt-Teams nicht. Unsere Gemeinde hat es nicht nur akzeptiert, sondern liebt es geradezu. Ich bezweifle, dass irgendjemand in *Willow Creek* sich nach der Zeit zurücksehnt, in der es nur einen einzigen Prediger gab.

Noch einmal: Durchhaltevermögen erfordert bewusstes, lösungsorientiertes Denken und den Mut, sich auf etwas Neues einzulassen, selbst wenn man mit Widerständen rechnen muss. Der Preis scheint oft hoch zu sein, aber am Ende ist er es wert.

Schwierige persönliche Veränderungen vornehmen

Eine der härtesten Veränderungen, die ich vornehmen musste, war eine sehr persönliche Angelegenheit. Bei dieser Veränderung ging es mehr um mich als um die Gemeinde. Ich musste meine innere Welt in Ordnung bringen. Einige meiner Freunde hatten mir geraten, mich an einen professionellen christlichen Therapeuten zu wenden, aber ich hatte mich geweigert. Sicher ließ mich mein Stolz zögern, aber darüber hinaus fürchtete ich auch um den Ruf meiner Familie und der Gemeinde. Ich machte mir Sorgen, dass die Leute nicht verstehen könnten, warum ich Hilfe suchte.

Aber schließlich entschied ich mich doch dafür, und natürlich bekam mein Büro nur wenige Wochen nach meinem ersten Termin Anrufe aus dem ganzen Land und der ganzen Welt: »Stimmt es, dass es Bill Hybels schlecht geht?« Meine Assistentin antwortete ihnen: »Nun, er konsultiert einen Therapeuten, weil er sich an ein paar Punkten persönlich weiterentwickeln möchte.« – »Oh«, sagten sie dann, »wir hörten, er sei zusammengebrochen!«, oder: »Wir hörten, seine Ehe sei am Ende.«

Diese Gerüchte machten die an sich schon schwierige Herausforderung, im Wartezimmer eines christlichen Therapeuten zu sitzen, nicht einfacher. Aber es stand einiges auf dem Spiel.

Ich wusste, dass ich die Gemeinde mit so vielen zerbrochenen und umherfliegenden Stücken in mir nicht länger lenken, lehren und zu Wachstum führen konnte. Ich musste mir die Zeit nehmen, meine innere Welt wieder in Ordnung zu bringen, wenn ich weiter in meinem Dienst stehen wollte. So schwierig diese Zeit war, wäre ich doch ohne die Erkenntnisse und die Heilung, die ich erfuhr, nicht in der Lage gewesen, den Rest der 1990er Jahre und den Beginn des neuen Jahrtausends mit so viel Freude in meiner Arbeit zu erleben.

Ich betone auch hier wieder, dass für mich jede wichtige Entscheidung, die ich traf, um meinen Dienst auf Dauer aushalten zu können, für mich schrecklich, schwierig und schmerzhaft war. Das Risiko, von anderen Menschen Missbilligung zu ernten und der Gemeinde Schaden zuzufügen, war immer sehr real und sehr erschreckend. Mehr als einmal hatte ich das Gefühl, die Gemeinde um meiner selbst willen aufs Spiel zu setzen.

Ich möchte Ihnen noch ein weiteres Beispiel für das Dilemma zwischen Risiko und Lohn nennen.

Nach ein paar Monaten machte mein Therapeut den Vorschlag, dass ich über alle Formen der Erholung nachdenken sollte, denen ich nachging, und dann bestimmen, welche Form für mich am erholsamsten war und warum.

Ich sagte: »Darüber muss ich nicht nachdenken. Das ist einfach. Ich mache nichts zur Entspannung.«

Nachdem er seinen Schock verdaut hatte, sagte mein Berater einfach: »Bill, dann fangen Sie am besten damit an. Und zwar sofort.«

Daraufhin begann ich, wieder über Segeln nachzudenken. Als Kind war ich mit meinem Vater gesegelt. Als Teenager verbrachte ich den Sommer in einer winzigen Hafenstadt am Michigan-See, wo ich lernte, die *Ann Gail* zu segeln, eine 15 Meter lange Jolle, die mein Vater in Irland gekauft und über den Ozean gesegelt hatte. Segeln war für mich bei weitem die erholsamste Art der Entspannung, die ich je ausprobiert habe. Aber ich hörte sehr abrupt damit auf, als mein Vater an einem Herzanfall starb und die *Ann Gail* verkauft wurde.

Nachdem er einige Wochen lang zugehört hatte, wie ich zum einen über meine Liebe zum Segeln, zum anderen über meine Bedenken sprach, wieder damit anzufangen, entlockte mir mein Berater sanft die Wahrheit, warum ich tatsächlich so viele Hemmungen hatte, wieder mit dem Segeln anzufangen. Was dann aus meinem Mund kam, überraschte sogar mich selbst: »Wenn ich mir ein Segelboot kaufen würde, würde irgendeine Zeitschrift davon sicher ein Foto machen, auf dem es doppelt so groß wirkt. Sie würden es eine Yacht nennen und einen großen Skandal daraus machen. Dann müssten sich *Willow* und Gemeindeleiter auf der ganzen Welt damit herumschlagen, also ... Vergessen Sie es! Meine Segelzeit ist vorüber.«

Er schüttelte den Kopf und sagte: »Mir scheint, Sie treffen da eine sehr stark von Angst geprägte Entscheidung. Es stimmt, manche Leute haben vielleicht etwas dagegen, wenn ein Pastor ein Boot hat. Und ja, es besteht die Möglichkeit, dass die Medien das Ganze verzerrt darstellen. Aber wenn Ihnen die Meinung anderer Menschen wirklich so wichtig ist, dann überlegen Sie, wie es aussehen wird, wenn Sie sich mit 40 an einem Ort befinden, an dem Sie Topflappen häkeln und um 18 Uhr zur Medikamentenausgabe erscheinen müssen.«

Ich schluckte.

»Bill«, sagte er, »Sie müssen regelmäßig Zeit für Entspannung einplanen, wenn Sie auf lange Sicht gesund und fit bleiben wollen. Gott hat Sie so geschaffen. Ich schlage Ihnen vor, sich in dieser Frage von der Angstseite auf die Glaubensseite zu schlagen und sich nach geeigneten Booten umzusehen!«

Viele Monate später kauften Lynne und ich ein gebrauchtes, ramponiertes, zehn Meter langes Segelboot, das mehr Freude in mein Leben brachte, als ich mir je hätte träumen lasen. Wenn ich Leute aus der Gemeinde mit zum Segeln nehme, deute ich immer auf das Boot und sage: »Seht ihr dieses Stück Fiberglas? Das hat meinen Dienst gerettet!« Und in gewisser Weise stimmt das auch.

Wenn ich allein auf einem Boot bin, spüre ich oft das Lächeln Gottes auf mir. Ich spüre, wie er sagt: »Bill, du bist mehr als eine Maschine für mich. Du bist mein Sohn. Ich habe in dich eine Liebe für den Wind, das Wasser und die Bewegung der Wellen gelegt. Wenn du auf einem Boot bist, dich freust und das Leben liebst, dann freue ich mich auch – und lächle über den ganzen Himmel.«

Im Rückblick schaudert es mich, wenn ich darüber nachdenke, wo ich heute wäre, wenn ich mir nicht die Erlaubnis gegeben hätte, wieder mit dem Segeln anzufangen.

Jetzt, zu Beginn meines sechsten Lebensjahrzehnts, nachdem ich fast 30 Jahre Gemeindearbeit hinter mir habe, fühlt sich mein

Leben weit erträglicher an als zu jeder anderen Zeit. Von meinem Standpunkt aus betrachtet sieht die Zukunft hell und freundlich aus. Meine Ehe und meine Familie machen mir sehr viel Freude. Die Energie für meine Arbeit und für mein Leben wächst und blüht. Meine Leidenschaft für die weltweite Kirche wächst. Meine Liebe für Gott, für Anbetung und die Menschen, die Gott noch nicht kennen, steigert sich von Jahr zu Jahr.

So, wie mein Leben jetzt ist, kann ich es prima aushalten und sogar lieben. Diese Art von Leben wünsche ich auch jedem Gemeindeleiter. In Johannes 10,10 nennt Jesus diese Art von Leben ein »Leben in Fülle«. Wie sehne ich mich nach dem Tag, an dem Pastoren und Gemeindeleiter nicht nur über diesen Text predigen, sondern die schwierigen Entscheidungen, was ihre Lebensgestaltung anbelangt, auch vollziehen und erleben, wie dieser Text ihren Alltag beschreibt.

Wie geht man mit Dingen um, die man nicht verändern kann?

Natürlich ist mir bewusst, dass es auch Dinge gibt, die sich nicht ändern lassen. Was dann? Ich kenne Pastoren, deren Berufung es ist, Gemeinden in Kriegsgebieten, in verarmten oder von Rassenkonflikten geprägten Gegenden zu gründen. Es wird vermutlich mehrere Generationen dauern, bis sich die Umstände um sie herum ändern. Was dann? Ich kenne Gemeindeleiter, deren Denomination sich allen Veränderungen widersetzt und ihren Pastoren strikte Anordnungen gibt, die der heutigen Zeit und Situation nicht mehr angemessen sind. Was dann?

Paulus kämpfte in seinem Leben mit etwas, das er seinen »Stachel« nannte. Er bat Gott, ihm diesen Stachel wegzunehmen, aber offensichtlich geschah dies nicht.

Je mehr christliche Leiter ich kennen lerne, desto stärker gelange ich zu der Überzeugung, dass fast jeder von uns mindestens einen Umstand in seinem Leben hat, der sich scheinbar nicht ändern lässt – einen Stachel, der uns dazu zwingt, Tag für Tag zu Gott zu gehen und zu sagen: »Verflixt, Gott, es tut heute wieder weh. Ich kann mir beim besten Willen nicht vorstellen, warum du das nicht wegnimmst. Aber es gibt einen Grund, warum du Gott bist und ich nur ich bin. Deshalb will ich dir auch heute wieder vertrauen.«

Wie geht man mit einem Stachel um? Reden Sie mit Gott darüber. Formulieren Sie Ihren Frust. Wenn es Ihnen hilft, dann schreien und weinen Sie. Aber schließlich nehmen Sie Gottes Worte an Paulus für sich in Anspruch: »Meine Gnade genügt dir« (2 Korinther 12,9).

Eine weitere Möglichkeit, mit diesem Stachel umzugehen, besteht darin, den Rest Ihres Lebens nicht als lineare Zeitlinie zu betrachten, sondern in kleine Häppchen aufzuteilen. Beten Sie: »Gott, ich muss nur darauf vertrauen, dass du mir die Kraft für weitere 24 Stunden gibst. Hilf mir, diesen Stachel zu ertragen, bis die Sonne untergeht ... und morgen sehen wir weiter.«

Dieser Ansatz funktioniert wirklich. Ich praktiziere ihn seit Jahren. Er wirkt glaubensfördernd und charakterbildend. Er trägt dazu bei, sich rückhaltlos auf Gott zu verlassen (was etwas sehr Gutes ist). Und er stärkt unser Vertrauen, auf lange Sicht durchzuhalten.

Dritte Lektion: Sichere Menschen finden

Die dritte Lektion ist schon für sehr weit Fortgeschrittene, und sie gehört zu einem Teil des Lehrplans, den viele christliche Leiter und Führungskräfte nie kennen lernen.

Diese Lektion basiert auf Galater 6,2: »Einer trage des anderen Last; so werdet ihr das Gesetz Christi erfüllen.« Wenn ich Leitern begegne, die schon sehr lange voller Leidenschaft führen, können sie mir in der Regel von einer Zeit in ihrem Leben berichten (und zwar in sehr anschaulichen Details), in der sie aufhörten, sich selbst zu genügen und unabhängig zu sein und stattdessen zu Menschen wurden, die sich tiefer Gemeinschaft zuwandten. Normalerweise beschreiben sie einen Wendepunkt, an dem sie nur noch frustriert und verzweifelt waren. Aber kurz bevor sie aufgaben, entschlossen sie sich, ein ganz einfaches

Sätzchen zu sagen: »Bitte hilf mir«. Sie sagten zu jemandem, dem sie vertrauten: »Bitte hilf mir. Mir wächst alles über den Kopf. Ich schaffe es nicht allein. Jemand muss mir helfen, diese Last zu tragen.«

Selbst Jesus, der unverwüstlichste Leiter, der jemals lebte, sagte zu einer kleinen Gruppe von Freunden: »Meine Seele ist zu Tode betrübt. Könnte jemand von euch bitte bei mir bleiben? Könnt ihr an meiner Seite bleiben? Könnt ihr mir helfen?« (angelehnt an Matthäus 26,38).

Jesus stand dazu, dass er »sichere« Menschen um sich herum brauchte – Freunde, die verlässlich waren und hundertprozentig hinter ihm standen. Jeder von uns Leitern wird irgendwann dasselbe tun müssen. Wer durchhalten will, ist darauf angewiesen.

Ich gebe unumwunden zu, dass Gemeindearbeit die Beziehungen, in denen wir stehen, mehr beeinträchtigt als jeder andere Beruf. Als Christen sollen wir einander lieben, einander Geschwister sein, füreinander beten und uns gegenseitig unterstützen und aufeinander achten. Aber nehmen Sie einmal einen Gemeindeleiter beiseite und stellen Sie ihm Fragen wie: »Haben Sie wirklich einen sicheren Menschen, an den Sie sich in schwierigen Zeiten wenden können? Haben Sie jemandem, dem Sie anvertrauen können, wenn Sie darüber nachdenken, aus Ihrem Dienst auszusteigen? Gibt es jemanden, dem Sie die Sünden bekennen können, die Sie wieder quälen? Gibt es jemanden, dem Sie genug vertrauen, um ihm wirklich alles erzählen zu können?«

Stellen Sie diese Frage 100 Gemeindeleitern, und ein alarmierend hoher Prozentsatz von ihnen wird betreten seine Schuhspitzen mustern und murmeln: »Nein.« Vielleicht haben sie Gebetspartner oder treffen sich regelmäßig in einer Kleingruppe, aber nur sehr wenige Gemeindeleiter können sich überhaupt nur vorstellen, mit ein paar Freunden eine so vertraute Beziehung einzugehen.

Das macht mir große Sorge.

Ich möchte kein Unheil prophezeien, aber ich fürchte, dass ein stetiger Strom von Gemeindeleitern auf tragische Weise vom Dienstplan im Reich Gottes verschwinden wird, wenn sie sich nicht aufmachen und sich sichere Menschen suchen und auf diese Beziehungen stützen. Unsere Herzen sind nicht so konstruiert, dass sie die Unbilden und Probleme unseres Dienstes alleine aushalten können. Wir müssen uns mit ein paar Menschen zusammentun, die uns dabei helfen, die schweren Lasten unseres Lebens zu tragen.

Kürzlich erfuhr ich von einem weiteren profilierten christlichen Leiter, der wegen seines moralischen Versagens dauerhaft ins Aus gestellt wurde. Wir trafen uns kurz bevor sein Problem öffentlich bekannt wurde. Ich wusste nicht, um was es ging, aber ich spürte, dass es ein Problem gab. Ich stellte ihm ein paar Testfragen, um zu sehen, ob er sich mir gegenüber öffnen würde, aber er war dazu nicht bereit. Ich fragte ihn vorsichtig nach seiner Bereitschaft, einen christlichen Berater aufzusuchen. Er konnte nicht glauben, dass ich ihm so etwas Dramatisches vorschlug.

»Mir geht es gut, es ist alles in Ordnung«, sagte er und beendete damit das Gespräch.

Als ich von seinem Absturz hörte, schüttelte ich den Kopf und verwendete einen Ausdruck, den ich später beichten musste. Wie viele Leiter werden wir noch verlieren, bis wir akzeptieren, dass wir uns auf sichere Beziehungen stützen müssen?

Ich habe im Laufe der Jahre gelernt, dass ich nicht stark genug bin, um die Anforderungen der Gemeindearbeit alleine tragen zu können. Zusätzlich zu der Rückendeckung durch meine Frau und meine Kinder brauche ich die Unterstützung enger Freunde. Ich brauche einen kleinen Kreis von Brüdern und Schwestern, denen ich vertraue und mit denen ich über Versuchungen sprechen kann, bevor ich ihnen erliege. Ich brauche ein paar sichere Menschen, mit denen ich Frust verarbeiten kann, bevor er meine Gefühle vergiftet. Ich brauche ein paar Menschen in meinem Leben, die mir Gnade zeigen, wenn ich einen Fehler gemacht habe und mich unbrauchbar fühle.

Es ist eine starke Erfahrung, Gnade von anderen Menschen erwiesen zu bekommen. Ich habe vor vielen Jahren gelernt, Gottes Gnade anzunehmen, und ich hätte ohne diese Gnade meinen Dienst – und mein Leben – nicht überlebt. Aber von Menschen umarmt und angenommen zu werden, denen ich gerade eine hässliche Sünde bekannt habe, ist eine ebenso unvergessliche Erfahrung. Jeder Leiter braucht sie.

Ich möchte Sie also noch einmal auffordern: Finden Sie Menschen, bei denen Sie sich sicher fühlen. Es kann Sie unter Umständen Jahre kosten – so lange dauerte es bei mir –, aber lassen Sie sich in Ihrer Suche nicht entmutigen. Beten Sie, schauen Sie sich um und vertrauen Sie darauf, dass Gott Ihnen diese Menschen gibt. Es könnte darüber entscheiden, ob Sie auf lange Sicht durchhalten oder nicht.

Abschlusslektion: Die Ewigkeit im Blick

Ich garantiere Ihnen, dass diese Lektion nicht einfach sein wird. Sie nennt sich »Die Ewigkeit im Blick« und hat etwas mit dem Wesen der Zeit zu tun.

Lassen Sie mich das an einem Beispiel illustrieren. Jeden Sommer müssen meine Segelcrew und ich das Boot auf dem Wasser zu verschiedenen Häfen rund um die großen Seen für Regatten bringen. Vermutlich wissen Sie nicht, wie groß der Michigan-See ist. Er erstreckt sich etwa 150 Kilometer in die Breite und fast 500 Kilometer von Norden nach Süden.

Eine Strecke von 150 Kilometern bei einer Geschwindigkeit von sechs oder sieben Knoten gestaltet sich auf einem Segelboot zu einer 12-stündigen Kreuzfahrt. Hin und wieder ziehe ich den kurzen Strohhalm und muss das Boot an den Bestimmungsort bringen. Mehr als einmal hatte ich gerade ein Viertel der Strecke über den Michigan-See bewältigt, nur um geradewegs in Gewitter, Stürme und starke Windböen zu geraten. Normalerweise bin ich allein auf dem Boot, wenn ich es nur an einen Ort bringen soll, was mir eigentlich am liebsten ist, aber auf diese Weise erhöht sich der Einsatz, wenn das Wetter umschlägt. Bei mehr als einer Gelegenheit fragte ich mich, ob ich es wohl noch auf die andere Seite des Sees schaffen würde.

Solche Momente sind sehr extrem. Doch früher oder später gelingt es mir, meine fünf Sinne wieder zusammenzunehmen und mich daran zu erinnern, dass es noch eine andere Perspektive vom Michigan-See gibt. Eine Perspektive, mit der ich auch sehr vertraut bin: Die Perspektive eines Piloten. Ich habe meinen Flugschein seit meiner Teenagerzeit und bin Hunderte von Malen in Privatflugzeugen über den Michigan-See geflogen.

Ein Flug über den Michigan-See eröffnet eine gänzlich andere Perspektive. Entfernungen sind komprimiert und Bedrohungen schrumpfen. Man sieht in einem Flugzeug normalerweise ohne Probleme 150 Kilometer weit; bei entsprechender Höhe kann man also den ganzen Michigan-See überblicken. Piloten von Firmenjets bezeichnen einen Flug über den See daher oft tatsächlich als »über den Teich schippern«.

Wenn ich also ein Boot über den See bringe und in schlechtes Wetter gerate, versuche ich, die Pilotenperspektive auf meine Situation anzuwenden. Im Geiste schaue ich dann aus dem Cockpit eines Privatjets aus 25.000 Fuß Höhe herab auf mein Elend. Ich stelle mir den Blick von oben vor und sage mir: *Von hier ist die gegenüberliegende Küste bereits zu sehen. Von hier liegt der Zielhafen klar im Blick. Von hier erscheinen die Wellen gut zu bewältigen.*

Ob Sie es glauben oder nicht, kann ich es mit dieser gedanklichen Perspektive gut aushalten. Ich kann weitersegeln. Ich kann anfangen zu glauben, dass ich es tatsächlich schaffen werde. Aber ich brauche diese andere Perspektive, die mir neue Hoffnung gibt und meine Entschlossenheit stärkt.

Die großen Leiter in der Geschichte des Christentums haben ihre aktuellen Probleme und Schwierigkeiten immer im Hinblick auf die Ewigkeit betrachtet. Der Apostel Paulus schrieb in 2 Korinther 4,17: »Denn die kleine Last unserer gegenwärtigen Not schafft uns in maßlosem Übermaß ein ewiges Gewicht an Herrlichkeit.«

In diesem Text legt Paulus uns nahe, dass wir mehr als Piloten statt als Segler denken sollten, wenn die Probleme des Lebens uns zu überwältigen drohen. Wir müssen die Wellen mehr von oben betrachten, als mitten in ihnen zu stecken. Das bedeutet es, das Leben aus dem Blickwinkel der Ewigkeit zu betrachten.

Was war übrigens die »kleine Last unserer gegenwärtigen Not«, die Paulus aus der Sicht eines Piloten betrachten wollte? Er beschreibt sie in den vorangehenden Versen: »Wir wurden in die Enge getrieben, gehetzt, niedergestreckt, um Jesu Willen dem Tod ausgeliefert.« Aber er sagt auch: »Wir werden nicht müde« (2 Korinther 4,8.16).

Wie konnte Paulus diese Anfechtungen ertragen? War er aus anderem Holz geschnitzt als wir? Nicht unbedingt. Paulus hielt durch bis zum Ende, weil er gelernt hatte, mit der Ewigkeit im Blick zu leben. Er hatte gelernt, aktuelle Schicksalsschläge aus einem anderen Blickwinkel zu betrachten, der ihn daran erinnerte, dass der sichere Hafen nicht allzu weit entfernt war.

Wie Paulus können auch wir durchhalten, wenn wir die richtige Perspektive haben.

Vor über 20 Jahren wählte ich mir folgenden Vers als Lebensmotto aus: »Seid standhaft und unerschütterlich, nehmt immer eifriger am Werk des Herrn teil, und denkt daran, dass im Herrn eure Mühe nicht vergeblich ist« (1 Korinther 15,58). Mit anderen Worten: *Egal, wie groß die Probleme sind, egal, wie lang ein Sturm dauert, egal, wie dunkel und schrecklich es wird, egal, wie stark der Wind heult und wie hoch die Wellen sind … entscheidet euch dafür, mutig zu sein. Seid standhaft. Haltet aus.*

Im Wesentlichen sagt Paulus: »Entscheidet euch im Vorhinein, niemals aufgeben zu wollen. Entscheidet euch im Vorhinein, das Werk des Herrn nie im Stich zu lassen, egal wie schwierig es wird. Entscheidet euch im Vorhinein, weiterhin da zu sein, zu vertrauen, zu dienen, das Evangelium zu verkünden, Menschen zu Jüngern zu machen, ihnen Hirte zu sein, sie anzuleiten und ihnen Vision zu vermitteln.« Das zeichnet couragierte Leiter aus.

Und was ist der Lohn? Das Wissen, dass »im Herrn eure Mühe nicht vergeblich ist«.

Aus dem Blickwinkel der Ewigkeit sind der sichere Hafen, die Anerkennung Gottes und der Himmel nicht allzu weit entfernt!

Eines Tages werden wir dem Sohn Gottes gegenüberstehen, der seinen Erlösungsauftrag nie aufgab. Wir werden Auge in Auge mit jemandem stehen, der auch dann nicht aufgab, als seine Lehren in

Grund und Boden kritisiert wurden. Der nicht aufgab, als ihn seine engsten Nachfolger verließen. Der nicht aufgab, als er verspottet, geschlagen und angespuckt wurde. Der nicht aufgab, als die Nägel durch seine Hände und Füße getrieben wurden. Der nicht aufgab, als sein Blut in den Staub neben dem Kreuz tropfte.

Erst als Jesu Aufgabe vollständig erfüllt, als er seinen Lauf vollendet hatte, sprach er diese letzten Worte aus. Und er sagte sie mit großer Entschlossenheit: »Es ist vollbracht.« *Meine Aufgabe ist erfüllt. Ich habe getan, was mein Vater mir aufgetragen hat. Ich habe bis zum Ende durchgehalten und meinen Dienst geleistet.*

Wenn wir Jesus persönlich begegnen, werden wir vermutlich alle das Bedürfnis haben zu sagen: »Jesus Christus, danke dafür, dass du deine Berufung erfüllt hast. Danke, dass du auf dem Weg zum Kreuz nicht geflohen bist. Weil du durchgehalten hast, hast du meine Rettung erworben, meine Welt verändert und mein Schicksal für die Ewigkeit besiegelt.«

Und hoffentlich können wir Leiter alle ergänzen: »Jesus, wegen deines Vorbildes und mit deiner Hilfe konnte auch ich meinen Dienst erfüllen.«

In diesen Momenten werden wir aus ganzem Herzen feiern! Und wie froh werden wir sein, dass wir nicht aufgegeben haben.

Auf Kurs bleiben

Vor ein paar Monaten forderte eine grausame Krankheit das Leben eines meiner engsten Freunde. Dieses Buch ist ihm gewidmet. Während ich diese Worte schreibe, kämpfe ich wieder mit den Tränen. Jon Rasmussen war für mich ein Bruder, ein Mentor, ein Segelpartner, ein Mitstreiter, ein Diener, ein Vertrauter und wirklich einer der bemerkenswertesten Männer, die ich jemals kennen gelernt habe.

Zwei Tage vor seinem Tod kniete ich neben seinem Bett und sagte ihm ein letztes Mal, dass ich ihn von ganzem Herzen gern hatte und wir uns im Himmel wieder sehen würden. Mit großer Anstrengung holte er ein Geschenk für mich hervor, das er vorbereitet hatte. Als ich die sorgfältig eingepackte Schachtel öffnete, fand ich einen silbernen Seemannskompass. Bevor ich protestieren konnte, weil er sich so viel Mühe beim Aussuchen gegeben hatte und mir ein so großzügiges Geschenk machte, flüsterte Jon: »Bill, du hast meinem Leben Richtung gegeben. Von dem Tag an, an dem wir uns kennen lernten, gebrauchte Gott dich, um mir zu zeigen, dass mein Leben ein Ziel und einen Sinn hat. Dafür kann ich dir nicht genug danken. – Lies die Rückseite«, flüsterte er.

Mit Tränen in den Augen las ich die drei Worte, die auf der Rückseite des Kompasses eingraviert waren: »Bleib auf Kurs.« Als ich diese Worte gelesen hatte, kletterte ich auf sein Bett und nahm Jon für ein paar Augenblicke in den Arm. Dann betete ich für ihn.

Zwei Tage später starb Jon. Den Trauergottesdienst für ihn zu halten gehörte zu den schwierigsten Dingen, die ich je tun musste. Aber ich werde sein letztes Geschenk für mich in Ehren halten wie nur wenige andere irdische Dinge, die ich besitze.

Bleib auf Kurs. Bleib auf Kurs. Bleib auf Kurs.

Wenn mir das gelingt – wenn das uns allen gelingt –, werden wir zur Ehre und zum Ruhm dessen beitragen, dessen Namen wir tragen.